中国索引

(第十辑)

中国索引学会　主办
《中国索引》编辑部　编

中央编译出版社
Central Compilation & Translation Press

图书在版编目（CIP）数据

中国索引. 第十辑 /《中国索引》编辑部编. —北京：中央编译出版社，2023.3
ISBN 978-7-5117-4127-1

Ⅰ. ①中… Ⅱ. ①中… Ⅲ. ①索引 - 文集 Ⅳ.
①G254.97-53

中国版本图书馆 CIP 数据核字（2021）第 277299 号

中国索引. 第十辑

责任编辑	杜永明
责任印制	刘　慧
出版发行	中央编译出版社
地　　址	北京市海淀区北四环西路 69 号（100080）
电　　话	（010）55627391（总编室）　　（010）55627313（编辑室）
	（010）55627320（发行部）　　（010）55627377（新技术部）
经　　销	全国新华书店
印　　刷	北京时捷印刷有限公司
开　　本	710 毫米 ×1000 毫米　1/16
字　　数	360 千字
印　　张	21.25
版　　次	2023 年 3 月第 1 版
印　　次	2023 年 3 月第 1 次印刷
定　　价	88.00 元

新浪微博：@中央编译出版社　　　微　信：中央编译出版社(ID: cctphome)
淘宝店铺：中央编译出版社直销店（http://shop108367160.taobao.com）　（010）55627331

本社常年法律顾问：北京市吴栾赵阎律师事务所律师　闫军　梁勤
凡有印装质量问题，本社负责调换，电话：（010）55626985

名誉主编：吴　格
主　　编：杨光辉
副 主 编：温国强　薛春香
英文编审：薛春香
编　　辑：孙涵涵　杨雪珂

编辑委员会：
　　主　任：刘承功（东华大学）
　　副主任：杨光辉（复旦大学）
　　编　委（以姓氏拼音为序）：

　　　　蔡迎春（上海外国语大学）　　　　曹树金（中山大学）
　　　　陈　锐（军事科学院军事科学信息　何　毅（上海图书馆）
　　　　　　　　研究中心）
　　　　衡中青（佛山科技学院）　　　　　侯汉清（南京农业大学）
　　　　江向东（福建师范大学）　　　　　柯　平（南开大学）
　　　　李　睿（四川大学）　　　　　　　李勇慧（山东图书馆）
　　　　刘承功（东华大学）　　　　　　　马海群（黑龙江大学）
　　　　毛雅君（首都图书馆）　　　　　　聂　华（北京大学）
　　　　乔晓东（中国科技信息研究所）　　邱均平（杭州电子科技大学）
　　　　史　梅（南京大学）　　　　　　　王兰成（国防大学政治学院）
　　　　王伟军（华中师范大学）　　　　　王雅戈（常熟理工学院）
　　　　王彦祥（北京印刷学院）　　　　　严　峰（复旦大学）
　　　　杨光辉（复旦大学）　　　　　　　叶继元（南京大学）
　　　　赵　星（华东师范大学）　　　　　赵蓉英（武汉大学）
　　　　郑德俊（南京农业大学）

目 录

学术论坛

中国索引已迈入无纸化快捷编纂时代
　　——中国索引学会成立30年来索引编纂技术回顾与展望　　王彦祥（003）
我国科学数据索引建设研究与实践　　尹　璐　吴东岳（021）
索引编制研究热点与主题演化分析　　冯鲸洁（033）
21世纪以来中国索引理论与实践
　　——基于CiteSpace的《中国索引》稿件题录信息分析　　王逸帆（052）
高校图书馆外文索引数据库评价指标体系研究　　袁子晗　孔祥盛（064）
中西书后索引符号系统的比较分析　　刘子涵（074）

智能时代索引技术发展探索

主动运用智能化手段提升索引工作效能
　　——智能时代索引编制技术的回顾与发展探索　　王兰成（093）
基于BERT模型的学位论文专名索引自动编制研究
　　　　　　　　　　　　　　　许和旭　王兰成　张思龙（108）
军事文献大数据语义索引构建研究　　刘晓亮　王兰成（122）
基于知识图谱的索引知识库构建研究　　张思龙　王兰成　许和旭（130）
基于深度学习的智能索引技术研究　　张鹏飞　王兰成（139）

索引语言研究

我国叙词表及与其他词表的互操作标准修订：背景、思路与主要内容
　　　　　　　　　　　　　　　　　　　　　　　　刘华梅（149）

索引与数据库事业

基于上海大学图书馆馆藏的中文图书内容索引质量抽查分析
（1978—2020年）　　　　　　　　　　　　　　鲍国海（163）
北京师范大学图书馆藏谢国桢《丛书子目类编》稿本述略
　　——兼谈谢国桢对于丛书索引编纂的贡献　　马鸿雁（178）
社会化媒体在跨语言信息检索中的应用研究　　　刘伟成（188）
基于文献计量与可视化呈现的意识形态领域研究热点分析
　　　　　　　　　　　　　　　　　　　蒋耘中　赵呈刚（204）
二十世纪中共"一大"代表传记资料述略
　　——以"20世纪中国人物传记资源整理与数据库建设研究"为中心
　　　　　　　　　　　　　　　　　　　傅德华　徐灵嘉（222）

索引编纂丛谈

索引书稿的排版格式处理技巧　　　　　　　　　张　丽（243）
书后索引编纂已成学术著作出版大趋势　　　　　闫　森（252）
《海峡两岸中华古籍保护论著提要》简评　　　　陈东辉（260）

专题索引

《孟继埙藏金石拓片闻见录》索引　　王丽华　张　华　任欣欣（267）
会计类历史文献索引编制与探析　　　　　　　　连心宜（293）

索　引　　　　　　　　　　　　　　　　　　　　　　（305）
稿　约　　　　　　　　　　　　　　　　　　　　　　（329）

Contents

Academic Forum

China Indexhas Entered the Era of Paperless and Rapid Compilation
  — Retrospect and Prospect of Index Compilation Technology in the 30 Years since the Foundation of the China Society of Indexers
　　　　　　　　　　　　　　　　　　　　　　Wang Yanxiang (003)

Research and Practice on the Construction of Scientific Data Index in China
　　　　　　　　　　　　　　　　　　　Yin Lu　Wu Dongyue (021)

Visual Analysis of the Research Hotspots and Trends of Index Complication Research　　　　　　　　　　　　　　　　Feng Jingjie (033)

The theory and practice of China's index since the 21st century
  — Bibliometric analysis of the articles published on the *Journal of Society of China Indexers* based on CiteSpace　　　　Wang Yifan (052)

Research on the Evaluation System of Foreign Index Databases in China University Libraries　　　　　　Yuan Zihan　Kong Xiangsheng (064)

A Comparative Study on the Symbol System of Back-of-the-book Index between China and the West　　　　　　　　　　Liu Zihan (074)

Indexing Technology in Intelligent Era

Actively Using Intelligent Means to Improve the Efficiency of Index Work
  — Review and Development Exploration of Indexing Technology in
    Intelligent Era　　　　　　　　　　　　　　　Wang Lancheng（093）
Research on Automatic Entity Indexing of Dissertation Based on Bert Model
　　　　　　　　　　　　Xu Hexu　Wang Lancheng　Zhang Silong（108）
Research on the Construction of Military Literature Big Data Semantic Index
　　　　　　　　　　　　　　　　Liu Xiaoliang　Wang Lancheng（122）
Research on Construction of Indexing Knowledge Base based on Knowledge
  Graph　　　　　　　　Zhang Silong　Wang Lancheng　Xu Hexu（130）
Intelligent Index Technology Based on Deep Learning
　　　　　　　　　　　　　　　　Zhang Pengfei　Wang Lancheng（139）

Indexing Language

Research on the Standards of Thesauri and Interoperability with other
  Vocabularies in China　　　　　　　　　　　　　　Liu Huamei（149）

Index and Database

Quality Sampling Analysis of Chinese Mainland Book Content Index
  Based On the Library of Shanghai University（1978 – 2020）　Bao Guohai（163）
A Brief Introduction to Xie Guozhen's Series Bibliographic Catalogue
  in the Library of Beijing Normal University
  — On Xie Guozhen's Contribution to Bibliographic Index Compilation of
    Series of Books　　　　　　　　　　　　　　　　Ma Hongyan（178）

Application of Social Media in Cross-language Information Retrieval

Liu Weicheng (188)

Research Fronts Analysis on Ideology Based on Bibliometrics and
  Visualization　　　　　　　　Jiang Yunzhong　Zhao Chenggang (204)

A Brief Introduction to Biographical Materials of the Representatives of the
  "First National Congress of the Chinese Communist Party" in the 20th
  Century
  —— Based on "Research on the Compilation of Chinese Biographical
    Resources and Database Construction in the 20th Century"

Fu Dehua　Xu Lingjia (222)

Discussion on Index Compilation

Processing Skills of Typesetting Format of Index Manuscripts　　Zhang Li (243)

The Compilation of Back-of-the-book Indexes has become a General
  Trend of Academic Publications　　　　　　　　　Yan Sen (252)

A Brief Review of the *Summary of Works on the Protection of Chinese
  Ancient Books on Both Sides of the Taiwan Strait*　　Chen Donghui (260)

Subject Index

The Index of *Meng Jixun Collection of Rubbings Records*
　　　　　　　　　Wang Lihua　Zhang Hua　Ren Xinxin (267)

Compilation and Analysison Index of Accounting Historical Literature

Lian Xinyi (293)

Index　　　　　　　　　　　　　　　　　　　　　　　　　(305)
Information for Authors　　　　　　　　　　　　　　　　　(306)

学术论坛

中国索引已迈入无纸化快捷编纂时代
——中国索引学会成立30年来索引编纂技术回顾与展望

王彦祥

（北京印刷学院索引编纂研究所　102600）

摘　要　论文首先回顾中国索引学会成立30年来，我国索引编纂技术的5个发展阶段，并从手工编纂索引的最后辉煌、计算机辅助编纂索引大行其道、中文索引软件横空出世、索引软件与辅助技术日臻完善、无纸化快捷编纂索引技术渐露端倪几方面予以概括。其后对无纸化快捷编纂索引技术展开论述，描述了这一新技术的基本操作和数字化标引符号系统，进而总结无纸化快捷编纂索引技术的新突破、新特点和优势。最后讨论我国索引编纂技术的发展方向，建议向简易性、无纸化技术方向发展，并使无纸化快捷操作与索引软件深度融合，加快索引编纂技术的推广普及，提升中国索引编纂的总体质量和水平。

关键词　索引编纂　索引软件　索引技术　无纸化编纂　回顾与展望

一、缘　起

30年，弹指一挥间。遥想1991年的那个冬天，在中国上海市诞生了"中国索引学会"，标志着中国索引事业进入新纪元。不过，那时的索引还处在手工编纂阶段，索引编纂数量也很少，从索引理论研究到索引编纂技术，我们还在仰视着西方世界。

现如今，中国索引学会已经发展到2 000名会员的规模，索引编纂从西方青睐的学术著作索引，拓展到中国特色的志书和古籍索引，这些索引很多都是采用"无纸化"编纂技术完成的。而检索世界范围内的索引领域专业文献，尚未发现"无纸化"索引编纂的系统论述。这引起我们的遐想，在索引编纂技术方面，中国是否从30年前的"跟跑"，一跃发展到"领跑"阶段？值此学会成立30年之际,笔者回顾、论述和展望如下,愿与各位共商共享。

二、30年索引编纂技术的时序化回顾

在中国索引学会自成立到发展壮大的30年中,世界范围内的科学技术也是在翻天覆地发展着,应用到索引编纂领域,就是从纯手工的打字、录入、排序、誊写,变换为人机结合、无纸化操作,索引编纂效率不知提高了多少倍,而且节省了时间、节约了能源消耗。这些明显又独特的索引编纂变化,笔者以时序化的方式,回顾并归纳为如下五大阶段。

1. 20世纪90年代前期:手工编纂索引的最后辉煌

20世纪科技进步的一个重要标志,就是计算机技术突飞猛进的发展和迅速向大众普及。想当年,20世纪80年代的大学校园里,相关专业的学生只能在公共机房学习一些最基本的计算机知识,如用BISIC语言把自己的名字拼写出来,根本谈不上将这些"昂贵的宝贝"运用到索引编纂领域。

进入20世纪80年代末90年代初,计算机微型化取得巨大突破,"个人计算机"一跃成为中国社会的时髦热词。事实也的确如此,"长城0520"计算机开始进入寻常百姓家,其后各个品牌的个人计算机从286到486开始普及。与此同时,类似于简化版的个人计算机,即"电子打字机"也被发明出来并迅速进入机关团体等部门单位,自然也被应用于索引辅助编纂。

如当时红极一时的中关村"四通电子打字机"、国外进口的"卡西欧(CASIO)电子打字机",都曾被笔者用于索引编纂的打字录入、索引打印输出环节,这大大提升了编纂速度,也提高了索引编纂质量。电子打字机由此成为手工编制索引与计算机辅助编纂索引最典型的过渡技术和应用设备。

但是,使用最新出现的个人计算机、电子打字机辅助编纂索引,在90年代初期还只是一种尝试,主要用于索引款目的打字录入、合并整理、打印输出等流程。伴随着我国大力提倡年鉴编辑出版,到学会创立的1991年国内出现了几百种新年鉴,加之第一轮新修地方志工作的推进,社会上编纂书后索引也蔚然成风,但囿于计算机和电子打字机尚未全面普及,也没有真正好用的自动排序程序和专业索引软件,彼时编纂索引绝大多数还是要手工操作。

譬如,20世纪90年代初期,笔者曾经带领索引编纂团队为《中国法律年鉴》编纂过若干年的卷后索引,每次都要手工制作5 000张左右的款目卡片。

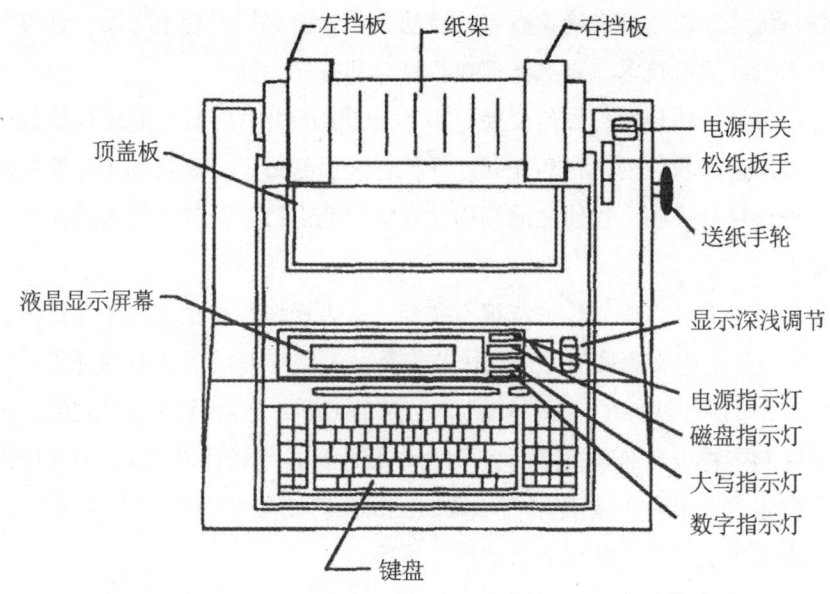

图1 用于辅助编纂索引的"四通电子打字机"

编纂《中国法律年鉴1987—1993累积索引》时，竟然制作了20 000多张款目卡片，最后编成16开本、156页、30万字的累积索引工具书。现在我们已经实现全流程、无纸化编纂索引，再回想手工编纂索引，总觉得有些不可想象，也感慨良多。

对于那时的手工编纂索引，笔者曾撰写《我与索引——一名中国索引学会会员的索引服务经历》[①]一文，将手工编纂索引的过程，总结为具体的六大步骤，即主题标引、制作卡片、索引词反查、人工排序、编写使用说明、手工誊录索引书稿。至于手工编纂索引流程和技巧的阐释，这里不展开赘述，具体可参看相关的论文资料。

2. 20世纪90年代中后期：计算机辅助编纂索引大行其道

所谓计算机辅助编纂索引，是指在人工标引索引词（索引标目）并输入计算机之后，由计算机完成排序、合并整理、打印输出，最后成为正式索引的过程。它有别于计算机自动生成的索引，但可以充分利用人工与计算机编纂索

---

① 王彦祥. 我与索引——一名中国索引学会会员的索引服务经历 [J]. 中国索引, 2004 (1): 57 – 62.

引的各自优势,以达到准确、高效的目的。从索引编纂流程上考察,计算机辅助编纂索引的关键技术,重点体现在款目自动排序方面。

伴随着计算机技术的飞速发展,20世纪90年代中后期从追求计算机硬件速度,转向追求软件的丰富和完善。反映在索引编纂上,就是利用计算机对索引款目进行自动排序,也使之前利用计算机只能进行款目打字录入的初级阶段宣告结束。

最初,个人计算机操作系统很不完善,个人操作起来也比较烦琐难用,直到Windows 3.1中文版推出并得到快速普及,人们才形成了从电脑屏幕左下角"开始"使用各种软件的"新习惯"。当时的Office办公软件尚不成熟,也就是还不能对字符进行自动排序(Word 7.0版才具备了排序功能),但在国内已经有人摸索着,利用数据库软件(如FoxBase)对索引款目进行英文字母排序,后来实现了对中文款目的汉语拼音排序。

利用计算机辅助编纂索引能提高效率,工作起来也比手工制作款目有更大的吸引力。记得那时我们同时编纂两个年鉴索引,就是借用中国科学院博士研究生的一台公用计算机,下班后骑车一小时赶到那里,然后打开计算机争分夺秒地工作,直到第二天凌晨我们才迎着霞光骑车离开,这其中也确确实实领略了计算机辅助编制索引的魅力。

经过摸索和总结,索引界有若干研究者撰文介绍并推广计算机辅助编纂索引的技巧和经验,包括张琪玉、侯汉清、曾蕾、黄水清、何静、施勇勤等。其中,张琪玉先生尤为用心用力,先后发表了《推广文献索引计算机编制法是促进我国索引事业发展的一项重要措施》(《图书与情报》1996年第4期),《用WPS文字处理软件编制简单电子索引的方法》(《图书馆杂志》1997年第3期),《利用WORD和WPS编制汉语题内关键词索引》(《中国索引》2007年第3期)。

笔者曾发表《利用Office 97编制索引的探索》,又与殷岚合作,基于索引编纂实践撰写了《计算机辅助编制年鉴索引》① 一文,对于利用文字处理软件和数据库软件,辅助编纂索引进行了系统性归纳,总结出"计算机辅助编制索引方法和流程"。

---

① 王彦祥、殷岚. 计算机辅助编制年鉴索引 [J]. 年鉴信息与研究,1998 (2): 55 – 57.

> 人工标引索引词⇨计算机录入索引款目⇨自动打印、人工校对、机上修改⇨计算机自动排序⇨文件转换、打印输出⇨排版、校对、付印

图2　计算机辅助编纂索引流程图

世纪之初施勇勤发表的《索引的计算机辅助编辑与制作》① 一文，总结并肯定了计算机技术对于索引编制的辅助作用，认为利用计算机辅助进行索引制作和编排是一项简便可行而又快捷准确的方法，值得在索引界广泛推广和应用。

3. 21世纪00年代：中文索引软件横空出世

21世纪初的索引编纂，最为标志性的特征就是索引软件的开发与应用。就此一问题，笔者在《新世纪中国索引编纂与研究述评（下）——基于2000—2017年索引成果的定性研究》一文中指出：中国在索引技术研究和索引软件研发方面已走在世界前列，这主要体现在索引新技术研究成果明显增多、多途径探讨索引编纂新技术新方法、探索利用相关软件进行中文索引辅助编制、多方面长时间开展中文索引软件开发、中国索引软件研发跟进时代发展等几个方面。②

具体到21世纪初中文索引软件的研发和应用，该文指出，世纪交替的那几年，曾有若干国内科研机构尝试利用计算机全文检索技术，进行自动抽词并编制主题索引。其中，由中国北方计算中心开发的"计算机图书索引生成系统"，其原理是先期选定或编制一个中文索引主题词表并输入计算机，形成"主题词表文本文件"，然后利用该系统对北大方正、华光系统排版形成的计算机大样文件、小样文件进行多词组同时交叉扫描检索，将吻合的主题词提取出来，并标注具体的页码地址，生成一个"索引词表文本文件"，最后对该文件进行排序、校对和格式编辑，即可输出为索引文件。③

张琪玉先生十分关注中国索引软件的研发，曾撰文《图书索引软件的功

---

① 施勇勤. 索引的计算机辅助编辑与制作 [J]. 出版与印刷，2002 (2)：15-17.
② 王彦祥. 新世纪中国索引编纂与研究述评（下）[M] //《中国索引》编辑部. 中国索引（第六辑）. 上海：复旦大学出版社，2019：3-47.
③ 姜昆阳. 利用计算机技术编好年鉴索引 [J]. 年鉴信息与研究，1998 (2)：58-60.

能要求与编制难题》，从中文图书实际情况出发，对索引软件的功能提出了标引、编制出处项、索引款目排序、产生轮排款目、相同索引标目合并、建立参照系统及助检标志、建立后控词表或类似结构、按特定版面格式输出索引数据、一般检索、组配检索、反白（或变色）显示检索结果、文本任意字词匹配检索等12个具体要求①，这也成为中文索引软件开发的指导性意见和技术性要求。

张琪玉先生此文，其实是因笔者2003年10月研发成功"索引之星1.0"软件，送给张先生使用和征求改进意见后撰写的。其后，笔者和软件共同开发者王广林吸收了张先生及其他相关人员的反馈意见，继续完善软件功能，2004年正式推出"索引之星2.0"，也结束了我国索引领域一直没有专业软件的历史。

"索引之星2.0"软件基于"人工标引索引词+计算机抽词处理+计算机排序整理"，以及"计算机抽词（依据主题词表或抽词词典）+自动添加地址出处项+人工修正处理+计算机排序整理"这两种索引软件开发模式，研制出可直接打开各种排版文件，进行人机结合的索引词标引，然后自动添加页码，并对索引款目进行多种形式排序，成为全流程计算机操作的专业索引软件。②

"索引之星2.0"可以打开国内外流行的排版文档、PDF文档，以及文字处理软件生成的各种电子文件，并能够直接进行索引词的任意标引、自动添加页码、排序编辑和打印修改等工作。"索引之星2.0"也改变了索引编纂的基本步骤，以编纂一个完整的中文书后索引为例，其具体操作可压缩整合为六大步骤：创建索引项目，设置被索引文件属性，标引索引词，校对索引词表，排序及合并整理索引词表，定稿后打印索引文件。③

4. 21世纪10年代：索引软件与辅助技术日臻完善

进入21世纪的第二个10年，我国索引编纂已全面使用计算机进行辅助编纂，这其中不仅有专业索引软件大显神威，而且加入了计算机及其相关技术支

---

① 张琪玉. 图书索引软件的功能要求与编制难题 [J]. 中国索引, 2004 (3): 41.

② 王彦祥. 中国索引软件的开发与应用 [J]. 中国索引, 2009 (2): 53-57.

③ 王彦祥, 王广林. "索引之星"软件的研制和索引编制 [C] //中国辞书学会. 辞书与数字化研究. 上海：上海辞书出版社, 2005: 55-63.

撑的款目著录、款目正确排序、款目合并整理等新技术、新手段。

在款目制作方面，出现了两大类索引编纂技术并列进步的局面。一是篇目索引款目著录的填表式技术成熟，二是书后索引编纂的软件升级换代。至于第一类技术进步，代表性的就是《全国报刊索引》款目著录的最新进展，其自主开发的"全国报刊索引篇名数据库信息制作系统"，进入21世纪后就设计了颇具典型性的篇目索引款目编制界面，实现快速标准化著录，减轻了过去繁复的劳动，值得相关单位和篇目索引编制者参考学习。[①]

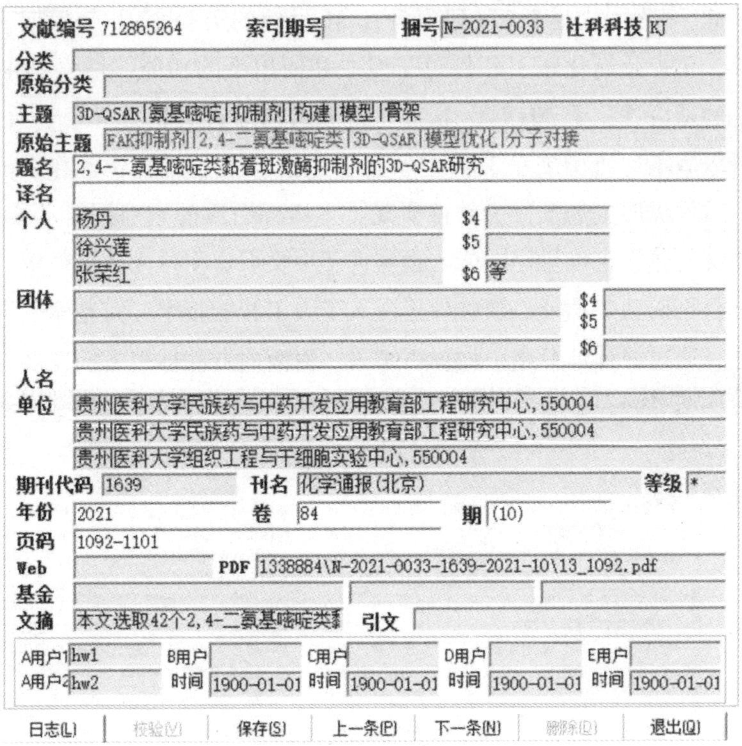

图3 《全国报刊索引》篇名数据库信息制作系统款目编制界面

至于第二类的索引软件升级换代，自然指的是"索引之星2.0"软件的版本升级。国内曾有人撰文质疑，"索引之星2.0"推出十几年，一直没有升级。其实，涉及索引编纂的几乎所有功能在"索引之星2.0"中都具备了，因为世

---

① 张语桐. 篇目索引编制与出版流程探析 [M] //《中国索引》编辑部. 中国索引（第八辑）. 上海：复旦大学出版社，2020：37 - 55.

界范围内的索引编纂新技术很多年都没有新的变化,况且为了适应两年一次的计算机操作系统升级,该软件在后台加入了特殊技术,至今仍然可以在最新版的 64 位 Windows 操作系统中正常使用。

"索引之星 2.0"所对应的编辑出版领域的排版文件,近年来的确有了新的发展变化,即各个国家自主开发的、适于本国出版的排版系统和文件格式,纷纷退出或向国际化的格式靠拢,统一到数字出版时代通用的"PDF"文件格式,还可利用 CTP 技术,直接制版和印刷。

基于此,"索引之星 2.0"研发者在 21 世纪的第一个 10 年后期,进行了软件升级,重点是简化索引软件过于专业和使用少的功能,增强 PDF 等通用排版文件的适应性,于 2018 年 10 月"第七次国际索引联盟峰会"召开之际,推出了升级版本"索引之星 3.0"。新版软件基于 64 位计算机操作系统进行开发设计,软件界面更加友好。软件实现了多级标引后的索引词自动格式编排,增加了中文繁体字正确排序功能,也实现了中文多音字排入正确位置、自动合并相同标目页码项等功能。新软件还嵌入了人工智能技术,实现索引词的标引学习功能,通过统计计算索引词标引结果,逐渐向自动标引方向发展。①

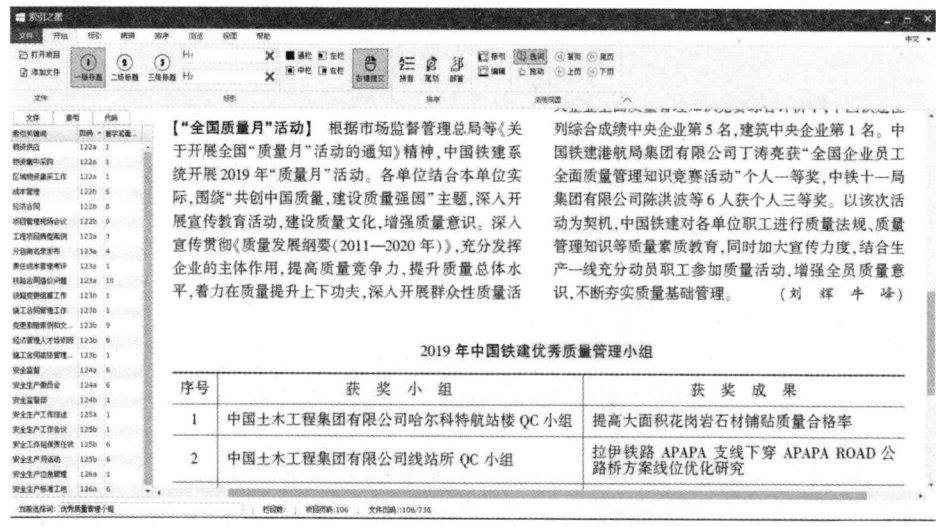

图 4 "索引之星 3.0"操作主界面

---

① 土彦祥,毋栋,刘子涵."索引之星 3.0"软件的功能特点与应用技巧[C]//发展中的世界索引事业国际学术研讨会论文集.上海:中国索引学会,2018.

究其实质,"索引之星3.0"的升级不是对索引软件功能做简单的"加法",而是根据实际需要做了"加减法"。如随着方正"书版"排版软件基本被淘汰,"飞腾"转为"飞翔"并增加PDF格式输出,"索引之星3.0"删除了较多已淘汰的文件格式显示功能,重点是跟进公版格式的PDF文件,增加或强化了快速标引、跟随页码出处项、智能学习等功能。也就是通过简化相关功能,增强方便实用的索引编制核心功能,使"索引之星3.0"继续支持我国的索引实际编纂工作。

5. 21世纪20年代初期:无纸化快捷编纂索引技术渐露端倪

近几年,国内一些研究者将索引编纂技术的突破口放到计算机自动标引、自动编制索引程序或软件的开发方面,希冀用此来代替人机结合的索引软件。但结果并不如愿,国外似乎也是如此,经过十余年的开发研究,世界上也未见可以投入到索引编纂实际工作的、成熟稳定的自动编纂软件。尽管有了大数据、人工智能新技术的支撑,但绝大多数的自动索引编纂研究仍然以不了了之收场。还有个别的试验性自动标引程序和技术,因自动抽取出来的标引结果达不到索引编纂的技术要求,形成的索引稿件也达不到基本的出版要求,因而不被认可也无法出版问世。

譬如,自动标引试验研究与人工标引结果进行正确率比较,总会以达到百分之多少作为衡量指标。有的自动标引正确率平均可达到70%,有的自动标引简单文稿能达到80%以上,可惜这样的结果仍然不被出版机构认可。这是因为,编辑出版是一项非常严肃的事情,正所谓"来不得半点差错"。现行的出版管理规定明确指出,算作合格出版物的出错率按照字数计算,不能高于万分之一。这也就是说,目前的自动标引水平,距离出版的合格率还差之甚远,还远远达不到实际应用的要求,仍需继续努力。

在这样的背景之下,必须转变思路,另辟蹊径,才能使索引编纂技术获得新的突破。由此,我们从索引编纂的实际出发,设置新的技术路线,力图对全球各个索引软件通行的逐条标引索引词,同时将标引结果转入索引词库,然后再经过若干步骤的操作,才能得到完整的索引词集合并的技术做法,优化出快速标引、自动导出、提升效率的无纸化快捷编纂新模式。

这一索引编纂新模式,从实际的索引编纂快捷化、简易化要求出发,需要设计新的软件程序作为技术支撑,也需要通用性的电子文件格式作为前提,这样才能体现快速而精准的索引编纂新技术发展的鲜明特征。经过不懈努力,主要是经过数百种索引项目的编纂实践，目前这一索引编纂新技术及编纂形式已经基本成熟，我们将其命名为"无纸化快捷编纂索引技术"，下面将展开详细论述。

三、无纸化快捷编纂索引技术的创新与应用

21世纪初期的计算机索引编纂，主要体现在专业索引软件开发，以及实际应用的不断升级完善方面。以"索引之星2.0"为代表的索引软件，其功能基本完善，辅助编纂索引技术也日臻成熟。因此，索引界的很多人认为，计算机辅助编纂索引技术基本上到头了，不会有大的突破进展了。通过上面的简单介绍，基于索引编纂实际工作的"无纸化快捷编纂索引技术"异军突起，并在悄无声息中已经真正应用于索引项目编纂之中。

1. 无纸化快捷编纂索引的基本操作

顾名思义，运用无纸化快捷编纂索引技术进行索引编纂，一是不再需要纸质书稿，二是编纂过程更加方便快捷。摆脱了纸质书稿的束缚，意味着索引编纂时，索引员不用再使用纸笔等工具在书稿上做人工标引；编纂过程方便快捷，意味着编纂环节简化、编纂流程压缩，编纂效率也相应提升。

无纸化快捷编纂索引的操作确实很简单，可以概略地总结为以下五个步骤。

第一步，在能够正常显示PDF文件的浏览器中，打开被索引书稿的PDF文件，索引员在计算机屏幕上阅读书稿的同时，对选中的索引词进行高亮标引。

第二步，将书稿PDF文件中标引的索引词（高亮显示），批量导出为txt格式的文件。

第三步，在文字处理软件中对索引文件进行校对和修改。

第四步，使用计算机排序程序，对索引书稿进行正确排序。

第五步，对索引文件进行合并整理、修改完善，直至正式提交。

为了顺利开展无纸化快捷编纂索引，需要规范索引员共同遵守的、在电子文件中进行索引词标引的标引符号。笔者带领索引编纂团体经过摸索实践，已总结出一组"数字化标引符号"，兹列表于下，并提供一个数字化标引符号应用示例，以供参考。

表 1　索引数字化标引符号示意表

符 号 示 意	符 号 名 称	用 法 注 释
装甲车辆	高亮标引	以不同颜色的高亮显示方式,标引出索引词。
第二次世界大战时期的坦克装甲车辆	轮排红框	标注红框内索引词表示须进行索引词轮排处理,即连同页码再做一个索引款目。
传动装置应满足如下→要求	连缀箭头	表示索引词连缀,即把箭头连接的字词合为一个索引词,未高亮标引的字词须删除。
履带接地长╱履带中心距	间隔斜线	隔开两个索引词,表示分别形成索引款目,以免出现混乱。
电动帆航天器是	字序调整	按照标记提示,对字词进行调整,以形成规范化索引词。
2.1 系统定义　装甲车辆综合电子系统是车	字词组合	按照燕尾符号提示,借用相邻字词,组成一个完整索引词。
（正文段落示意）	二级标引	第一个索引词作为一级标目,"红色连线并标记2"所括起的索引词作为二级标目。技术处理时,在二级标目前添加一级标目索引词,且与二级标目之间空4个字节。

2. 无纸化快捷编纂索引技术新突破

前已有述,使用无纸化快捷编纂技术进行索引编纂,需要通用性的电子文件作为前提,亦即必须使用 PDF 文件。做到这一点其实并不难,因为 PDF 文件已经成为国际化的数字出版和数字阅读通用文件格式。只不过这一点无意中限制了其他格式的电子文件,无法进行高亮显示,也不能实施无纸化快捷索引编纂。

另外,无纸化快捷编纂索引技术需要设计和使用新的软件程序作为技术支撑。目前我国只有极个别的优秀 PDF 阅读器软件,可以实施高亮显示,并将

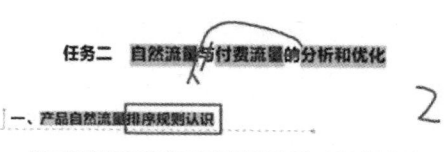
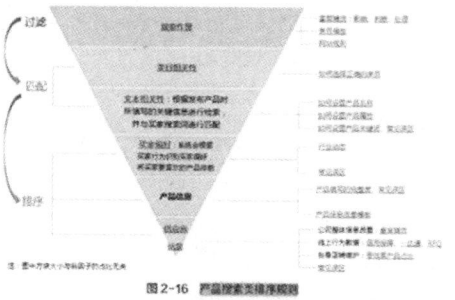

图5　无纸化快捷编纂索引的标引示例

高亮标引的结果导出,进而转化为标准的索引款目。总结这种新式索引编纂的方式方法,其技术性突破体现在如下三个方面。

(1)无纸化快捷操作无需专业化的索引软件,就可实现索引词标引的核心环节操作,而批处理导出索引款目,提高了索引编纂效率,也提升了索引编纂的简易性。

(2)从过去使用索引软件逐个标引操作,转化为直接阅读加标引,使得工作过程简化,思维连贯,有利于提高索引编纂质量和编纂速度。

(3)使用PDF文件直接编纂索引,与出版技术打通,使索引编纂与出版融合迈出实质性一步,为今后的技术开发创造条件。

3. 无纸化快捷编纂索引的特点和优势

化繁为简、快速标引,比代表性、专业化的索引软件"索引之星2.0"操作起来还要简单方便,这是采取无纸化快捷编纂索引的方式后,得出的切实感受。尽管无纸化快捷编纂索引技术基本上摆脱了索引软件,但探究其原理和过程,仍然属于计算机辅助编纂索引的性质。它与专业索引软件编纂索引相比,其特点与优势也是显而易见的。

(1) 快速标引

索引员拿到的被索引文献,就是出版机构用于印刷成书的 PDF 格式文件,这恰恰是无纸化快捷编纂索引的前提之一,这就为快速标引创造了先决条件。拿到 PDF 书稿文件可以马上投入索引编纂工作,快速高亮标引操作,每标引一个索引词,就比使用专业化索引软件少点击几次鼠标,不要小看这细微的鼠标点击次数的减少,它能够使标引工作连贯顺畅起来,也使索引员在标引工作中集中精力、减少失误,从而使"阅读+标引"变得相对快乐轻松起来。

(2) 自动导出

以往的索引编纂,如果不使用索引软件,就要打字录入或复制粘贴索引词,再添加地址出处(数字页码),既烦琐又容易出错。有了索引软件后,索引词需要逐条标引,但可以直接提取索引词而不必录入或复制粘贴,而且通过文件参数设置,可跟随地址出处甚至栏别标识,然而生成和导出索引词仍较为烦琐。到了新形式的无纸化快捷编纂索引阶段,具体操作时索引员只管专心阅读+标引,然后在 PDF 文件上留下高亮注释标记即可,需要获得标引结果时,只需点击鼠标,就能把所有的高亮索引词加上地址出处导出为文本文件,既方便又快捷。

(3) 提升效率

从以上三种索引编纂操作描述不难看出,无纸化快捷编纂索引具有良好的适应性和简捷的操作流程,以时间效率和质量效率来考量,都明显占据优势。尤其是"阅读+标引"的标引环节,让索引员集中精力紧盯书稿,既能节省时间,又能提高质量,这也是目前索引员最愿意使用的标引形式。尽管不能直接生成分级款目,不能在页码数字后面添加栏别标识,但是省却了专业索引软件或者文字处理软件的烦琐操作,由此提升了索引编纂效率,所以瑕不掩瑜,况且通过手工快速添加也不是什么难事。

(4) 省时环保

利用无纸化快捷编纂索引技术,明显省却了纸质书稿,也节省了宝贵的时间,这是所有人都希望看到的大好事,尤其是出版机构。殊不知,一部书稿走到编辑出版的最后阶段,抢时间最为重要,必须各个环节争分夺秒。索引编纂正处于这一最后环节,以往要想拿到纸质书稿要借助快递、邮递等手段,至少需要一两天时间。如今的无纸化索引编纂操作，再加上无处不在的网络，便实现了两个"瞬间"，即瞬间获得书稿 PDF 文件，瞬间开始索引编纂，这个特点和优势实实在在，从而也能节省若干天的宝贵时间。同时，抛弃了纸质书稿，不仅给出版机构节省了一笔开支，也使索引编纂工作更加环保，这都是当今社会提倡和欢迎的事情。

（5）适应性强

无纸化快捷编纂索引技术不再依赖专业化的索引软件，并显现出简易操作、简便易学的特点，无疑能吸引更多的人加入索引编纂队伍，学习索引并编纂索引，由此对扩大索引编纂规模、促进索引编纂技术普及，都是绝对利好的消息。目前 PDF 文件在全世界已然普及，而编纂索引直接采用 PDF 文件和功能完善的 PDF 阅读器软件，令索引编纂者很容易适应，也更愿意投入到索引编纂工作中去，这必然对中国索引事业的发展带来很大的促进作用。

四、索引编纂技术的发展展望

1. 简易性、无纸化成为索引编纂技术发展方向

索引编纂技术实质上体现在"软件"和"硬件"两个方面。软件方面自然是开发索引软件和索引程序，用以索引编纂的标引、排序、合并整理等关键性流程。硬件方面是计算机及其周边设备的更新换代，主要是为索引编纂提供良好的技术环境和设备支持。不管是应用专业化的索引软件，还是应用针对标引、排序等索引编纂环节的小程序，以及将通用性的软件、硬件移植到索引编纂工作之中，索引编纂技术都在促进索引大量编纂和中国索引事业发展。

毕竟索引编纂专业性强、难度大，应用的索引编纂技术也比较复杂，使得不少索引员和业余索引编纂者望而却步。通过解析"索引之星3.0"软件对前期版本的简化升级，以及"无纸化快捷编纂索引技术"开发并投入索引项目的实际编纂，我们应该有所认识，应将简易性、无纸化的索引编纂新技术坚持研发下去，并普及推广到社会所需的方方面面。只有这样，索引编纂技术才能"接地气"，也才能被人们熟知，获得更多人的认可和应用。

随着计算机和网络技术高度普及，人们的工作和生活再也离不开软件和硬件，尤其是青年人，已很少使用纸笔，转而在智能化电子设备上办公学习。为了适应这种技术发展趋势，索引编纂技术开发方向不宜大型化、复杂化、高度

专业化，而应该照顾到各方面的需求，特别是居家办公、移动使用的新需求，推动索引编纂技术向简单易用和无纸化方向拓展。

举例来说，为方便人们在路上或户外也能进行阅读和索引词标引，应开发简捷实用的索引编纂小程序，进而摆脱专业化索引软件的束缚；为了使人们都能利用国际化、通用性的PDF等格式的电子文件编纂索引、处理文档、检索阅读，宜与编辑出版机构合作，推行无纸化操作，共同使用PDF格式文件，从而使索引更加便利地得以编纂和使用。

2. 无纸化快捷操作与索引软件将会深度融合

笔者曾经撰文《中国索引软件的功能完善方向——接续张琪玉先生的思考》，回顾了张琪玉先生对索引软件思考后得出的若干观点及指出的两大开发难题，进而剖析中国索引软件功能特点，列出中国索引软件研发与完善的10个具体方向。主要包括：索引软件应实现索引编纂流程的"全部无纸化操作"，不再使用纸质书稿进行索引编纂操作；简化标引操作，实现索引词标引结果的"批处理"；解决好地址出处项的精确定位问题、中文正确排序问题；开发索引词自动标引、软件自主学习功能；增加软件编辑排版功能，使索引款目在索引软件内实现基本的编辑和排版操作。①

以上提出的中国索引软件未来研发与完善方向，大多是专业化索引软件要解决和发展的方向，其中提到的中文自动标引技术，如今看来还需假以时日，只有在技术真正成熟后，才能投入到实际索引编纂之中。反其道而行之的索引编纂技术发展方向，则是将简易快捷的无纸化索引编纂技术，与专业化的索引软件进行融合，力争各取所长，优势互补。

毋庸置疑，无纸化快捷索引编纂技术与专业化索引软件深度融合，就应该开发出简捷实用而又具备索引编纂基本功能的开放性"中文简式索引软件"。这样的索引小软件需解决一般PDF阅读器软件不具备的索引编纂特殊功能，如标引后索引词自动跟随地址出处（页码数字），可以在软件内进行排序和款目合并整理等。同时，新的索引小软件还应该做到界面友好，体量不臃肿，易于安装使用，可以面向索引编纂者和业余爱好者开放使用。为了推动中国索引事业发展，我们需要这样的索引编纂技术和产品，让我们拭目以待。

---

① 太行燕. 中国索引软件的功能完善方向——接续张琪玉先生的思考［M］//《中国索引》编辑部. 中国索引（第九辑）. 北京：中央编译出版社出版社，2021：216-221.

3. 索引技术推广普及正当时也是当务之急

随着我国索引软件开发和应用已有20年的历程，功能完善的索引软件也被西方熟知。近年来创新开发的"无纸化快捷编纂索引技术"，使用简便易得的通用软件和PDF文件，也能编纂出书后索引，使得有一定基础的索引爱好者，也能操刀上阵，赢得良好的经济效益和社会效益，这为中国索引学会自成立以来一直倡导和推动的索引推广普及，创造了新的条件和良机。

另一方面，我国的索引编纂数量还很少，尤其是配合新书出版的书后索引，编纂比例平均在7%左右，距离西方学术图书80%~90%的索引编纂比例，还相差甚远。借助索引编纂技术发展和应用提速，索引编纂的普及推广也应该乘势而上，吸纳更多的索引编制者和索引爱好者多多应用索引编纂新技术，进而编纂出社会上亟需的索引新成果，形成良性循环。

所以说，在目前简易性、无纸化的索引编纂技术逐渐实现和普及的背景下，我们应当抓住良好时机，在中国索引学会指导下，加强索引编纂技术的普及推广，使更多的人了解中国索引编纂技术，及其作为索引编纂支撑手段的先进作用。有了这样的认知和索引编纂技术应用条件，就会促进中国索引事业的发展，也能使索引和索引编纂技术进一步走向社会大众，获得更深入更广泛的发展。

五、结 论

中国索引学会创立以来的30年，是世界索引编纂技术突飞猛进、日新月异的30年。30年前，恰逢计算机进入寻常百姓家；30年后，索引编纂计算机化，文件传输网络化，直到索引编纂过程的无纸化、快捷化，都已展现在我们面前。通过依时间顺序的梳理，可知30年来我国在索引编纂技术研发和应用方面，均取得了很好的成绩，其中关注最多、取得成果最多的是计算机辅助编纂索引技术，无纸化快捷编纂索引技术也概莫能外。

中国索引编纂技术发展至今，已从中国索引学会成立时的"跟跑"，跃居到与索引编纂技术发达国家一起"领跑"的新境界。借本论文的回顾和探讨，笔者最后得出如下三点结论。

（1）中文索引编纂有其独特性，索引编纂技术研究和应用要植根于索引编纂实践，在实践中不断摸索，并将编纂技术创新出来，这是因为，索引编纂是索引理论发展和技术创新的源泉。

（2）计算机辅助编纂索引技术一直是我国索引编纂技术研究和应用的重点，也取得了较多的成绩，今后应拓展思路，延展技术路线，使之与大数据、网络技术、人工智能等新兴技术结合起来，研发出更新更好的索引编纂技术。

（3）中国索引编纂技术从全手工摸索，到计算机辅助、索引软件开发应用，已演进到无纸化快捷操作阶段，走出了一条简单——复杂——简捷的发展之路，未来应继续发挥优势，推进和普及无纸化、简捷实用的索引编纂技术，以此促进中国索引事业的发展进步。

王彦祥　北京印刷学院教授，传播学、新闻学和出版专业硕士研究生导师，索引编纂研究所所长。中国索引学会副理事长，中国地方志学会编辑出版研究会副会长。

China Indexhas Entered the Era of Paperless and Rapid Compilation
— Retrospect and Prospect of Index Compilation Technology in the 30 Years since the Foundation of the China Society of Indexers

Wang Yanxiang

Abstract: The article firstly reviews the five development stages of China indexing technology in the 30 years since the establishment of the China Society of Indexers. They are the final glory of manual indexing, the popularity of computer-aided indexing, the emergence of Chinese indexing software, and the improvement of indexing software and auxiliary technology. Paperless quick indexing technology is gradually emerging and generalized. Afterwards, it discusses the paperless fast editing indexing technology, describes the basic operation of this new technology and the digital indexing symbol system, and then summarizes the new breakthroughs, new features and advantages of paperless fast editing indexing technology. Finally, it discusses the development directions of China indexing technology, and suggests to develop in the direction of simplicity and paperless technology, and deepen the integration of paperless quick operation and indexing software, accelerate the popularization of indexing technology, and improve the overall quality of indexing in China.

Keywords: Index Compilation; Index Software; Index Technology; Paperless Compilation; Review and Prospect

我国科学数据索引建设研究与实践*

尹璐 吴东岳

(北京万方数据股份有限公司 100038)

摘 要 随着科学研究的深入开展和互联网技术的快速发展,科学数据,特别是科学数据的共享开放对我国科技创新发展越来越重要。我国科学数据索引的建立,为科研领域的用户提供长期稳定的服务,是长久促进我国科学数据开放共享的有效途径之一。本文对国内外科学数据共享与索引建设的现状,科学数据索引建设研究与实践内容进行研究,并结合已完成的四川省科学数据共享服务平台网站第一期的设计研发和修改完善工作,提出对我国科学数据索引平台今后建设的建议。

关键词 科学数据 索引 科学数据共享

著名索引学学者张琪玉教授曾多次强调:"现代化的索引就是数据库,一个数据库实际上就是建立在计算机技术基础上的一个索引体系。"[1] 可以说,数据库是基于大数据和人工智能等新技术而构建的现代化索引形式。同时,科学数据是国家科技创新发展和经济社会进步的重要基础性战略资源,是科研创新最基本、最活跃、影响面最宽的科技资源。随着我国科研创新活动的日益增多,科学数据产出和需求对于科研活动日益重要。利用新技术将科学数据资源整合,数据汇集加工,分类编目,使其成为可开放共享的数据库,进而形成科学数据的现代化索引,可以为学者、研究人员、研究机构提供更高效的服务,对于我国科学数据开放共享具有较强的促进作用。

因此,在大数据和人工智能等新技术加速发展的大环境下,我们结合四川省科学数据共享服务平台建设实践,开展建立我国科学数据索引建设的研究,

---

* 2020年中国索引学会规划项目编号:CSI20B03。

[1] 曹树金,姚瑶,胡玲玲. 中国当代索引学的精髓 [J]. 图书馆论坛,2009,29(6):189-193.

从重点省市入手,健全科学数据索引出版规范,建立科学数据聚合、发现与共享的基础设施,进而规范科学数据共享利用和提升科学数据资源的质量,并从重点省市实践逐步实现全国科学数据资源的信息整合。

本文对国内外科学数据共享与索引建设的现状,科学数据索引建设研究与实践内容进行研究,并结合已完成的四川省科学数据共享服务平台网站第一期的设计研发和修改完善工作,提出对我国科学数据索引平台今后建设的建议。

一、国内外科学数据共享与索引建设的现状

(一) 国外发展现状

近年来,美国、澳大利亚、欧盟等发达国家和组织在科学数据共享研究方面开展了较好的理论与实践研究,科学数据开发共享管理政策完善,并已建成具有一定数量规模的科学数据管理平台和数据中心。欧美发达国家除了利用科学数据中心和政府资助的科研项目等传统手段进行数据收集外,还利用学术期刊和网络平台推动科学数据汇聚和利用。如英国的科研资助机构要求申请人按照规定提交科学数据管理计划,将研究过程中产生的科学数据汇交至相应数据中心。但是,这些数据中心和科学数据管理平台多为以存储和管理科学数据为主的数据仓储库或数据暂存库,其中代表为高校大学和国家数据中心,如美国哈佛麻省数据中心(HMDC)、美国康奈尔大学数据阶段性存储库(DataStaR)、英国国家数据存档(UKDA)、澳大利亚国家数据服务(ANDS)、美国国家空间科学数据中心(NSSDC)和英国数据保存中心(DCC)等。

在科学数据索引建设方面,随着新技术的发展,欧美发达国家已出现聚焦科学数据的多种形式数据目录专门网站,比如有某一行业的科学数据目录库,有科学数据注册与存储系统,还有基于本体的索引资源。其中,针对某一行业的科学数据目录库如美国地质调查局科学数据目录库。而 re3data.org 是全球科学数据存储库注册表,作为科学数据服务新兴基础设施,re3data.org 涵盖所有学科的科学数据知识库,并提供科学数据可见性服务,促进文化共享,其索引方案是对所有学科领域的科学数据仓储基于注册机制进行索引化和结构化描述,采用信息图标来描述每个科学数据仓储的基本特征,并通过独特的图标帮

助科研人员识别相关知识库,以进一步访问和选择数据集。① 另一类是基于本体的索引资源,如美国的国家生物医学中心的本体资源索引(National Center for Biomedical Ontology Resource Index,NCBO Resource Index)目的是共享和应用生物医学领域不断增加的公开数据,基于本体语义编码提供探索性、多术语、语义增强的资源搜索。NCBO Resource Index 应用基于现有 541 个本体,使用基于本体的索引工作流集成生物医学资源,其将资源索引存储在数据库中,通过 REST Web 对外提供多种服务,并基于 BioPortal 门户提供搜索和导航资源索引。②

(二) 我国发展现状

自 20 世纪 80 年代起,我国开始推动科学数据共享,已成立国家科技基础条件平台中心,为建设科学数据基础共享网络、推动资源优化配置和科学数据的统一管理与开放共享提供了基础条件。随着 30 多年来的发展,我国的科学数据开放共享政策不断完善,并已建立了一定数量的科学数据共享平台和各行业类型和省市地区的数据中心。2018 年印发了《科学数据管理办法》,旨在完善科学数据共享机制和提升科学数据共享数量,使科学数据共享逐渐成为常态,而不开放共享成为例外。2019 年,科技部和财政部在原有科学数据国家科技基础条件平台的基础上,增加了国家高能物理科学数据中心等 20 个行业性国家科学数据中心③和国家重要野生植物种质资源库等 30 个行业性国家生物种质与实验材料资源库。各地方也逐步建立了一批科学数据中心,如贵州科学数据中心等,而江苏、四川等省市正在筹备建立省级科学数据中心。④

在科学数据索引建设方面,目前,我国主要依托上述各行业和地区科学数据共享平台和数据中心构建科学数据资源目录和导航体系,便于科学数据的组

---

① 张莎莎,黄国彬,耿骞. 基于 re3data 的英国科学数据发布平台研究[J]. 数字图书馆论坛,2017,(6):16-24.

② 彭秀媛,王枫,周国民. 国外科学数据共享方案研究[J]. 数字图书馆论坛,2017(9):50-56.

③ 南卓铜,王亮绪,吴立宗,等. 科学数据中心数据与知识集成[J]. 中国科技资源导刊,2010,42(5):15-21,36.

④ 李正超,国内科学数据共享平台建设现状及发展策略研究[J]. 图书馆理论与实践,2018(8):108-112.

织管理和服务。其中比较有代表性的如国家科技基础条件平台中心,负责汇聚资源目录,提供数据目录导航,但科学数据只是其科技资源的一部分,该平台并非科学数据目录索引的专门网站。

(三)国内外研究与实践对比

欧美发达国家对科学数据开放共享和管理的探索起步较早,政策制度相对完善,国家及区域科学数据共享平台和行业数据中心数量较多。我国起步较晚,但随着近些年的发展也形成了科学数据共享管理的政策制度体系,构建了满足科学数据注册、揭示、检索和发现需求的共享平台和数据中心。

在索引建设特别是数据目录方面,经调研,欧美国家已出现聚焦科学数据的多种形式数据目录专门网站,而非仅仅依托于科学数据共享平台和数据中心,而我国的数据目录体系仍然主要依托于各行业和地区的科学数据共享平台和数据中心。①

二、四川省科学数据索引建设研究与实践内容

(一)索引数据规范研究

元数据标准是科学数据索引建设的核心,用于描述数据集的信息内容,而这些信息内容又是构成索引目录的基础。② 四川省科学数据共享服务平台的数据集元数据包含的主要元素如下表1所示:

表1 数据集元数据主要元素

序号	元素名称	是否必备
1	中文名称	是
2	英文名称	否
3	标识符	是
4	中文摘要	否

---

① 张心源,邱均平. 国内外数据库索引编制研究的进展与趋势 [J]. 图书馆杂志,2016,35 (3):60 - 67.

② 杨德婷,阎保平. 科学数据库元数据标准体系设计 [J]. 微电子与计算机,2003 (7):1 - 4.

续表

序号	元素名称	是否必备
5	英文摘要	否
6	中文关键词	是
7	英文关键词	否
8	开始年份	否
9	结束年份	否
10	版本号	是
11	数据集采集/生产区域	否
12	数据来源	否
13	学科类型	是
14	学科类型二	否
15	数据集用途	否
16	数据集语种	是
17	文件名	否
18	数据集打开方式描述	否
19	访问控制	否
20	资源信息授权方式	否
21	资源信息链接地址	否
22	数据存储方式	是
23	创建机构	否
24	存储机构	否

建立索引的目的是准确快速地对采集信息的定位和查找，数据库索引则是为了提高数据集信息表中对应信息的检索效率而对某些字段建立的目录。在实践中，我们将学科类型、生产区域、机构名称等字段的数据集描述信息对应起来，分别形成不同类别的数据目录。根据其标准规范，平台数据目录

的学科分类包括生命科学、自然科学、工程科学和人文社科四大类,并涉及包括信息科学与系统科学、力学、物理学、农学等在内的 60 多种二级学科分类(如图 1、图 2 所示);同时,单独设计了科学数据库的地区浏览页面。

图 1　数据目录的学科分类浏览页面

图 2　数据目录的学科分类浏览页面

（二）索引功能的设计与开发

在实践中，我们拟计划筛选全国范围内有研究和应用价值的科学数据集，进行电子出版，并以索引方式进行全方位的快速出版揭示，主要包括每个科学数据集的标题、创建者、所属机构、创建时间、主题、内容介绍、载体格式、容量、DOI、实体数据的链接或获取方式等。结合已完成的四川省科学数据共享服务平台网站第一期的设计研发和修改完善工作，将平台重点索引功能——数据集汇交与检索和导航浏览展示如下。

1. 数据集汇交与检索

（1）平台首页面简单检索

用户在首页可进行简单检索，检索内容包括题名、作者、关键词，检索匹配方式为模糊检索；点击搜索按钮后跳转至检索结果页面，如下图 4 和图 5 所示：

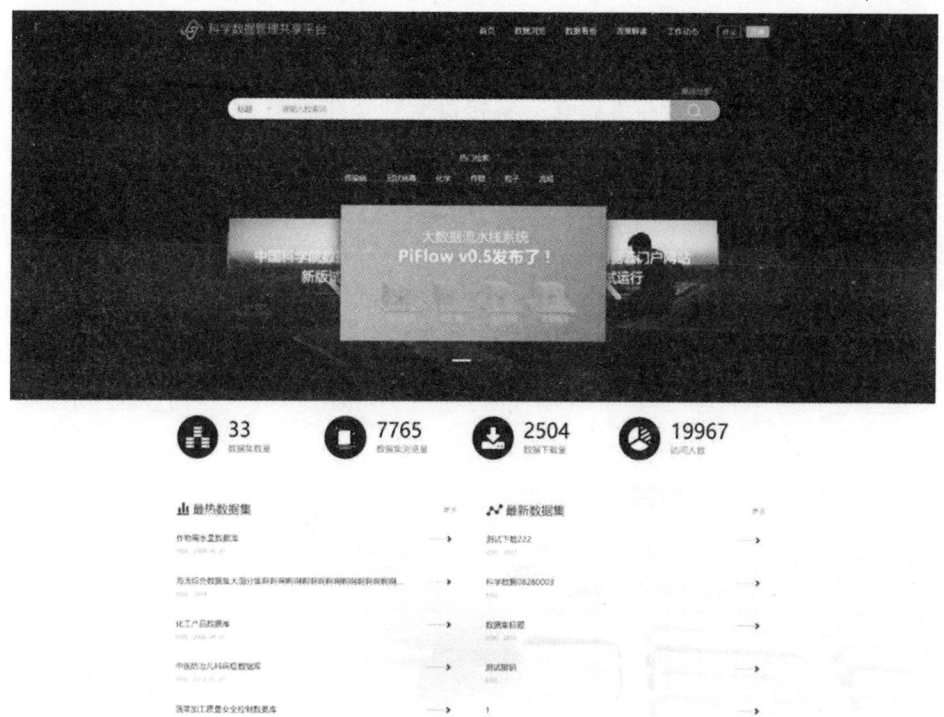

图 4　首页简单检索页面

中国索引（第十辑）

图5　首页简单检索结果页面

（2）高级检索

用户在首页点击"高级检索"链接可跳转至高级检索页面。用户可自定义检索条件、检索关系、匹配方式进行检索，并在当前页分页显示检索结果，如下图6所示：

图6　高级检索结果页面

(3) 数据浏览

数据浏览页面分页显示所有已发布的科学数据信息，在数据浏览页面用户可进行组合检索，检索条件包括题名、作者、关键词、DOI、起始年、结束年，检索匹配方式为模糊检索；用户也可以根据页面左方学科分类进行分类检索并查看，如下图7所示：

图7 已发布的数据浏览页面

(三) 索引数据采集加工方法的研究与实践

在研究与制定科学数据索引相关标准规范和索引功能开发实践的基础上，我们也着手逐步进行索引数据建设的方法研究与实践，包括科学数据的采集、审核、编辑加工、整理等。在数据采集方面，数据来源主要分为三个方面：科技计划项目实施所形成的科学数据的汇交；各高校、科研院所、科研机构和企业等科学数据生产单位以及如期刊出版时产生的与其他项目成果关联、追溯、验证等数据的汇交。用户填写提交数据后，后台系统将自动化加工审核数据并发布，现将数据目录注册等具体页面展示如下。

1. 数据目录注册

（1）数据集

已提交并发布的数据集展示页面，如下图8所示：

图 8　已提交的数据集展示页面

(2) 数据注册

用户登录后可进行数据注册，注册内容包括数据集中英文标题、DOI、数据集简介、学科分类和创建者信息等，填写提交信息后，后台系统会按照数据规范标准自动审核并发布，所有已发布的数据集分页显示，如下图 9 所示：

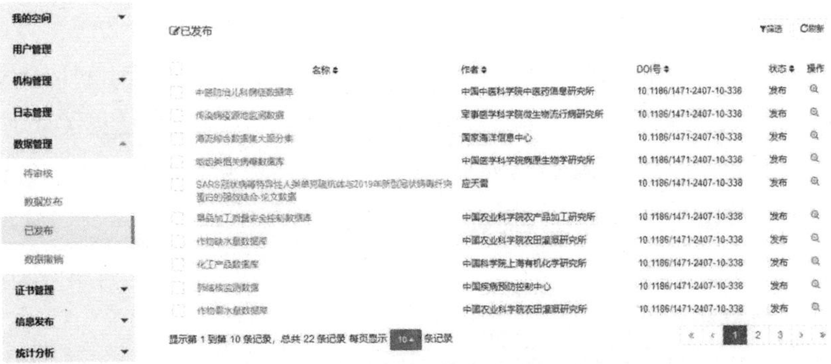

图 9　已发布的数据集展示

三、对我国科学数据索引平台今后建设的建议

由于我国科学数据索引平台建设是创新性的建设任务，现结合前期项目实践，提出几点针对其建设的建议：

1. 建议新型索引功能同时满足市场与用户需求，并可进行迭代优化

建议我国科学数据索引平台的功能与数据结构设计，需符合科学数据的特点，满足平台各类用户对于科学数据注册、揭示、发现和评价的需求；需要对科学数据索引的特点以及用户需求进行充分的研究，设计开发平台功能，并通过反复尝试与迭代化的开发逐步改善，不断逼近恰当的市场定位与用户需求，形成具备科学数据特点并满足用户需求的新型索引平台。

2. 大批量科学数据索引加工要求高，建议建立相关标准规范

科学数据索引的数据采集、数据加工与论文等科技文献有一定区别，需建立相应的标准规范，并制定符合科学数据特点的编辑加工流程，满足大批量科学数据索引的加工质量要求。

3. 长期稳定运营存在压力，建议建立长期有效的运行机制与商业模式

建立我国科学数据索引平台的目标是长期稳定地为科研领域的用户提供相关服务，长久促进中国科学数据的开放共享。这需要平台保持长期稳定运营，运营期需要充足的资金支持、稳定的技术保障和专业的团队合作，而科学数据开放共享领域目前仍未形成有效的商业模式，这些都需要不断尝试、摸索，在为多个用户群提供多样化服务的同时，建立长期有效的运行机制与商业模式，保证平台的长期可持续发展。①

尹璐 女，1991年生，硕士研究生，北京万方数据股份有限公司 DOI 与科学数据中心职员，开展科学数据相关项目调研、申报及项目实施工作，2020年以来重点参与四川省科学数据共享服务平台相关工作。

吴东岳 女，1990年生，吉林大学本科毕业，北京万方数据股份有限公司 DOI 与科学数据中心职员，协助完成科学数据相关项目的流程执行工作。

---

① 王卷乐，石蕾，王玉洁，等. 科学数据汇聚的模式分析及对我国的发展建议 [J]. 地球科学进展，2020，35（8）：839–847.

Research and Practice on the Construction of Scientific Data Index in China

Yin Lu　Wu Dongyue

Abstract: With the in-depth development of scientific research and the rapid development of Internet technology, scientific data is becoming more and more important to the development of scientific and technological innovation in our country, especially the sharing and opening of scientific data. The establishment of China's scientific data index provide long-term services steadily for users in the field of scientific research, and it is one of the effective ways to promote chronically the opening and sharing of scientific data in our country. This paper studies the domestic and overseas current situation of scientific data sharing and index construction, and the research and practice of scientific data index construction. Combined with the completed design, development, modification and improvement of the first phase of Sichuan scientific data sharing service platform website, this paper puts forward some suggestions for the future improvement of the scientific data index platform in China.

Keywords: Scientific Data; Index; Scientific Data Sharing

索引编制研究热点与主题演化分析

冯鲸洁

（同济大学图书馆　上海　200092）

摘　要　索引编制研究作为索引学发展的重要内容，长期以来备受学界关注。随着数字出版环境的变化与信息技术的迭代更新，索引编制的内涵、方法与现实要求随之发生改变，厘清其来龙去脉有助于把握未来发展的趋势所在。本文基于文献计量学、共词分析法全面梳理20世纪50年代以来我国索引编制研究脉络，通过可视化的知识图谱直观展现其发展阶段、作者合作网络；基于关键词共现关系进行聚类和战略坐标分析，挖掘研究热点与主题分布的演化路径，以期为后续研究提供借鉴和参考。研究发现，索引编制研究热点主要集中于索引学、古籍索引、人名索引、专题索引、编制策略与方法等内容，由侧重目录学的理论研究向着数据库、语义分析、算法等新技术驱动的智能索引应用转移；研究对象趋于专深化，由宽泛的图书内容索引转移至以古籍、地方志、学位论文为代表的细分文献类型。

关键词　索引编制　共词分析　聚类分析　知识图谱

一、引　言

索引编制是索引学的重要研究内容，其目的是使文献集合中的概念、语词能够通过信息检索的方式有序呈现。虽然索引学隶属于现代学科的范畴，但我国古典索引编制的传统由来已久，通常以"引得""通检""串珠"为名，明万历年间成书的《洪武正韵玉键》被认为是我国古典索引的开山之作；[①] 我国现代意义上的索引编制实践发轫于20世纪初，受西方学术文化的影响，一些学者产生了以西方索引之法整理国故的思想，林语堂所作《汉字索引制说明》

---

① 潘树广著. 古籍索引概论［M］. 北京：书目文献出版社，1984：1.

掀起了我国学界编制索引的浪潮，尤以 20 年代至 30 年代间"索引运动"最为瞩目，不仅涌现出大量编纂成果，还出现了以钱亚新《索引与索引法》、罗晓峰《索引法概要》等为代表的一批讨论索引编制理论与方法的研究成果，金陵大学开设《索引与序列》课程标志着索引人才队伍的初步建设；① 20 世纪 80 年代，信息技术发展与数据库技术的日臻成熟为我国编制《汉语主题词表》提供了技术支撑，其中，词组索引、范畴索引、英汉对照索引三部分组成主表的辅助索引，开启了大型机编索引的新纪元；1991 年，中国索引学会的成立促进了索引编制研究向专深化发展，关于结构、技术、标准的探讨达到新的高度；此后，《索引编制规则（GB/T 22466 - 2008）》《地方志索引编制规则（GB/T 36070 - 2018）》等标准的颁布为人工及机编各类型文献索引提供了编制规范，在我国索引编制研究乃至索引学发展中意义显著。

在现有研究中，对索引编制研究的系统回顾较少，相关研究主要集中于对索引学发展的回溯与展望上，部分研究者以历时的维度梳理索引学的发展脉络，如潘树广②、陈振文③、熊静④以 20 世纪 20—30 年代轰轰烈烈的"索引运动"为核心，探讨索引学的建立及编纂成果；邱均平、楼雯、曾倩等通过文献计量学分析 1991 至 2010 年间索引学研究论文的期刊⑤、作者⑥及主题分布⑦，认为对索引编制技术的研究已取代标准研究成为当前新热点；王彦祥⑧⑨在回顾 2000 至 2017 年间我国索引编纂成果的基础上总结出索引代表作与核心

---

① 熊静. 索引运动与索引学说的建立 [J]. 图书情报知识, 2016 (4): 27 - 36.
② 潘树广. 我国五十年来的索引编纂与研究 [J]. 江苏社联通讯, 1980 (11): 28.
③ 陈振文. 基于转型视角的索引运动研究 [J]. 国家图书馆学刊, 2013, 22 (2): 91 - 95, 105.
④ 熊静. 索引运动与索引学说的建立 [J]. 图书情报知识, 2016 (4): 27 - 36.
⑤ 邱均平, 曾倩. 近五年来国内外索引研究的进展与趋势 [J]. 情报科学, 2011, 29 (7): 961 - 966.
⑥ 邱均平, 楼雯. 近二十年来我国索引研究论文的作者分析 [J]. 情报科学, 2013, 31 (3): 72 - 75, 81.
⑦ 邱均平, 楼雯. 近二十年索引学发展演进与研究热点探析 [J]. 图书馆杂志, 2012, 31 (12): 12 - 17, 112.
⑧ 王彦祥. 新世纪中国索引编纂与研究述评（上）[M] //《中国索引》编辑部编. 中国索引（第五辑）. 上海：复旦大学出版社, 2018: 37 - 60.
⑨ 王彦祥. 新世纪中国索引编纂与研究述评（下）[M] //《中国索引》编辑部编. 中国索引（第六辑）. 上海：复旦大学出版社, 2019: 3 - 47.

编纂者，并指出索引编纂研究的阶段性特征。另有一些研究集中探讨了张琪玉、钱亚新等对索引学发展做出杰出贡献学者的索引编纂思想。

二、数据获取与研究方案

本文以"索引编制""索引编纂"或"index compilation"为主题词，在"CNKI 学术期刊网络出版总库"中检索得到 1957 至 2021 年间有关索引编制主题的研究论文 418 篇（检索时间为 2021 年 12 月 10 日）。通过人工判读剔除会议通讯、征稿信息、年度索引、新书简介等无关条目，得到 375 篇分析文献。除此之外，以《中国索引》自 2003 年创刊以来至 2020 年第八辑所刊文献作为补充数据来源，析出"索引编制"研究主题文献 66 篇（25 篇出自内刊，41 篇出自集刊）。最终，将出自两种数据源合计 441 篇文献定义为本文研究的分析文献集合。

在研究方法上，选用文献计量与共词分析法，研究思路如图 1 所示。首先，借助 Bicomb 软件[①]构建文献高频关键词的共现矩阵，运用 SPSS 软件进行聚类与战略坐标分析，使用社会网络分析工具 UCINET、Gephi 等软件绘制索引编制研究的知识图谱，通过对网络图谱的分析，梳理该领域的热点分布与发展态势。

三、索引编制研究领域概况

（一）索引编制研究的发展阶段

对索引编制研究发文数量进行回归分析，有助于了解该领域的阶段特征与发展趋势。具体做法为按年度累计发文量绘制散点图，使用 Origin8.0 进行多段线性拟合，结果如图 2 所示，图例处注明不同阶段对应的拟合系数。参照苏联科学家纳里莫夫（В. Налимов）和符莱杜茨（Г. Влздуц）所提出的文献信息逻辑增长规律[②]，结合拟合结果将其研究阶段划分为萌芽期、发展期、繁荣期、成熟期、回升期五个阶段。

---

① 崔雷，刘伟，闫雷，等. 文献数据库中书目信息共现挖掘系统的开发［J］. 现代图书情报技术，2008（8）：70-75.

② 袁军鹏. 科学计量学高级教程［M］. 科学技术文献出版社，2010：75.

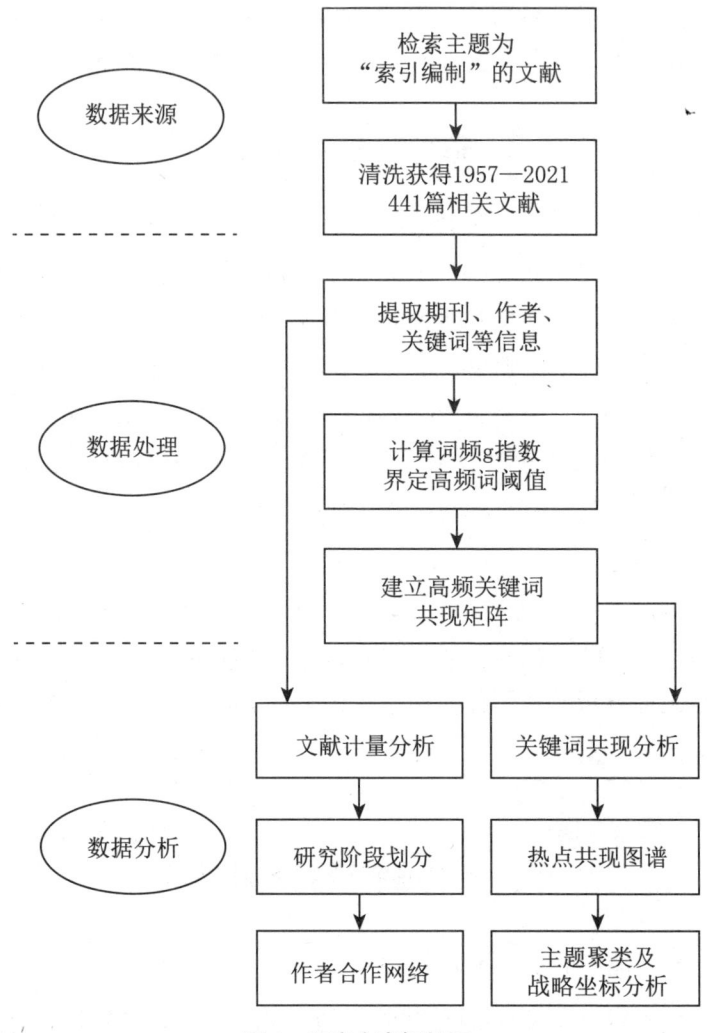

图1 研究方案框架图

萌芽期(1956—1976年):该阶段文献发表量较少,1956至1965年累计发文的线性拟合斜率为1.2,即年均增长量约为1篇,增长缓慢,说明该阶段索引编制相关研究尚且处于起步阶段。在早期成果中,发文机构以公立图书馆为主,以上海市报刊图书馆①、南京图书馆②最为突出。研究对象方面,呈现

---

① 上海市报刊图书馆第一资料组.怎样编制报刊资料索引来为科学研究服务[J].图书馆学通讯,1957(2):27-31.

② 静明.南京图书馆是怎样编制书刊评介资料索引的[J].图书馆学通讯,1958(5):29-32.

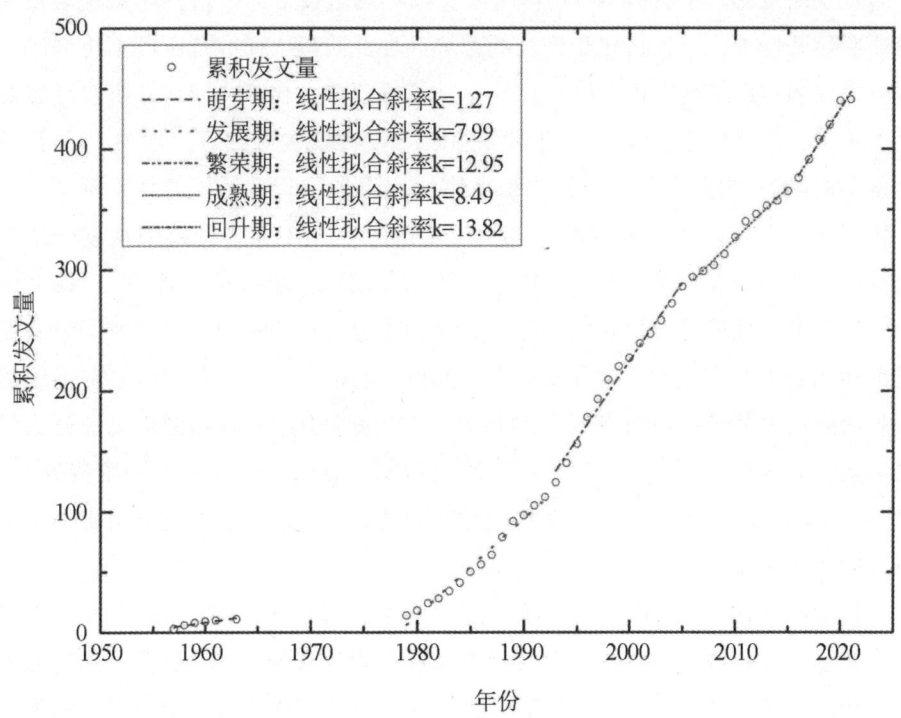

图 2 索引编制研究的文献时间分布

出极大的丰富性,除图书外,还包括对卡片、簿册、简报、病案、案卷等非出版资料的索引编制;① 内容方面,主要结合各图书馆的工作实际介绍专题资料的索引编制方法,既体现出鲜明的馆藏特色,又呈现出形态各异的著录方式,如鞍钢技术图书馆编制"板钢、初轧、钢管"专题索引采取期刊种类排列法,对著者项讲求一应俱全,打破彼时常规对多人著者省略为"等著""合著"的著录习惯;② 南京图书馆历时八年编制的"书刊评介资料索引"分类几经调整,由最早的图书、杂志、连环画三类,改至参照《全国新书目》分类法,再到仿照苏联图书分类法,最后改用中小型图书馆图书分类法,体现出早期索引编制研究与实践工作的密切联系。

---

① 叶希贤. 推广用拼音字母编制目录索引的方法 [J]. 文字改革,1960 (6):12-13.
② 惠元正. 评介鞍钢技术图书馆编制的三种专题资料索引 [J]. 图书馆学通讯,1958 (6):40-41.

发展期（1977—1992 年）：该阶段文献年均增长量为 8 篇，论文发表量比萌芽期显著增加，且保持稳步增长的趋势。在此阶段，研究范围已不再局限于索引内部的组织结构，而是逐步扩展至计算语言学，包括介绍计算机自动编制索引技术，探讨情报检索语言要求下的索引款目设置等内容。1979 年，武汉大学黄俊杰等①介绍了设计机编索引所需编码系统、程序系统的技术框架，这是我国索引编制研究首次向信息科学领域扩散；1981 年，杨廷郊从索引语言的特征、结构角度入手，重点介绍了哥伦比亚大学、加利福尼亚大学、谢菲尔德大学等国外高校开发机编索引系统的成功经验；② 1984 年，王永成等③介绍了自动编制中文标题的主题词轮排索引的算法与框图，这是索引编制在情报科学领域的重大突破；1988 年，于曼玲等④用机编索引的方式编制出高适诗集的逐字索引，这是机编索引应用于古典诗词的较早尝试；1991 年，顾耀芳等⑤就机编索引的实现提出建设科技文献数据库的新路径，进一步推动索引由书目式向数据库式演化。

繁荣期（1993—2005 年）：该阶段年均论文增量为 13 篇，论文发表数量呈现快速上升趋势。此阶段学者对于国外索引编制现况的关注显著增多，相关研究涉及人员、技术、服务等范畴，关注视角延伸至作为自由编辑身份的索引编制者⑥、国外主流机编索引系统及设计原理⑦、辅助档案管理的索引标目设立⑧等。陈东辉系统梳理了欧美汉学界编制中国古籍索引的丰硕成果，索引编制的意义由"著录内容的检索与揭示"延展至"促进现当代东西方文化交流及国际汉学发展"。⑨ 此后，机编索引的本土化实践更多地被纳入讨论范畴，

---

① 黄俊杰，陈恩泉，张普．试谈利用电子计算机自动编制中文著作字索引［J］．武汉大学学报（哲学社会科学版），1979（4）：36 - 40．
② 杨廷郊．主题索引及其计算机编制［J］．情报科学，1981（4）：62 - 71．
③ 王永成，肖玮瑛．自动编制中文标题的主题词轮排索引及自动抽词［J］．南京大学学报（自然科学版），1984（1）：39 - 44，203．
④ 于曼玲，余灼华．用电子计算机编制古籍索引的体会［J］．中山大学学报（哲学社会科学版），1988（4）：95 - 96．
⑤ 顾耀芳，石萍．机编索引系统及其设想［J］．现代图书情报技术，1991（1）：14 - 18．
⑥ 阎京萌．国外的自由编辑及其与出版社的合作关系［J］．科技与出版，1994（1）：46．
⑦ 戴维民．国外机编索引发展概述［J］．中国图书馆学报，1994（1）：38 - 45．
⑧ 曹杰．日本档案界论档案管理［J］．北京档案，1998（10）：28 - 29．
⑨ 陈东辉．欧美的中国古籍索引编制概观［J］．中国史研究动态，2005（11）：26 - 29．

如陈东辉阐释了湘潭大学研制的古籍索引自动编辑（SYBJ）系统、四川联合大学研制的汉字索引编纂排版（IDX）系统对于古籍整理工作的重要意义；[①] 2001年，张琪玉通过对比数据库与索引的结构、功能等方面，指出"现代的索引就是数据库，现代的索引工作者就是数据库建造者"[②]，为索引编制研究在新时期的转型奠定了理论基础。

成熟期（2006—2015年）：该阶段论文总量在294篇至365篇这个区间，历时10年，年均论文增量为8篇，增速比上阶段有所回落，说明随着索引编制研究的深入，发展趋于成熟。根据逻辑曲线增长理论[③]，成熟期里相对较低的文献增长速率并不意味着研究发展的停滞，而被认为该领域潜在新的分支突破。在文献来源方面，该阶段载文量前三名的期刊依次为《中国索引》（9篇）、《图书馆理论与实践》（5篇）、《图书馆杂志》（4篇），由此可见该阶段的索引编制研究仍集中于图书情报学科范畴。2008年以后，随着《索引编制规则（总则）》的颁布，基于索引编制著录规范的讨论热度显著下降，新出现的高频关键词有Macrex、索引之星、Access、Visual FoxPro等，反映出学界对索引编制的关注由理论层面向着技术应用方向转移。

回升期（2016—2021年）：该阶段年均论文增量为14篇，论文发表数量呈现快速回升趋势，意味着索引编制研究经历前期积淀实现了新领域拓展与专深化突破。该阶段主流的研究文献能够主动吸收现代信息处理技术，积极面对技术环境变化下的现实应用要求，呈现出较高的新颖度与多学科融合特点，由图书情报、信息技术延伸至出版、档案、医学教育等多学科交叉领域，研究范围不断扩大，研究主题也更加丰富，涵盖编纂新技术、学位论文、成果评价、数字出版、叙事文化等内容。

（二）索引编制研究的作者合作网络

在本文441篇分析文献集合中，共涉及471位发文作者。根据普赖斯定律测算该领域高产作者发文量的最低阈值，即 $N = 0.749 \times \sqrt{n_{(\max)}}$ ，其中，$n_{(\max)}$ 为该领域最高产作者的发文量，根据下表可知索引编制领域最高发文量为14，

[①] 陈东辉. 二十世纪古籍索引编制概述[J]. 文献, 1998（2）：65–78.
[②] 张琪玉. 现代的索引就是数据库[J]. 图书馆杂志, 2001（12）：6–7.
[③] 邱均平. 信息计量学（二） 第二讲 文献信息增长规律与应用[J]. 情报理论与实践, 2000（2）：153–157.

将 $n_{(max)}=14$ 代入公式，得到 N 为 2.80，四舍五入取整数后将发文量在 3 篇及以上的作者界定为该领域的高产作者，共计 24 位，具体分布情况如下表所示。

表1 索引编制研究领域高产作者分布情况

序号	高产作者	发文量	序号	高产作者	发文量	序号	高产作者	发文量
1	王彦祥	14	9	陈东辉	5	17	王秀成	3
2	张琪玉	13	10	邱均平	5	18	杨 斐	3
3	衡中青	7	11	鲍国海	5	19	罗小平	3
4	曲静涛	7	12	何俊伟	4	20	丁玉玲	3
5	侯汉清	7	13	彭任辉	4	21	徐月英	3
6	王雅戈	7	14	周保明	4	22	李炜超	3
7	黄建年	6	15	夏侯炳	4	23	张效赤	3
8	王兰成	6	16	刘秀媛	3	24	吴 彬	3

作者合作网络反映了学术共同体的紧密程度，有助于了解该领域研究的核心作者与研究模式。使用 VOSviewer 绘制 441 篇分析文献集合的作者合作网络（见图3），设置每位作者的最低发文量为 2 篇，符合标准的 71 位研究者根据其联系的紧密程度共分成 45 个群组，呈现出局部聚合、整体分散的样态。

据图可知，最大的关联网络以常熟理工学院的王雅戈、南京财经大学的黄建年、南京农业大学的侯汉清为中心，主要关注地方志、学位论文索引编制实践的演进及技术驱动的平台研制等内容；除此之外，佛山科学技术学院的衡中青、常熟理工学院的杨斐、南京大学的叶继元等 11 位研究者与该中心存在不同程度的合作关系。王彦祥、曲静涛、陈东辉、邱均平等学者发文量较大，在图谱中显示度较高，但合作对象不稳定，且与之合作的作者发文量较低，因而在图谱中缺乏显示度，尚未形成学术共同体。通过综合高产作者发文量与合作图谱可以看出，索引编制研究领域学者呈现出较为明显的独立研究倾向，在现有的合作网络中以业内同行的项目合作，以及来自同一高校的同事、师生合作最为常见，各子网间彼此独立，跨学科的合作模式较为少见，整体呈现出较弱的合作态势。

索引编制研究热点与主题演化分析

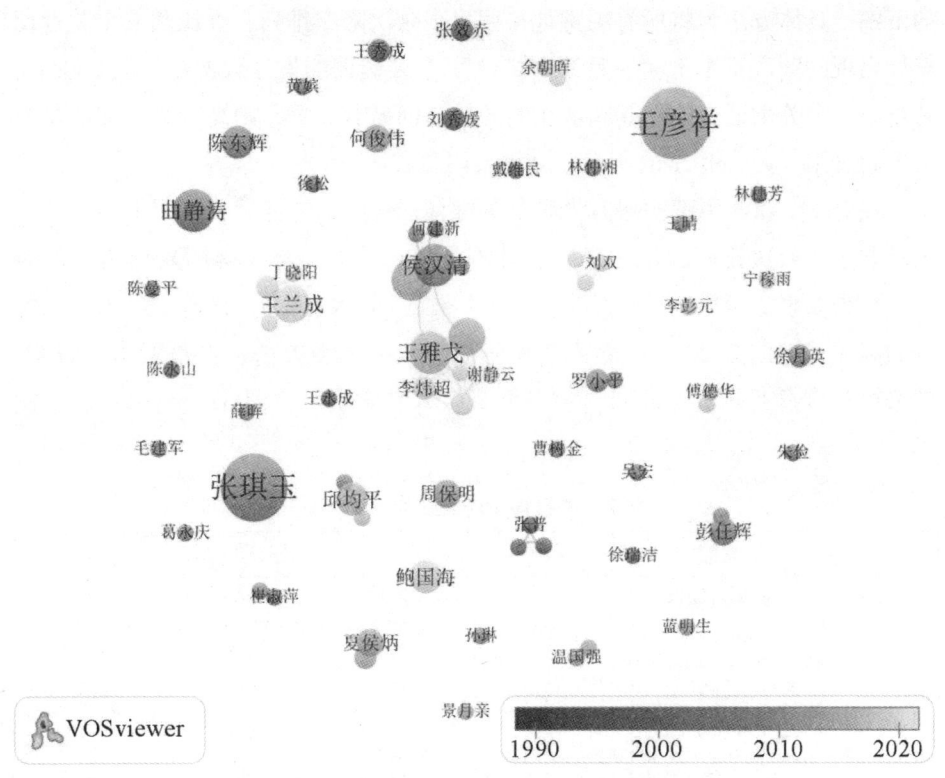

图3 索引编制研究领域作者合作网络

四、索引编制研究的关键词共现分析

（一）高频关键词阈值界定

文献的高频关键词能够反映出研究领域的关注热点，也是进行关键词共现及聚类分析的基础，高频关键词阈值的选取对后续分析研究领域的主题分布与演化趋势至关重要。传统词频分析法主要依靠研究者的学科经验自定义高频词范围，主观性较强。为了减少人工干预导致的误差，使统计过程更为客观，本文参考杨爱青①、虞秋雨②所提出的词频 g 指数法，从定量的角度确定高频词

---

① 杨爱青，马秀峰，张风燕，薛卫双. g 指数在共词分析主题词选取中的应用研究 [J]. 情报杂志，2012，31（2）：52-55，74.

② 虞秋雨，徐跃权. 共词分析中高频词阈值确定方法的实证研究——以新冠肺炎文献高频词选取为例 [J]. 情报科学，2020，38（9）：90-95.

041

的范围。具体方法为将所有关键词按照出现频次降序排列，查找第 g 个关键词累计出现的频次不小于 g^2，且第 (g+1) 个关键词的累计频次小于 $(g+1)^2$，若自第 g 个关键词开始与其频次相同的关键词另有 n 个，则高频关键词的集合由不超过第 (g+n) 个的所有关键词共同组成。

在对 441 篇索引编制研究文献的关键词进行归纳统计后，按照上述方法将关键词按照频次排序，标示序号、计算 g^2、$(g+1)^2$ 与关键词累计出现的频次，结果如表 2 所示，计算结果 g=20，对应词频数为 9，故确定分析文献集合的高频关键词共 20 个，除表 2 所示，还包括编制方法、古籍索引、编制、图书馆、检索工具、主题词、索引编纂、人名索引、工具书、索引词、编制工作。

表 2　关键词与对应数列（部分）

序号（g）	关键词	词频	g^2	累计频次	$(g+1)^2$
1	索引编制	96	1	96	4
2	索　引	59	4	155	9
3	主题索引	37	9	192	16
4	书后索引	18	16	210	25
5	专题索引	17	25	227	36
……	……	……	……	……	……
17	书目索引	9	289	383	324
18	分类索引	9	324	392	361
19	索引学	9	361	401	400
20	索引研究	9	400	410	441
21	内容索引	8	441	418	484

（二）索引编制研究的关键词共现网络

根据索引编制研究的关键词共现关系绘制共现网络，显示出现频次不小于 2 的 214 个关键词，结果如图 4 所示。圆圈代表关键词，面积越大则词频越高；连线代表关键词之间的共现关系，连线的可见度越高则词组之间的关系越紧密。据图可知，关键词围绕着"索引编制"的概念向外延伸，"主题索引""专题索引""书后索引""古籍索引""中国索引学会"等核心词群之间的关系极为紧密，说明索引编制领域的关键知识较为集中。各个主题各自向外展开，形成了"分类标引""书目数据库""计算机辅助编制"等具有较高中心度的分支话题，主要聚焦于两个方向，一是编辑出版领域内对基于主题内容的专门索引的深度挖掘；二是数据库、语义算法等新技术驱动下的智能索引建立与应用。图谱显示了当前研究的分支细节，节点间连线较少说明较为冷僻，具有潜在的研究空间，如中国叙事文化学、故事主题类型、古生物、种属名索引等。

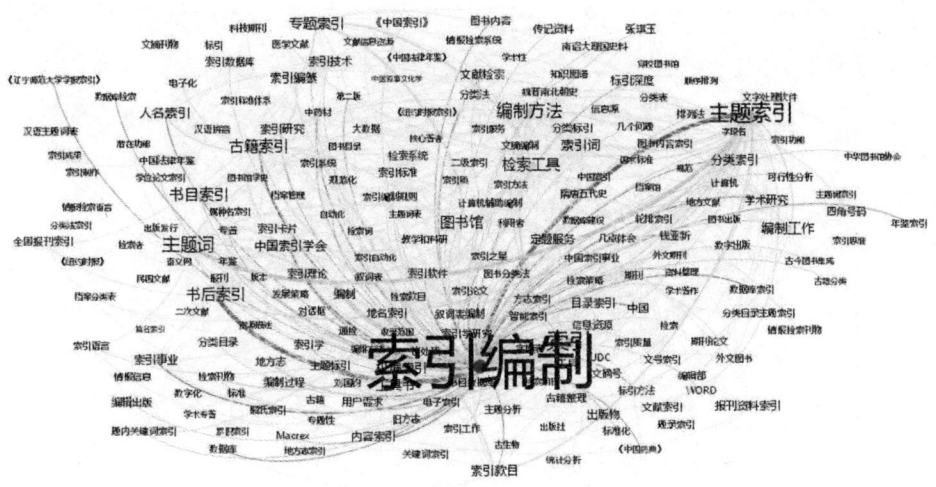

图4 索引编制研究的关键词共现网络

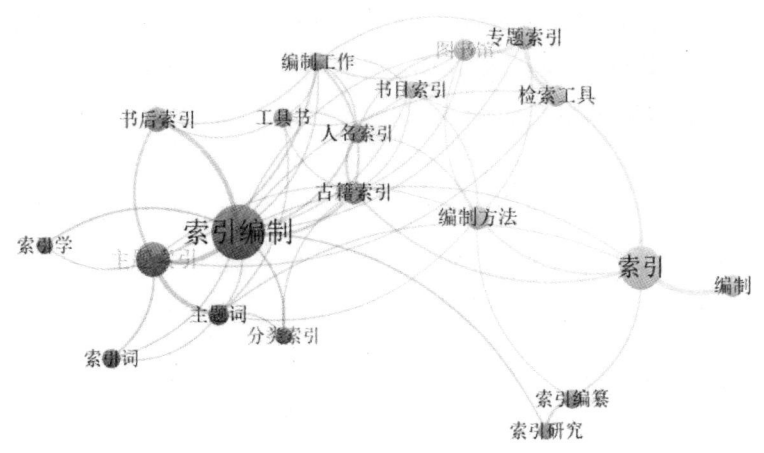

图5 高频关键词共现网络

据图 5 可知，词频不低于 9 的 20 个高频关键词之间共产生了 59 对联结键，强度总和为 121，大约每 1 个高频关键词都会与另外 6 个高频关键词组合出现。由此可以看出，当前索引编制研究热点关联紧密，研究主题高度聚集，发展脉络也较为清晰。

(三) 索引编制研究的主题聚类分析

共词聚类分析法是基于数学运算分析词与词之间的亲疏关系，词对距离越近，则相似度越高，共同组成一个个具有相对独立特征的主题类团。[①] 为了更好地把握索引编制领域的研究主题，对由高频关键词组成的 20×20 词共现相异系数矩阵进行系统聚类，在聚类方法上选择组间连接法，距离测度方面选择余弦区间。根据树状图（见图 6）中类团连线距离的远近，将索引编制研究热点聚合为如下 5 个主题。

(1) 索引思想及技术研究。索引编制的思想、策略、流程一直是备受关注的话题，学者们早期聚焦于款目设立、排序等索引结构问题，基于理论与方法梳理索引事业演进的历史脉络，为索引编制研究奠定了扎实的理论基础。随着信息技术的发展，学者们开始从系统与应用维度探究索引编制新路径，如书目式数据库索引建设、基于算法的主题挖掘与智能标引、学位论文索引编制平台研制等内容，以期解决新时期所面临数据体量庞大、内容结构松散、款目关联复杂的难题，反映出索引编制研究紧随技术发展、应用性强的特点，助推索引编制实践在快速组织与知识发现层面更具成效。

(2) 专题索引研究。关键词包括图书馆、检索工具、编制方法等，集中于 20 世纪 50—60 年代的研究萌芽期，之后热度减退，近十年重回学界视野。不少学者指出专题索引的优势在于立足学术、系统梳理、深入挖掘某一领域的研究成果，因而能够更高效地服务于专业人员的教学科研。综合索引数据库的知识结构为专题索引的组织方式、创新应用提供了新的研究思路。

(3) 主题检索语言的研究。重点阐明主题标引的原理及方法、叙词表的编制、《汉语主题词表》的编制经验及成就、主题检索语言领域专家在理论与实践工作中的杰出贡献，关键词包括主题索引、主题词、索引词、索引编制等。

---

① 钟伟金，李佳. 共词分析法研究（一）——共词分析的过程与方式 [J]. 情报杂志，2008 (5)：70-72.

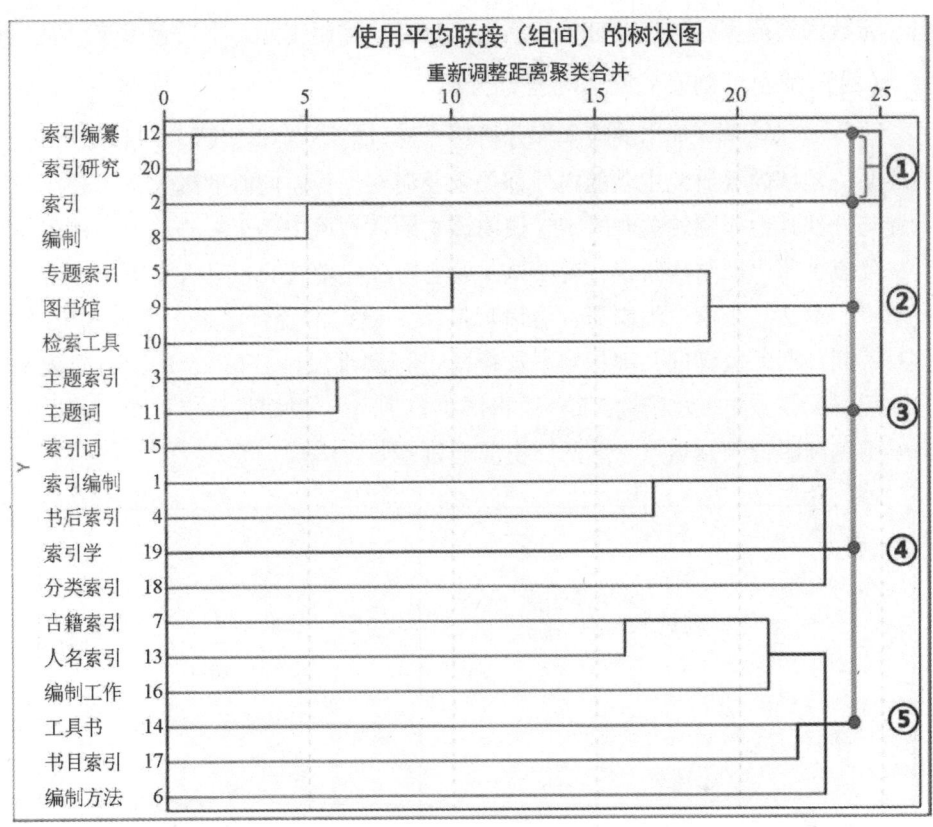

图6　索引编制研究高频关键词的主题聚类图谱

（4）图书内容索引研究。图书内容索引又名书后索引，将书中具有检索意义的内容分类提取，如人名、地名、主题概念，再以规定次序整合排列，使得同类中语义相似的内容聚类呈现。该类索引便于读者全面掌握图书的主体内容，快速查检到目标知识，并达到由此及彼的效果。对图书内容索引的研究自20世纪90年代兴起，30年间在索引编制领域贯穿始终，呈现出稳定的演化路径，其涉及学科广泛，分析视角从编制图书内容索引的意义评价逐渐转向各细分类型文献在新技术环境下的标目选择与应用实践，热点包含年鉴、地方志、学位论文的索引编制，关注度仍在持续上升。

（5）古籍索引研究。传统的古籍索引研究主要面向文学范畴内的叙事学和古典文献学中的目录之学，早先集中于文献出版领域，以工具书的书目索引为主要研究对象；新的研究趋势是从信息和技术的角度关注古籍索引编制模式的变革，内容涵盖国内外索引编制软件、古籍数字化的众包模式、古籍图像标引、元数据规范等,热点关键词包括人名索引、编制工作、书目索引等。

(四) 索引编制研究的战略坐标分析

1998年Law等[1]提出战略坐标分析法,通过向心度和密度两个指标的组合描述某一领域内各研究主题的内外部关系及演变趋势,向心度越大,代表研究主题与外部其他研究的关联紧密,说明该主题在领域中趋于核心地位;密度越大,代表主题内部结构紧密,说明该主题自身成熟度较高,具有突出的自我发展水平。本文基于索引编制研究各阶段高频关键词的统计结果,通过SPSS软件对不同分期的关键词共现相异系数矩阵进行多维尺度分析[2],X轴方向表示向心度,Y轴方向表示密度,结果如图7—11所示。根据战略坐标图,可以看出索引编制研究领域热点主题的历史演变轨迹。

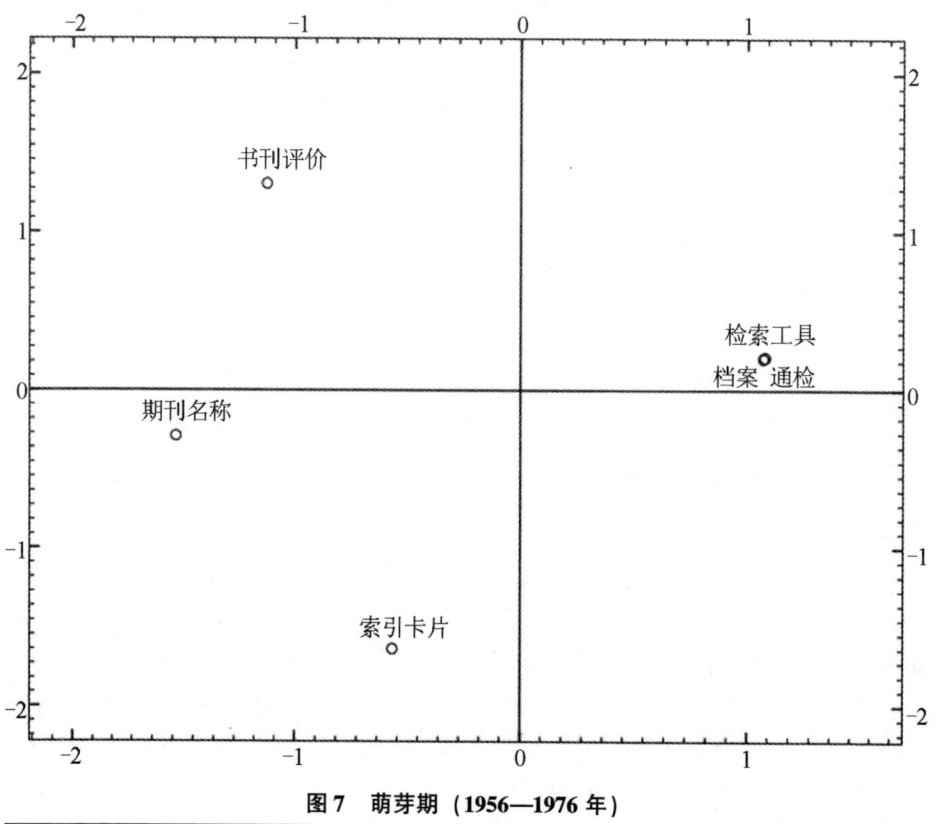

图7　萌芽期(1956—1976年)

---

[1] J. Law et al. Policy and the mapping of scientific change: A co-word analysis of research into environmental acidification [J]. *Scientometrics*, 1988, 14(3-4): 251-264.

[2] 储节旺,闫士涛. 知识管理学科体系研究(下)——聚类分析和多维尺度分析 [J]. 情报理论与实践, 2012, 35(3): 5-9.

索引编制研究热点与主题演化分析

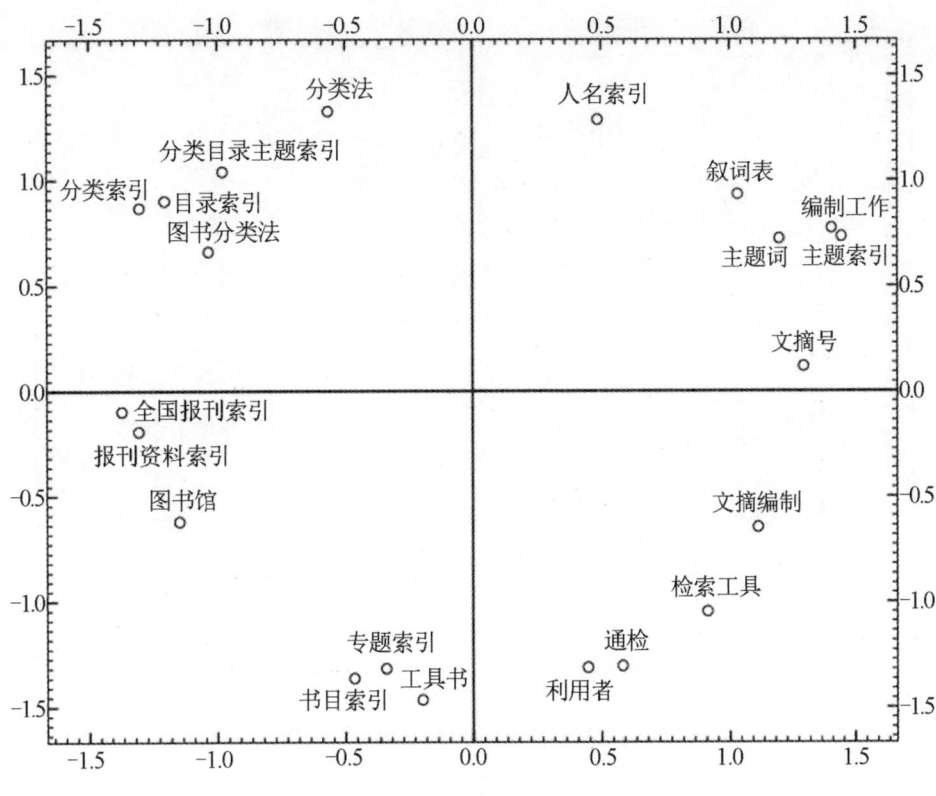

图 8　发展期（1977—1992 年）

（1）重要的中心主题

第一象限中的点具有较高的向心度与密度，意味着它们代表的研究话题具有稳定的发展水平，并且与其他研究存在广泛联系，是该阶段整个研究领域的焦点。据图 8 可知，"检索工具""通检""档案"在 1956—1976 年间位于第一象限，可见在索引编制研究的萌芽期，学界对索引整序、检索之功用最为关注。"人名索引""主题索引"均横跨两个时期位居第一象限，说明学界对其青睐有加，属于索引编制研究中关注度高且研究体系成熟的核心话题。1993—2005 年间第一象限内的"图书馆"关键词是由前一时段的边缘研究演进而来，说明图书馆基于信息服务的索引编制实践取得了长足发展。2005 年以后，新的核心话题趋向宏观层面，如关注中国索引学会在中国索引事业发展做出的重要贡献、索引标准体系的构建、索引人员专业能力培养等内容。

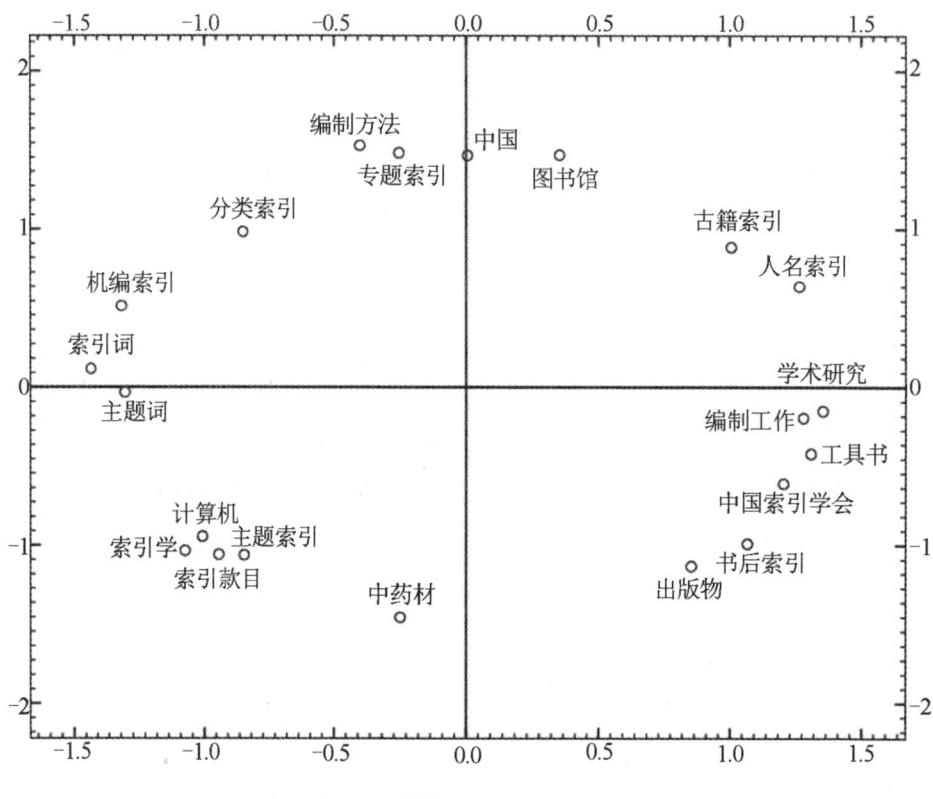

图 9　繁荣期（1993—2005 年）

（2）封闭的成熟主题

第二象限同时具备低向心度和高密度的特征，代表了相对独立且自身发展趋于成熟的研究主题。繁荣期（1993—2005 年）位于第二象限的"机编索引"表现出弱化与转移，在下一时期衍生出"数据库建设""索引软件"等新主题。位居第二象限的主题因其自成体系的特点，往往容易缺少有效延伸，随后出现主题消退，如萌芽期（1956—1976 年）中的"书刊评介"、发展期（1977—1992 年）中的"目录索引分类法"、成熟期（2006—2015 年）中的"Macrex"等均为昙花一现随后消失的研究热词。

（3）冷僻的边缘主题

第三象限代表低中心度且低密度，与其他象限中的研究主题相比，相对边缘且冷僻。位居第三象限内的关键词可能是新出现的热点，代表着某一时段的研究前沿，是该领域潜在的分支和增长点。比如繁荣期（1993—2005 年）的

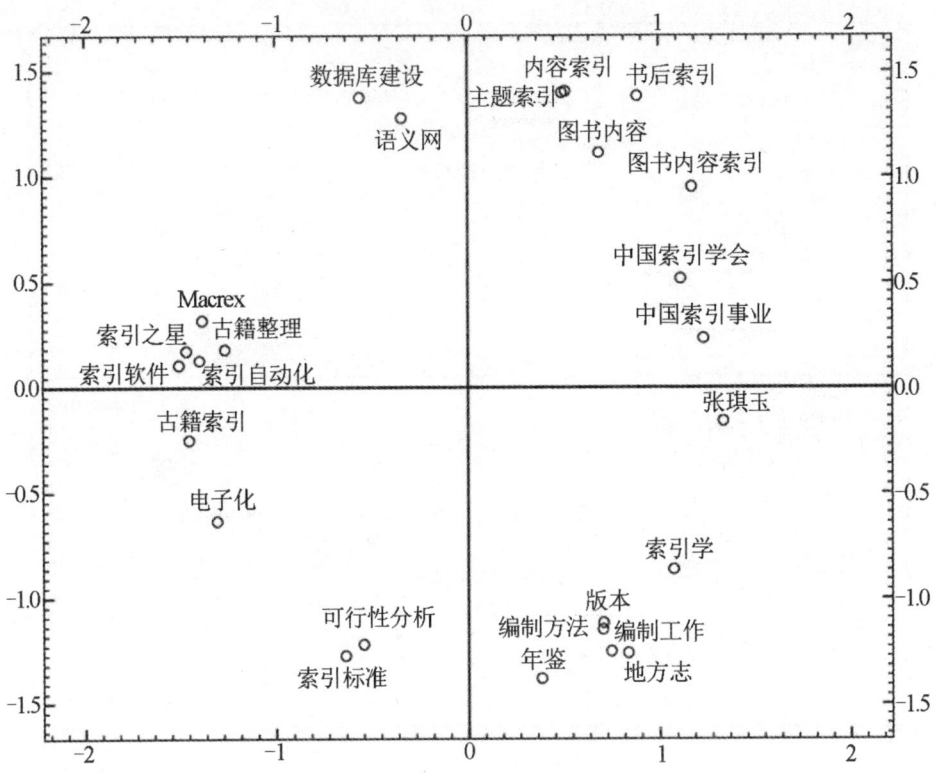

图 10 成熟期（2006—2015 年）

"主题索引"、成熟期（2006—2015 年）的"索引标准"均处于第三象限，但均于下一阶段跃至第一象限，说明它们自出现后备受关注，从而迅速演变为成熟的中心主题；第三象限内的关键词也可能代表着研究主题趋于瓶颈，处于坐标图的边缘区一段时间后因难以有所突破而逐渐消失。"工具书"和"报刊资料索引"在 1977—1992 年间同处第三象限，前者随着中心度的提高转移至第四象限，后者却因始终未能与外部主题建立联系且自身结构松散，在此后的战略坐标图中难觅踪影，最终表现出主题消退。

（4）潜在的分支主题

第四象限的向心度高，密度偏低，代表话题在该领域具有广泛的关注度，但自身发展能力较弱，因而容易在后续研究中出现分化、演变，反映出研究未来的发展趋势。除此之外，对于战略坐标图而言，潜在的分化区域还包括 X

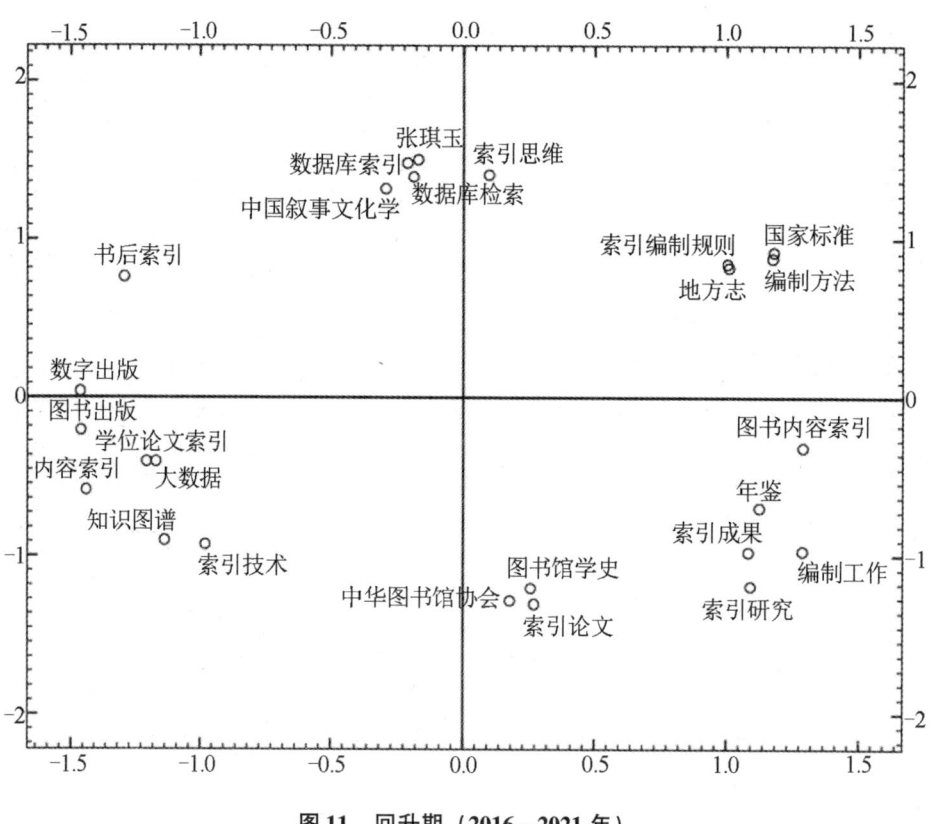

图 11　回升期（2016—2021 年）

轴上临近坐标原点的位置。① 在索引编制研究领域中，繁荣期（1993—2005年）内位于分化区的"出版物"与"书后索引"后续衍生出"图书出版""地方志""年鉴""古籍索引"等分支内容，为索引编制研究提供了新的动能。观察 2016—2021 年间的战略坐标图可以发现，一些新兴概念如数字出版、大数据、基于语义网的知识图谱等逐渐显现，可能是索引编制研究未来的发展趋势。

五、结　语

本文在构建索引编制研究高频关键词共现矩阵的基础上，总结该领域的热

---

① 张晗，王晓瑜，崔雷. 共词分析法与文献被引次数结合研究专题领域的发展态势［J］. 情报理论与实践，2007（3）：378-380，426.

点分布、演化轨迹。通过主题聚类分析，可以发现该领域的研究热点主要集中于索引学、古籍索引、人名索引、专题索引、编制策略与方法等内容；通过对比历时维度的研究热词，可以发现我国的索引编制研究具有扎实的理论基础，20世纪70—80年代信息技术的革新推动了索引由书目式向数据库式转型。面对技术环境变化下的应用要求，学界的关注热点由侧重目录学的理论研究向着数据库、语义分析、算法等新技术驱动的智能索引应用转移，以信息技术与图书情报为主阵地，逐步延伸至出版、档案、医学教育等学科，呈现多学科融合的发展倾向；在研究对象上，由宽泛的图书内容索引转移至古籍、地方志、学位论文等细分文献类型，研究脉络向着专深化演进；数字出版、基于大数据的信息分析、知识图谱等新兴内容将为索引编制研究带来新的活力。

冯鲸洁　同济大学图书馆馆员，硕士。

Visual Analysis of the Research Hotspots and Trends of Index Complication Research

Feng Jingjie

Abstract: Index complication research, as an essential element in the index study, receives much concern. With the changes in the digital publishing environment and information technology, the focus, methods and requirements of index complication research have also changed. This paper reveals the origin and development of indexing research, and presents a comprehensive overview of the research in China since the 1950s based on bibliometrics and co-word analysis, then visualizes its development stages and author collaboration networks through the knowledge map. Tracing the evolution of indexing with a keyword co-occurrence network may provide references for further research. This study shows that the hotspots of indexing research focus on retrieval language, the history of indexing, Chinese ancient books index, indexing of personal names, strategies and new technologies of indexing. It shows a trend of shifting from theoretical research to technical research. The object of indexing study is more complex than ever, transferring from a broad index of book content to a subdivision of document types.

Keywords: Indexing; Co-word Analysis; Cluster Analysis; Knowledge Map

21世纪以来中国索引理论与实践
——基于CiteSpace的《中国索引》稿件题录信息分析

王逸帆

（复旦大学文献信息中心　上海　200433）

摘　要　本文运用CiteSpace工具，对维普期刊服务平台收录的《中国索引》2003年至2020年间文献的题录信息进行文献计量分析，绘制出作者合作网络图谱、关键词共现与聚类图谱、关键词时间演化图谱、关键词Burst分析图谱等可视化图谱。发现《中国索引》发文数量最多的作者是张琪玉，发文数量最多的机构是国防大学政治学院，作者、机构之间的学术合作和交流较少，搜索引擎的设计、索引软件和数据库的建设以及索引编制规则和方法是21世纪以来国内索引专家广泛关注的热点。

关键词　《中国索引》　题录信息　CiteSpace　文献计量学　可视化

一、引　言

《中国索引》是由中国索引学会主办的专业刊物，是面向大众传递索引和文献数据库知识的媒介，是国内索引领域专家交流索引和文献数据库研究成果的重要平台。其中，2003—2015年间为内刊，以季刊形式出版，2016年至今为集刊，每年约出两辑。笔者依托CiteSpace工具对2003年至2020年间《中国索引》的题录信息进行分析，为了解索引事业的研究现状与前沿提供一定的参考。

CiteSpace是美国德雷塞尔大学陈超美博士于2004年开发的一款可视化分析软件。[1]自CiteSpace工具被引入国内学术界以来，得到了情报学、管理学界

---

[1] 侯剑华，胡志刚. CiteSpace软件应用研究的回顾与展望 [J]. 现代情报，2013, 33 (4)：99–103.

等的广泛关注。① CiteSpace 融入了计算机图形技术，具有绘制作者与合作关系图谱、关键词聚类图谱等功能，能够直观地呈现文献计量分析的结果。

二、数据来源和研究方法

（一）数据来源

本文数据主要来源于维普中文期刊服务平台，以刊名"中国索引"为检索式，共检索出 2003—2015 年间 1 029 条文献记录，其中包括稿约、征文通知、研讨会纪要、工作报告、出版信息等对研究《中国索引》期刊作者、机构的合作关系与索引领域研究热点与趋势意义不大的文献。经过人工筛选后，得到有效数据 679 条。其后又通过手动录入的方式整理出 2016 年至 2020 年间《中国索引》集刊上的稿件题录信息 155 条②，最终得到 2003 年至 2020 年间研究论文的有效题录信息共 834 条。

（二）研究方法

在 CiteSpace 的功能设置区域中，将"Time Slicing"设置为 2003 年至 2020 年，"Term Source"一栏默认勾选"Title""Abstract""Author Keywords（DE）"和"Keywords Plus（ID）"。在"Node Types"一栏中，可以选择作者、机构和国家的合作网络分析以及关键词的共现、聚类分析等功能。关联强度、阈值等均采纳系统默认的模式。

三、结果与讨论

（一）作者分布

作者合作关系图谱中，节点的大小反映发文量：节点越大，合作发文频次越高。节点之间的连线体现作者之间的合作关系。中心度反映一个节点沟通其他节点的桥梁作用。③ 在作者合作关系图谱中，中心度用圆环来体现。圆环越

---

① 陈悦，陈超美，刘则渊，等. CiteSpace 知识图谱的方法论功能［J］. 科学学研究，2015，33（2）：242 – 253.

② 2016—2020 年数据由王苏杭录入，特此致谢。

③ 郑和平，张波，李雨豁，等. 基于 CiteSpace 近 5 年重复经颅磁刺激文献计量学及可视化分析［J］. 康复学报，2021，31（1）：73 – 82.

大,作者的中心度越高。

图1所示是21世纪以来,《中国索引》期刊作者合作网络图谱。总体上,作者之间的合作关系并不显著,以侯汉清为中心的团队较为突出,侯汉清的合作发文作者有衡中青、薛春香、王雅戈、何琳、杜慧平等人。图2是21世纪以来《中国索引》作者发文量统计图。发文量排列前三的作者分别是张琪玉(52篇)、侯汉清(34篇)、傅德华(21篇)。张琪玉是中国索引学会的创始人之一,《中国索引》期刊的创办者,他主要从事情报语言学研究,倡导索引与数据库的融合,为中国索引事业做出了巨大的贡献①,在《中国索引》发表的文章涵盖图书内容索引、新闻索引、产品说明书内容索引、数据库等诸多方面;侯汉清是南京农业大学信息科技学院教授、博导,曾任中国索引学会第

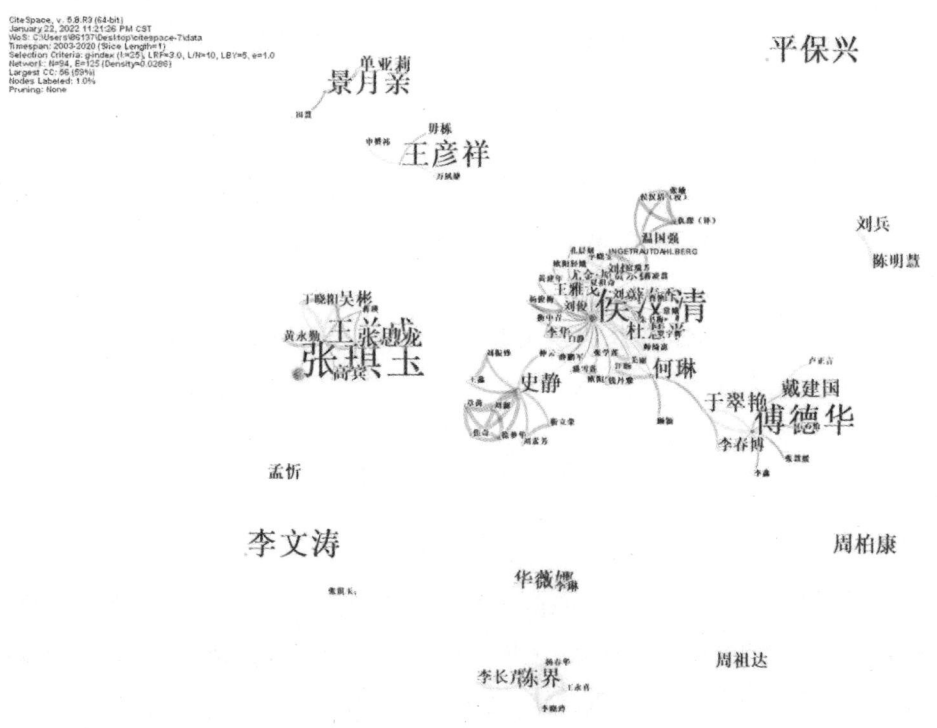

图1 《中国索引》作者合作关系图谱

---

① 张琪玉,王兰成.当代中国索引学的开拓者和引路人[M]//《中国索引》编辑部.中国索引(第三辑).上海:复旦大学出版社,2017:2-10.

二、第三、第四届理事会副理事长①,研究方向是计算机情报检索和智能信息处理,在《中国索引》发表的文章与信息自动标引息息相关;傅德华曾任中国索引学会第五届理事会理事,复旦大学历史系资料室研究人员,长期负责人物传记资料编纂,在《中国索引》发表的文章以研究人物传记资料索引为主。发文量达10篇以上的共有8人,发文量达5篇以上的共有13人,无中心度较高的作者,说明作者之间的合作情况不显著。

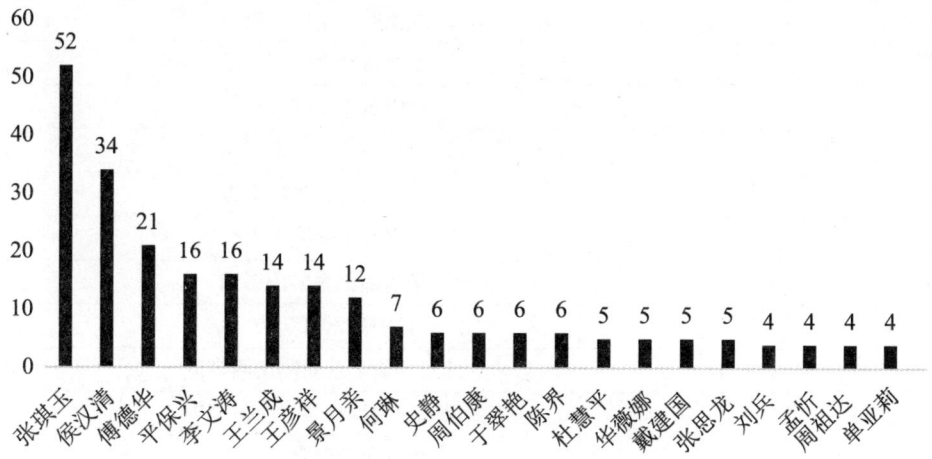

图2 《中国索引》作者发文量统计图

(二) 机构分布

笔者对21世纪以来在《中国索引》期刊发文的机构进行了统计,结果如表1所示。可以看出,创刊以来,在《中国索引》发文量排列前三的机构分别为国防大学政治学院军事信息与网络舆论系(65篇)、复旦大学图书馆(36篇)和上海图书馆(28篇)。这一期间内,发文量20篇以上的机构共6家,发文量10篇以上的机构共15家。以中国索引学会为机构的作者有葛永庆、张琪玉、林仲湘、王彦祥、周柏康、吴佩娟6人,共发文11篇。无中心度较高的机构,说明机构间的合作较少。

---

① 侯汉清,王雅戈. 根深叶茂,新华相传——侯汉清教授话索引[M]//《中国索引》编辑部. 中国索引(第四辑). 上海:复旦大学出版社,2018:25-32.

表1 《中国索引》机构发文量统计表

排名	发文量	机构
1	65	国防大学政治学院军事信息与网络舆论系
2	36	复旦大学图书馆
3	28	上海图书馆
4	26	南京农业大学信息管理系
5	25	复旦大学历史系
5	25	上海大学图书馆
7	18	上海财经大学图书馆
8	17	中国地质图书馆
8	17	上海师范大学图书馆
10	16	南京师范大学图书馆
11	14	西安音乐学院图书馆
12	13	华东师范大学图书馆
13	11	中国索引学会
13	11	北京印刷学院新闻出版学院
13	11	武汉大学中国科学评价研究中心
16	10	南京大学信息管理系
16	10	上海体育学院图书馆
16	10	佛山科学技术学院图书馆
19	9	中国电信集团黄页信息有限公司
20	8	上海交通大学图书馆
21	7	上海远东出版社
21	7	国家图书馆
23	6	华东理工大学图书馆
24	5	华北电力大学图书馆

(三) 关键词分析

关键词是具有对全文内容和主题高度概括性的词,是作者进行研究的核心内容。因此,频数较高的那些关键词是学者所共同关注的研究热点。[①] 然而,

---

① 王娟,陈世超,王林丽,等. 基于 CiteSpace 的教育大数据研究热点与趋势分析 [J]. 现代教育技术,2016,26 (2):5-13.

有时候文章的关键词设置并不合理，不能准确概括出文章的主要内容。比如，单独将年份作为关键词的情况屡见不鲜。当发文作者的研究主题偶然地集中于某一年时，会导致年份成为频次较高的关键词，但事实上不同作者对于这一年的研究内容是各不相同的。因此，要去除对文章的主要内容概括不准确、对研究热点的分析造成偏差的关键词如年份等。而对于关键词未能概括出文章中心内容的情况，笔者根据文章内容对关键词进行了补充标引。此外，一些涉及统计方法的词如文献计量分析、可视化、知识图谱等虽然体现了文章的研究方法，对全文而言至关重要，但是和研究主题并不相关，对研究热点的分析并没有帮助，因此也要去除。再者，有些关键词在表述上有所差异，但在实际意义上近乎相同，比如"索引编制""索引编纂""编索引"。因此，需要将同义词进行合并。

1. 关键词共现与聚类分析

在关键词共现图谱中，节点大小反映了关键词出现频数的高低。将2003年至2020年间关键词出现频次按照由高到低排列，得到的频次较高的关键词情况如图3所示。2003年至2020年间，《中国索引》期刊上出现频数前三的关键词依次是"索引编制"（57次）、"数据库"（41次）、"搜索引擎"（17次）。关键词频次位列第四的是"书后索引"，出现频次为14次。排在第一、第二位的"索引编制"与"数据库"频次较高，排在第三位的"搜索引擎"频次骤减，与位列一、二的"索引编制"和"数据库"差距较大，从第三位开始频次下降幅度有所减少，关键词在频次上的差异不大。由此可见，"索引编制"和"数据库"是2003年至2020年间主要的研究热点，其他频次排名较为靠前的关键词如"搜索引擎""书后索引"等虽备受关注，但研究热度还有上升空间。出现频次达10次及以上的关键词共8个，出现频次5次及以上的关键词共24个。根据关键词的中心度可以看出，学者在《中国索引》上发表的文章的关注点较分散。中心度较高的关键词有"索引编制"（0.28）、"数据库"（0.21）、"搜索引擎"（0.11）、"中国图书馆分类法"（0.11）。

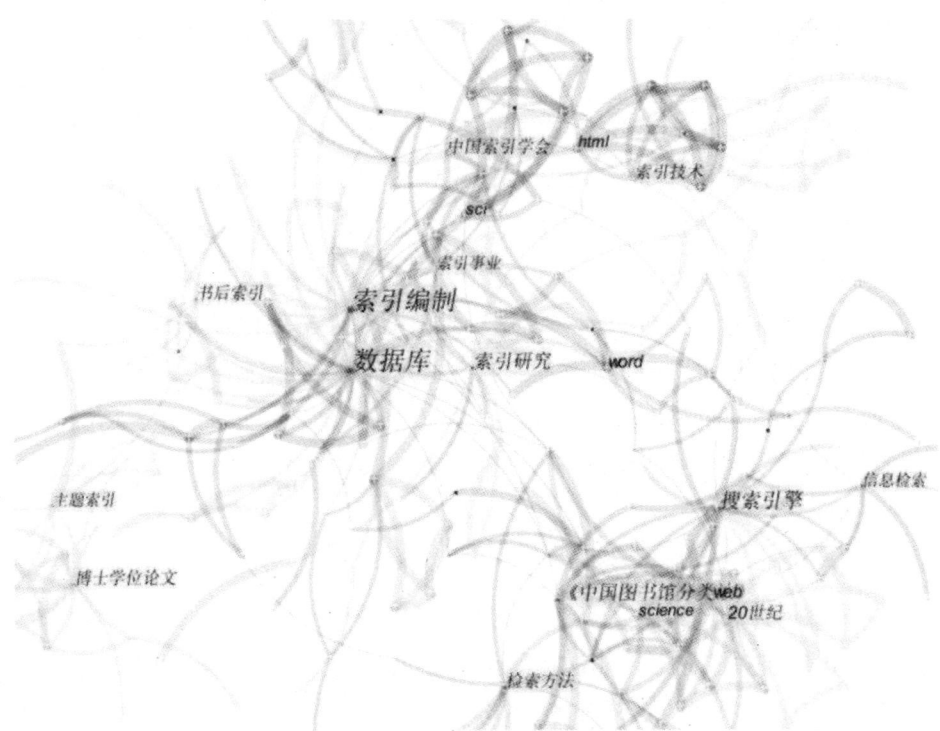

图 3 《中国索引》文献关键词共现图谱

表 2 《中国索引》文献关键词频次统计表

排名	频次	中心度	关键词
1	57	0.28	索引编制
2	41	0.21	数据库
3	17	0.11	搜索引擎
4	14	0.04	书后索引
5	12	0.06	索引研究
6	11	0.04	中国索引学会
6	11	0.02	信息检索
8	10	0.11	《中国图书馆分类法》
9	7	0.05	检索方法
9	7	0.03	引文索引
9	7	0.01	索引学

通过数据分析发现，关键词构成了 12 个聚类，反映了《中国索引》的研究主题主要涉及索引编制、搜索引擎、博士学位论文等。可见，21 世纪以来《中国索引》发文作者对各类型索引如图书内容索引、引文索引等的特点与编制方法都颇有研究；这一时期内《中国索引》发文作者尤其关注搜索引擎功能的优化，对搜索引擎的技术实现、资料来源、检索方法等各方面做出评价；这一时期内《中国索引》发文作者关注到了博士学位论文的学术价值，以博士学位论文为背景对索引编制提出了见解。而从《中国索引》期刊的角度来看，其收录文章的主题都紧密围绕"索引"，据此可以判断出《中国索引》对稿件的收录是较为严格的。

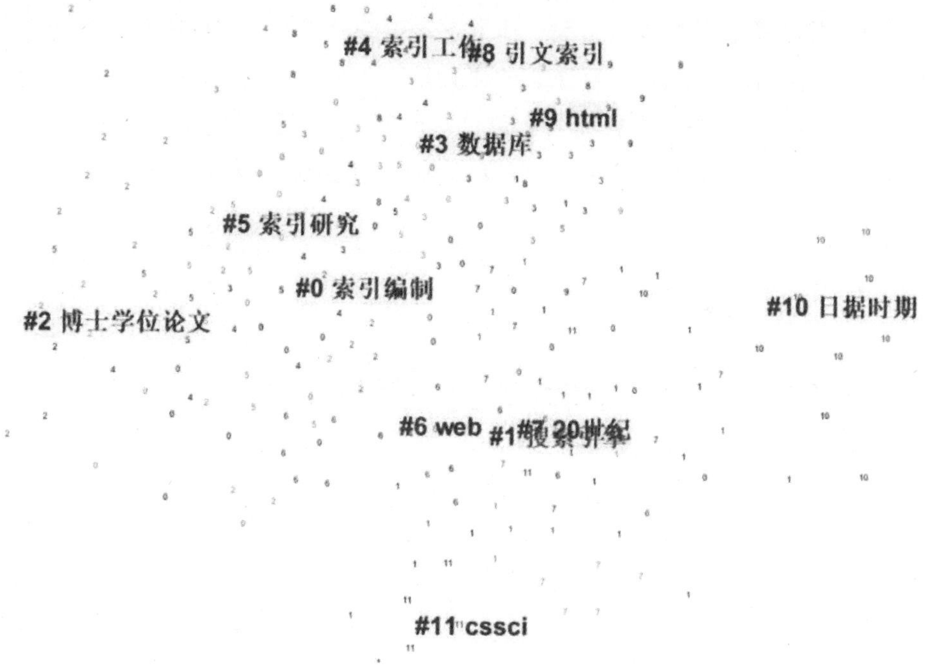

图4 《中国索引》文献关键词聚类图谱

2. 关键词时间演化分析

在 CiteSpace 软件中将时间跨度设置为 4 年，生成的关键词时间演化图谱如图 5 所示。时区图呈现了不同阶段内出现频次较高的关键词，反映了研究热点随时间的演化。在文献计量学中，Q 值代表网络模块化评价指标，它的取值范围在 0 到 1 之间。Q 值越大，网络得到的聚类越好。当 Q 值大于 0.3 时，表示网络结构非常显著。该图的 Q 值高达 0.84，表明得到的聚类是较为可靠的。

可以看出，2003 年至 2007 年间《中国索引》发文作者主要关注索引的编制方法、索引数据库的建立、搜索引擎功能的优化等；2008 年至 2012 年间《中国索引》发文作者主要关注索引软件的开发研制、图书内容索引的研究进展等；2013 年至 2017 年间《中国索引》发文作者主要关注博士学位论文索引编制、地方志索引编制规则的制定与推广等；2018 年至 2020 年间《中国索引》发文作者主要关注信息技术的发展、索引理论的研究等。

自 21 世纪以来，《中国索引》发文作者的研究主题始终紧密围绕索引，对于索引编制的研究随着时间的推移越来越具体化，研究主题从索引编制方法发展为索引软件、图书内容索引、地方志索引编制规则。信息技术是 21 世纪以来索引研究的重要条件，预计未来对于索引的研究仍然会基于信息技术。随着《地方志索引编制规则》和《学位论文内容索引编制规则》两项国家标准的实施，地方志索引编制和学位论文索引编制可能会成为未来的研究关注点。

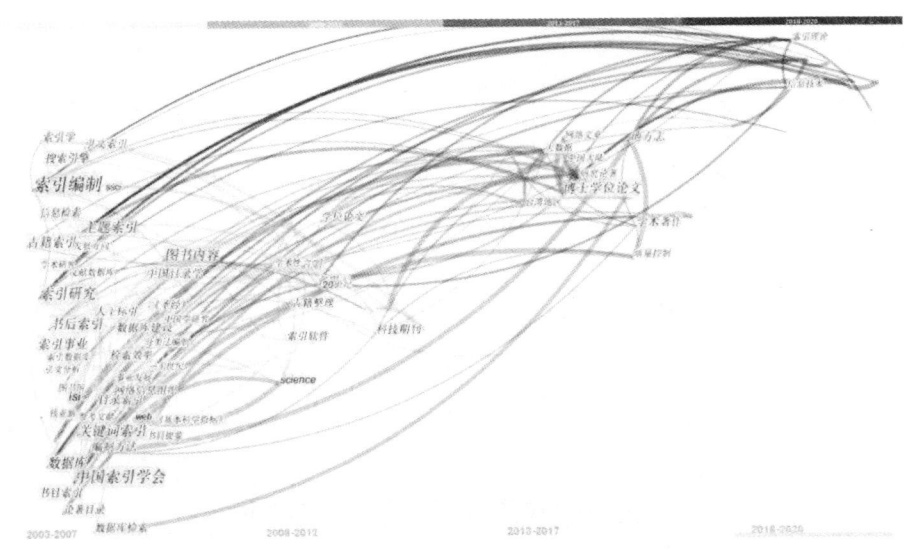

图 5 《中国索引》文献关键词时间演化图谱

3. 关键词 Burst 分析

运用 CiteSpace 软件绘制出的关键词突现图见图 6。关键词 Burst 分析图反映了某一较短的时间段内突现的关键词，这些关键词是短时内的研究热点。

2003 年至 2020 年间，《中国索引》期刊共产生 4 个突现关键词，按照强度由大到小排列，分别是书后索引（2014—2016）、索引研究（2018—2020）、中国索引学会（2016—2018）、索引软件（2008—2009），这些关键词受关注时间在 1—3 年之间。笔者试图对这些关键词在相应的时间段内出现的原因进行分析：21 世纪以来，索引软件的开发得到高度重视，经过数年的探索后取得了实质性突破，"索引之星"软件问世，因在 2008 年至 2009 年间，出现了不少分析该软件的功能、特点、操作方法的论文，"索引软件"成为这段时间内突现的关键词；2014 年至 2016 年间，涌现了大量关于学术著作书后索引的编纂原则、现状、趋势思考的论文。另外，数字出版环境下，一些学者针对书后索引数字化工作制定了策略。因此"书后索引"成为这一时间段内突现的关键词。21 世纪以来，由于信息技术的高速发展，基于信息技术的索引研究正在逐渐取代传统的索引研究，近年来关于索引自动化编纂的文章硕果累累，新的索引研究与编制高潮正在形成。因此，2018 年至 2020 年间出现了很多总结索引研究进展的论文，"索引研究"成为这段时间内突现的关键词。

Top 4 Keywords with the Strongest Citation Bursts

Keywords	Year	Strength	Begin	End	2003—2020
索引软件	2003	3.02	2008	2009	
书后索引	2003	4.97	2014	2016	
中国索引学会	2003	3.4	2016	2018	
索引研究	2003	3.64	2018	2020	

图 6 《中国索引》文献关键词 Burst 分析图

四、结　论

《中国索引》期刊是国内传播与交流索引研究成果的重要学术平台，反映了我国索引领域的研究动向。本文利用 CiteSpace 软件，对 21 世纪以来《中国索引》发文作者、机构和文章关键词实现了较为全面、直观的文献计量与可视化分析。

从个人发文数量上来说，21 世纪以来在《中国索引》期刊发表文献最多的作者为张琪玉，且主题涉及索引理论和实践的方方面面。在作者合作关系上，以侯汉清为中心的团队合作发文情况最显著，其团队的主要研究方向是自动标引。从机构发文情况来看，发表文献最多的机构是国防大学政治学院军事信息与网络舆论系。无论是从作者还是机构的合作网络图谱来看，中心度都较低。因此，国内索引研究人员和机构间都应加强学术交流与合作，共同促进我国索引事业的发展。

在关键词方面，关键词共现图谱、关键词聚类图谱、关键词时间演化图和关键词突现图为《中国索引》发文作者自21世纪以来的主要研究方向提供了有力的数据支撑。经过综合分析，可以得出以下结论：21世纪以来，国内索引研究者的主要研究方向集中于不同类型索引（如图书内容索引、引文索引等）的编制方法、数据库的建立、搜索引擎功能设计与优化和学位论文的索引编制研究。古籍索引编制、数据库检索方法和检索工具的比较研究等也受到一定的关注。《中国索引》发文作者围绕索引展开了不同角度的研究，研究主题呈现多元化的特征。在这个信息技术高速发展的时代，对于索引的研究也一直与信息技术紧密结合，比如图书内容索引和古籍目录索引的自动编纂系统、索引数据库的建立、搜索引擎的设计等。随着地方志的学术价值受到越来越多的关注，地方志索引的自动化编纂可能会成为未来的研究热点。

本文通过CiteSpace软件的运用，实现了对中国索引题录信息的文献计量与可视化分析。CiteSpace的处理结果为本文对《中国索引》在2003—2020年间活跃度较高的作者、机构及研究热点与趋势的分析提供了有力的数据支撑。本文的局限性在于：（1）仅对《中国索引》一本刊物载文进行了调研，不能完全揭示中国索引研究的现状；（2）依赖于CiteSpace的软件功能，分析方法相对单一，不能多角度揭示中国索引研究状况。

王逸帆　复旦大学文献信息中心2020级研究生。研究方向：地方文献保护与地方志编撰。

The theory and practice of China's index since the 21st century
— Bibliometric analysis of the articles published on the *Journal of Society of China Indexers* based on CiteSpace

Wang Yifan

Abstract: This paper analyzed the bibliographic information of the articles published on the *Journal of Society of China Indexers* from 2003 to 2020 by Citespace, and drew the author cooperation network map, keyword co-occurrence and clustering map, keyword time evolution map, keyword burst analysis map and other visual maps. It is found that academic cooperation and exchange rarely happened whether among authors or institutions. The design of search engine, the construction of index software and database, the rules and methods of index compilation are the hot spots widely concerned by domestic index experts in the new century.

Keywords: *Journal of Society of China Indexers*; Bibliographic Information; CiteSpace; Bibliometrics; Visualization

高校图书馆外文索引数据库评价指标体系研究

袁子晗[1] 孔祥盛[2]

(1 首都师范大学图书馆 北京 100048)
(2 中国科学院文献情报中心/中国科学院档案馆 北京 100190)

摘 要 数据库评价是图书情报领域和图书馆界持续关注的重点问题。本文在分析、总结、借鉴前人数据库评价相关研究的基础上，结合用户导向的馆藏资源建设原则，初步拟定了面向外文索引数据库的评价指标体系，共包含5个一级指标和20个二级指标，希望为高校图书馆的数据库论证、数字资源评价以及索引数据库的相关研究提供参考。

关键词 索引数据库 数据库评价 数字资源评价 评价体系

一、引 言

数字资源评价和数据库评价逐渐成为图书馆工作的重点之一。科学合理的资源评价在了解馆藏资源分布、满足读者文献需求、分析所购数据库绩效、申请经费等方面发挥着重要的作用。当前许多高校图书馆数字资源存在重复建设、价格昂贵、利用率较低等问题，尤其是在"后疫情时代"的大环境下，如何合理利用有限经费采购数据库，最大程度满足读者需求、保障学科服务是高校图书馆面临的重要问题。因此，构建数据库评价体系，对采购的各种数字资源进行评价就显得尤为必要。目前关于数据库评价的研究方兴未艾，许多学者从不同的角度出发，提出了一系列数据库评价体系。但是，这些体系在指标遴选、权重设置等方面各有侧重点，并且不同高校的学科规划、读者需求、已购数据资源情况等各不相同。因此，如何选取一套合适的、可以实际操作的数据库评价体系成为摆在高校图书馆面前的现实问题。

本文在回顾和总结前人相关研究与实践的基础上，从高校图书馆数据库评价的实际工作出发，结合索引数据库的用户使用情况和个性特点，初步拟定一套高校图书馆外文索引数据库评价指标体系，希望为高校图书馆开展数据库绩效分析工作、论证数据库续订购买、深化数字资源评价等提供参考借鉴。

二、国内外相关研究现状

国外关于数字资源评价的研究相对而言起步较早。1998年，国际标准化组织（International Organization for Standardization，ISO）发布图书馆评价的指标体系《ISO 11620：Information and documentation — Library performance indicators》，共包括5大类29个指标；并在ISO 2789中增添了图书馆绩效指标体系，共8项指标，分别为：任务数、下载文献的数量、下载记录的数量、虚拟访问次数、单次检索时间、拒绝访问数量、检索数量、通过因特网访问数量。[①] 美国信息标准化组织制定的《NISO Z39.7-200X——Information Service and Utility：Library Measure》是对图书馆相关数据进行统计和评估的标准，其指标主要包括：电子现刊订阅、数据库、数字化文档、免费网络资源、数字资源访问成本、电子文档传递、电子馆藏、用户信息技术培训等。[②] 数字图书馆评价项目（E-metric）下属的measure for electronic resources项目提出了5大类19项指标体系，具体如表1所示。[③]

表1 E-metric提供指标体系

一级指标	二级指标
数字资源可获得性	电子全文期刊数量
	电子参考资料数量
	电子书数量

[①] 戴建陆，冯晓丽，张岚. 高校图书馆数字资源绩效评价指标选择 [J]. 四川图书馆学报，2018（6）：24-27.

[②] Carty D. Standard Spotlight：ANSI/NISO Z39.7：Information Services and Use：Metrics & statistics for libraries and information providers-Data Dictionary [J]. Information Standards Quarterly，1999，22（1）：36.

[③] Miller, Rush. E-metrics：Measures for electronic resources [J]. Advances in Library Administration & Organization，2002：203-212.

续表

一级指标	二级指标
数字资源使用	电子参考资料事务处理数据
	数据库登录数量
	数据库查询数量
	数据库项目请求数量
	图书馆网页访问数量
数字资源成本	电子全文期刊成本
	电子参考资料成本
	电子书成本
	图书馆目录加工和网络维护成本
	书目加工和网络组织额外成本
图书馆数字化工作	图书馆数字化馆藏规模
	图书馆数字馆藏的使用
	数字评估的建设和管理成本
绩效评估	数字参考资料的比例
	电子书的比例
	数字资源的比例

目前国内较为权威的电子资源评价指标体系应当是北京大学肖珑等学者提出的CALIS数字资源评估指标体系[1]，共包括12个一级指标和101个二级指标，并且在指标属性（定性、定量）和应用层面（单馆、联盟、单种资源、整体资源、引进资源、自建资源）进行了详细的划分，篇幅所限，此处仅展示其12个一级指标（见图1）。相关学者对图书馆电子资源评价指标体系的构建进行了大量的探索与尝试，其中具有代表性的研究如表2所示。此外，樊怡菁探究了数字资源评价和传统馆藏评价之间的区别[2]，刘蔚分析了ISO 2789、NISOZ 39.7和E-METRICS项目中数字资源评价标准的异同点[3]，晁明娣比较

---

[1] 肖珑，李浩凌，徐成. CALIS数字资源评估指标体系及其应用指南 [J]. 大学图书馆学报，2008（3）：2-8.

[2] 樊怡菁. 数字资源评价与传统馆藏评价之比较研究 [J]. 现代情报，2005（7）：24-25.

[3] 刘蔚，王长宇. ISO2789、NISOZ39.7和E-METRICS数字资源评价标准比较 [J]. 图书馆学刊，2010，32（8）：102-105.

了国内高校图书馆普遍使用的四种评价标准等①,进一步深化了数字资源和数据库评价的相关研究。从表2可以看出,虽然各位学者拟定的指标体系各有特色,但在对各指标体系拆分、综合的基础上,可以大致归纳出5大类一级指标,即电子资源内容、检索系统及其功能、电子资源使用情况、成本核算与数据商服务,表明学界在评价指标的选取上已达成基本共识。

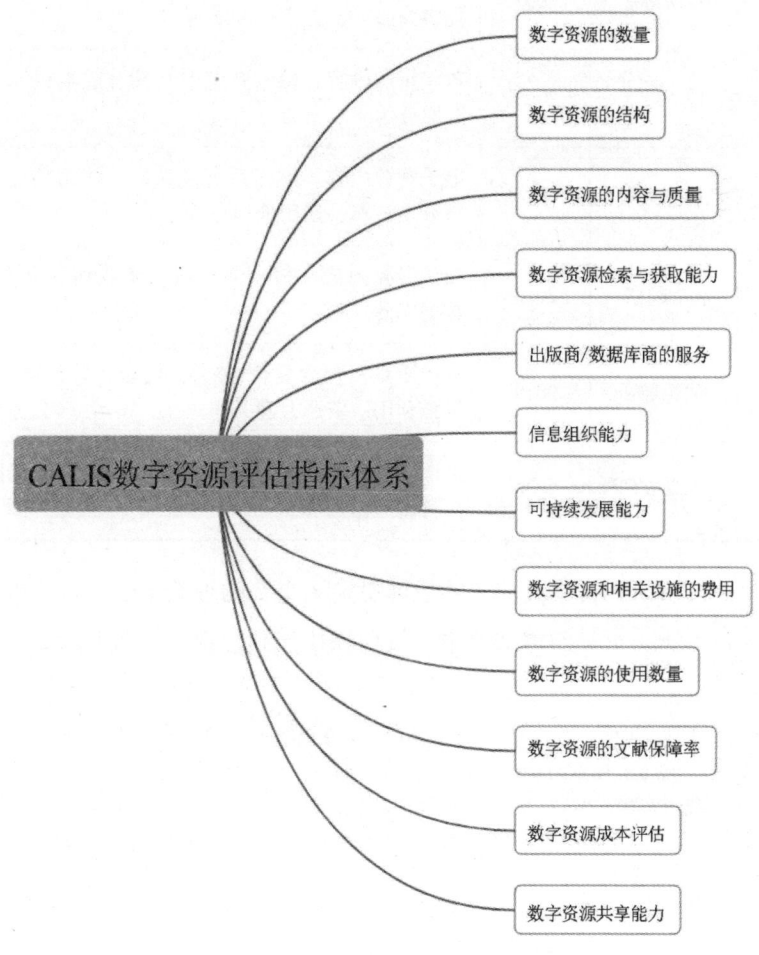

图1 CALIS 数字资源评估指标体系

---

① 晁明娣,方彦,郭发忠. 国内高校图书馆数字馆藏质量评价指标体系比较研究 [J]. 新世纪图书馆,2012 (7): 16 – 18.

表2 国内主要数字资源评价体系概览

序号	作者	年份	指标
1	韩红①	2003	收录范围、检索方法、流量计费、全文下载速度等。
2	徐革②	2006	数字资源的类型、数据量、访问速度、系统稳定性等。
3	张晓静③	2007	数字资源内容、检索系统功能、数字资源利用情况、提供商服务、数字资源成本等。
4	肖珑④	2008	数字资源内容、检索系统及功能、成本核算、数据商服务等。
5	刘爽⑤	2014	电子资源内容、检索系统及功能、使用统计、价值与成本核算、出版商服务等。
6	陈淑娟⑥	2014	数字资源内容、检索系统、资源利用、成本效益、数据库商。
7	黄碧航⑦	2019	资源质量、资源复合/整合、资源保障、资源结构、资源利用、资源共建共享。
8	朱学军⑧	2020	资源获取成本、用户利用程度、用户需求保障、用户科研产出保障。

国内外已有研究为本文的研究设计奠定了重要的理论基础。目前看来，相关研究大多采用了定量的数学模型，但在操作性和合理性方面可能还需要进一

---

① 韩红，朱江，王桦，等. 清华同方（CNKI）与重庆维普（VIP）网络版中文期刊全文数据库的比较研究 [J]. 现代图书情报技术，2003（6）：61 – 64.

② 徐革. 我国大学图书馆电子资源绩效评价方法及其应用研究. [D]. 西南交通大学，2006.

③ 张晓静，郭伟. 图书馆数字资源的评价：指标及方法 [J]. 长春大学学报，2007（11）：155 – 158.

④ 肖珑，李浩凌，徐成. CALIS 数字资源评估指标体系及其应用指南 [J]. 大学图书馆学报，2008（3）：2 – 8.

⑤ 刘爽. 高校图书馆电子资源评价指标体系构建 [J]. 图书馆理论与实践，2014（10）：60 – 63.

⑥ 陈淑娟. 基于层次分析法的数字资源数据库评价研究. [D]. 安徽大学，2014.

⑦ 黄碧航. "双一流"建设视角下高校图书馆文献资源保障评价指标体系构建. [D]. 华中科技大学，2019.

⑧ 朱学军，罗祺姗，赵艳. 科研机构引进电子资源科技支撑绩效评价研究与发展——以中国科学院集团引进外文电子期刊为例 [J]. 图书情报工作，2020，64（24）：57 – 62.

步优化；而且，相关研究提出的数据库评价体系均是针对整体数据库而言的，并未见到针对全文数据库、文摘数据库、多媒体数据库等不同类型数据库的不同评价体系。不同文献类型的数据库存在不同的资源特点和使用方式，尤其是索引数据库，由于其独特的检索和评价的功能，日益受到图书情报学者和科研管理部门的重视。外文索引数据库的价格存在持续走高的趋势，在图书馆的电子资源经费占比中持续上升。因此，应当制定面向外文索引数据库的评价指标体系，而这正是本文研究的重点。

三、研究设计

（一）研究对象

本文以数据库评价指标体系作为研究对象，计划拟定专门面向外文索引数据库的电子资源评价指标体系。具体来说，包括各级指标的选定、指标的具体含义以及评价体系的拟定。

（二）研究方法

首先，本文采用文献调研法，广泛检索与数据库评价、数字资源评价相关的国内外文献，梳理学界目前关于数据库评价的研究动态和研究热点，为本文的研究设计奠定理论基础；其次，使用网络调研法，在国内外知名高校图书馆官网、专业学（协）会官网和搜索引擎上检索数据库评价相关实践动态，以作为进一步补充；再次，采用内容分析法，深入拆分、归纳调研到的数据库评价指标体系，为本文评价体系的拟定提供指标参考；最后，结合索引数据库的个性化特点和用户使用反馈，初步拟定外文索引数据库评价指标体系。

四、索引数据库评价指标的选取原则

在参考前人研究与实践的基础上，本文在指标的选取时遵循以下几个原则。[①]

（一）针对性

本文拟定的评价体系专门面向外文索引类数据库，因此在选取指标时应注

[①] 张晓静，郭伟. 图书馆数字资源的评价：指标及方法［J］. 长春大学学报，2007（11）：155－158.

意其收录文献类型、使用方法等数据库特点,将其与全文数据库、事实型数据库、多媒体数据库等区分开来。

(二) 全面性

对数据库的评价包括动态和静态两个方面,前者包含了使用率、绩效评价等方面,后者包含了资源内容、资源质量等方面,因此在选取评价指标时考虑其全面性。

(三) 灵活性

在不同时间段对数据库评价的侧重点不同,如在购买前主要评价其资源内容、成本、数据商服务等,而购买后则主要评价其成本效益等,所以应考虑选取指标的灵活性。

(四) 可获取性

指标数据的收集要便于获取,并且应采取赋值权重的方法以确保评价的合理、科学。

(五) 可操作性

建立的评价指标体系应具有可操作性,可以获得实际的评价结果。

需要说明的是,指标的设置都是可选择和可扩展的。可选择是指每一个指标都有其相应的应用层面,在实际的评价中,评估者可以根据不同的对象和目的,选择不同的指标。可扩展是指评估者可以在一级指标下扩展二级指标,扩展时应遵循向上兼容的原则,即增加的二级指标不超过一级指标的定义范畴,且不得与其他二级指标相重复。

五、索引数据库评价体系的拟定

在综合参考国内外数据库评价研究和实践的基础上,本文根据外文索引数据库的特点,并结合笔者在实际工作中接触到的用户反馈,初步拟定了高校图书馆外文索引数据库评价指标体系(见表3),共包括5个一级指标和20个二级指标,和前人的研究相比,该评价体系充分考虑了馆藏资源建设中"用户导向"的原则,新增了"用户评价反馈"这一一级指标,将用户对数据库的使用反馈作为评价数据库的重要指标之一。

表3 高校图书馆外文索引数据库评价指标体系

一级指标	二级指标
数据库内容	学科范围
	语言种类
	时间跨度
	收录资源总量
	数据更新频率
数据库功能	检索技术
	检索结果
	帮助文件
	定题检索
	远程访问
数据库成本	检索次数
	检索成本
	数据库价格
	数据库年涨幅
数据库商服务	试用时长
	用户培训
	响应时间
用户评价反馈	资源质量
	科研保障
	数据库友好性

(一) 数据库内容

①**学科范围**：指数据库收录资源覆盖的学科数量，用来评价数据库是否保障了用户所需的专业学科，保障率越高保障效果越好。

②**语言种类**：指数据库收录资源包含的语言种类数量，用来衡量数据库资源的语种多样性。

③**时间跨度**：数据库收录资源中出版年的跨度。

④**收录资源总量**：指数据库收录文献的总数量，用来判断该数据库的资源是否充足丰富，能否满足不同用户的不同需求。具体文献类型包括学位论文数量、会议论文数量、电子图书数量和电子期刊数量等。

⑤**数据更新频率**:指数据库多久时间更新一次资源,用以判断数据库资源的时效性、新颖性。一般来说,更新周期越短越好。

(二) 数据库功能

①**检索技术**:指数据库提供的各种检索方法、策略,以满足用户的个性化检索需要。一般来说,数据库提供的检索策略越多越好。

②**检索结果**:检索结果是用户命中结果的资源显示,是用户对数据库的最直观感受,在数据库评价中占据了十分重要的地位。此处包括查全率、查准率、检索速度和超链接服务等方面。

③**帮助文件**:指的是数据库是否提供一系列服务措施,以帮助用户使用、熟悉数据库,此方面主要评价数据库的易用性。

④**定题检索**:数据库是否提供定题检索服务,定期将检索结果发送至指定邮箱。

⑤**远程访问**:数据库能否提供一种或多种方式满足用户进行校外访问或远程访问。

(三) 数据库成本

①**检索次数**:规定时间内,用户向数据库发送检索指令的次数。

②**检索成本**:用户向数据库发送1次检索指令需要的平均成本。

③**数据库价格**:购买数据库在某一时间段内使用权的价格。

④**数据库年涨幅**:数据库在购买年第二年起的价格涨幅。

(四) 数据库商服务

①**试用时长**:数据库商在正式购买前提供的试用期。一般而言,试用期越长,对用户越有利。

②**用户培训**:指数据库商是否针对数据库的内容、使用方法、操作流程等方面提供培训活动、课程或使用报告等。

③**响应时长**:由于数据库故障等原因,从联系数据库商起到对方响应的时间。

(五) 用户评价反馈

①**资源质量**:用户在长期使用过程中对数据库收录资源质量的评价。

②**科研保障**:数据库检索的结果能否有效保障用户的科研信息需求。

③**操作友好性**:用户对数据库使用友好性、操作性等的评价。

六、结束语

本文在借鉴前人研究的基础上初步拟定了面向高校图书馆外文索引数据库的评价指标体系，可以为高校图书馆数据库评价、馆藏资源评价的实践工作提供参考。下一步，本文将结合层次分析、模糊匹配和专家咨询等研究方法对具体二级指标的权重进行赋值，并展开进一步的实证分析，以验证该评价体系的科学性与可操作性。

数据库评价尤其是索引数据库评价涉及图书馆学、情报学、目录学、计算机科学等多门学科，需要多学科领域的专家学者共同参与、合力研究，以制定科学合理且具有可操作性的索引数据库评价体系。本文在此谨抛砖引玉，希望引起相关学者的关注，并提供些许参考。

袁子晗 1996年生人，男，硕士，首都师范大学图书馆助理馆员，研究方向为数字资源评价、数据分析与情报研究。

孔祥盛 1996年生人，男，硕士，中国科学院文献情报中心/中国科学院档案馆助理馆员，研究方向为电子文件管理、科研档案等。

Research on the Evaluation System of Foreign Index Databases in China University Libraries

Yuan Zihan　　Kong Xiangsheng

Abstract: Database evaluation is a key issue in the field of library & information science and library circles. On the basis of analyzing, summarizing and learning from previous researches on database evaluation, combined with the principle of user-oriented collection resources construction, this paper draws up an evaluation system for foreign index databases, including 5 first-level indicators and 20 second-level indicators, in order to provide reference for the database demonstration, digital resource evaluation and relevant index database research.

Keywords: Index Databases; Databases Evaluation; E-resources Evaluation; Evaluation System

中西书后索引符号系统的比较分析

刘子涵

(北京印刷学院索引编纂研究所　102600)

摘　要　本文采用文献研究法、实证研究法和比较分析法等科学方法，对中西书后索引符号系统展开比较。首先对索引符号系统进行现状调查，并阐明中西书后索引符号系统的发展演变过程。进而根据中西书后索引编纂符号的类型，对索引中4种相同符号进行比较，包括逗号、句号、括号、分号，再对中西书后索引不同索引符号进行研究及分析。基于对比研究内容，阐述中文书后索引符号系统的特色化发展情况。最后结论为：中国索引符号系统已实现"索引中国化"，索引编排方式是推动中国索引事业良性发展的源头。未来发展建议是：在索引符号的使用上继续规范统一，坚持中国索引符号系统的独特性、实现索引编纂与编排方式发展的相互促进。

关键词　中西索引　书后索引　符号系统　索引符号比较

一、引　言

索引是进行信息检索不可缺少的重要工具，与目录、页码、页眉等共同构成一本书的检索系统。书后索引最初起源于西方，距今已有两千多年的历史。在20世纪60年代，西方就已经颁布了最早的国家标准，格式规范及编排方式早于中国50年左右，历经几次修改，最终在ISO 999：1996的国际标准中，实现了较为完全的英文索引体系，而中国也在吸收借鉴以ISO 999：1996为主的国际索引标准，以及其他国家或地区索引标准的基础上，概括出具有中国特色的索引编制规范GB/T 22466－2008《索引编制规则（总则）》，该国家标准的颁布实施，标志着我国索引事业进入了一个崭新阶段。

实际上，GB/T 22466－2008《索引编制规则（总则）》在编排方式的规范内容上基本引用国际索引标准ISO 999：1996，与中国索引编纂实际情况有较大差异，缺乏中国特色。近年来，国内书后索引编排方式不断发展进步，通过学习、引进、吸收、消化、创新，逐渐摆脱了那些只适合西方索引编排方式的影子，索引的丰富性、适应性等都有较大发展，已形成自己的特色。而国际索引标准 ISO 999：1996 在发布后的 20 多年来一直未曾修订过。

书后索引是指直接检索事实信息的索引，又称图书内容索引、专著索引或书末索引。书后索引编排方式主要可分为 5 个方面：书后索引款目格式、书后索引符号系统、书后索引参照设置、书后索引排序方法、书后索引排版形式。其中，书后索引符号系统是中国索引近年来发展最为迅猛，也是最具中国特色的内容。

"标点符号是书面语言的有机组成部分，它表示停顿、语气、词语的性质和作用等，帮助人们确切地表达思想感情和理解书面语言。"[1] 以中文标点符号为基础的中文书后索引符号系统，主要与索引符号的数量、索引符号类型、索引符号的应用情况等内容相关。中国和西方索引标点符号的产生发展有着密切的历史渊源，但种类、名称、用法不尽相同，即使是相同符号的使用，由于中西国家符号标准体系不同，也存在较大差异，联系到索引编纂实践，符号应用差异就更为明显。因此，本文选择从中西书后索引符号系统的角度进行比较。

二、中西书后索引符号系统概述

1. 索引款目结构与符号系统的关系

中文书后索引的款目结构包括：索引标目、注释项、地址出处项及分级标目。这些是构成索引的基本单元。图 1 是中文索引款目的一般结构示例，具体索引结构名称兹列于下。

（1）索引标目。索引标目用来表达索引所指示的主题或事物概念。

（2）注释项。注释项位于索引款目中的标目之后，为了具体解释或限定标目的内容，常使用括号与标目进行区分。

（3）地址出处项。地址出处项一般位于索引标目之后，常由页码构成并以数字形式呈现，通过页码可以定位返回到书中原文处进行内容查找。

---

[1] 黄伯荣，廖序东. 现代汉语 [M]. 北京：高等教育出版社，2011.

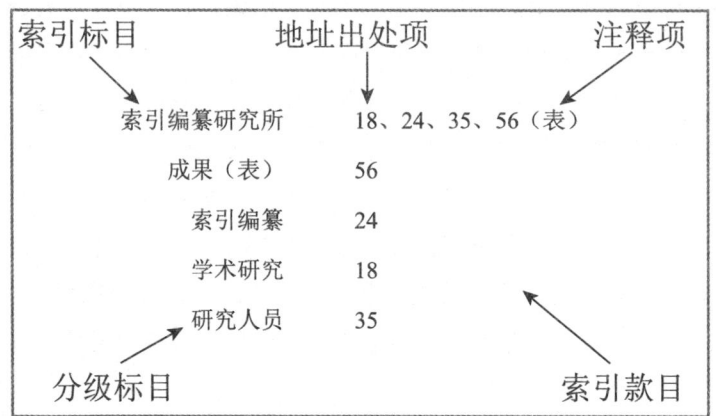

图1　中文书后索引款目一般结构

（4）分级标目。为进一步反映标目之间的从属关系，设置比主标目低一级的修饰性标目，书后索引为了更加专指，可以制作二级标目。

西方索引结构与中文索引款目基本结构相似，包括：主标目、副标目、出处项、参照项。

图中英文名称与中国索引对应名称对照如下：

　　Main Heading：主标目

　　Subheadings：副标目

　　Reference Locators：出处项

　　Cross-refercnce：交叉引用（参照项）

　　The Index entry：索引项

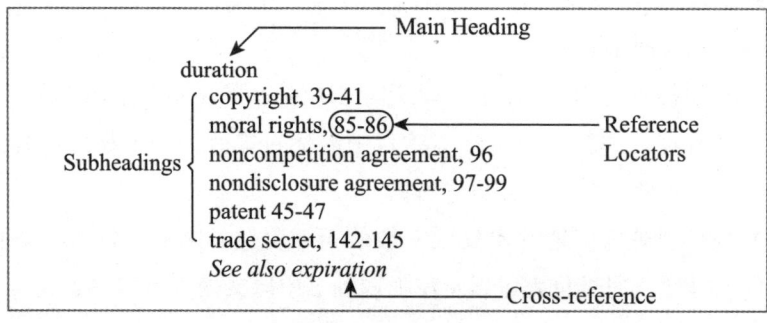

图2　西方书后索引款目一般结构

在图1和图2的索引款目结构中，都存在着大量的索引符号，主要包括：索引标目与地址出处项之间、地址出处项与地址出处项之间等的应用，索引符号发挥着连接或分隔的功用，目的是使索引整体结构更为清晰明朗，编纂出的索引大气美观，便于检索者快速检索。

对中西索引款目结构初步观察，可以发现几处索引符号的使用不同，例如在中文索引当中，索引标目与地址出处项之间为全角空格，而西方索引使用逗号进行连接；中文索引当中使用了浪纹线"~"连接地址出处项，而西方索引使用短横线"–"连接……这些内容都是本文研究的重点。

2. 中西书后索引符号系统研究现状

由于符号系统属于索引编排方式的五大内容之一，索引研究者在论文标题中可能并不会直接提到"标点""符号"等字眼，且本研究还是在"中国""西方"的大前提下展开，因此笔者扩大检索面，在中国知网、万方数据、重庆维普以"图书内容索引""书后索引""专著索引""书末索引""索引符号系统"进行检索，再根据内容逐一阅读筛选，选择涉及索引符号系统的文章。经检索共得到86篇相关论文题目，将重复、无效文献剔除后，共得到与该检索主题相关的专业论文56篇。笔者将这56篇专业论文的标题内容导入科学计量学软件Rost Content Mining中并构建语义网络图，由图3可知，"索引"一词是图中的中心，处于第二层级的主题词包括"中国""图书内容索引""书

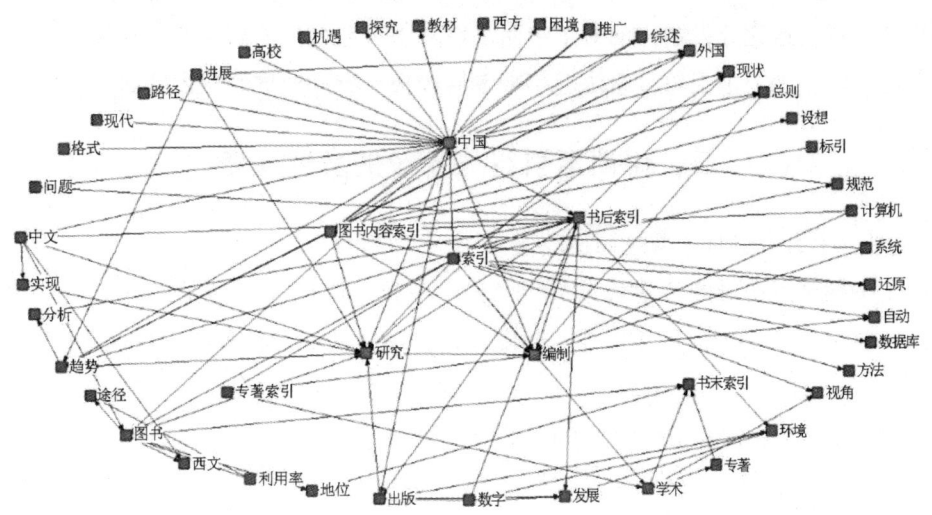

图3 文献内容索引相关论文语义网络图

后索引""研究""编制",这几个高频主题词围绕在核心词"索引"周围,形成五角星的结构,与"索引"有直接连线,又与其他词交叉相连接。

以"书后索引"及其同一主题词进行搜索,"索引""图书内容索引"等位于中心层级,自然是天经地义的事,笔者检索的主要目的是通过构建语义网络图,判断是否有研究者围绕"书后索引"展开"中西索引对比""索引符号系统"的相关研究。对语义网络图进一步分析及论文返回查找,涉及"中文""中国""西方""西文"的论文为首选目标,只有朱小明、徐静安的文章《对中西文图书书后索引的比较与分析》[1]、戴立群的文章《英国图书索引的发展现状——兼论中国索引国际化的机遇和挑战》[2],以及田兵的论文《书后主题索引:平实的学术阶石——跨语言文化视角下的中西学术传统与规范》[3] 涉及中西书后索引比较,但这些论文研究内容不够深刻全面,也未深入索引符号系统的层面。

笔者进一步在 Web of Science 数据库使用高级检索功能,展开英文文献检索,由于论文必须含有"中国"一词,添加检索词"China"。使用四个检索式分别检索:TS = (book content index *) AND TS = (China *), TS = (Monographs index *) AND TS = (China *), TS = (back of book index *) AND TS = (China *), TS = (back of the book index *) AND TS = (China *),经检索,未发现涉及"中西书后索引编排方式"及"中西书后索引符号系统"对比的文章。这充分说明当前对于中西书后索引符号系统的研究严重缺失,属于空白领域,加上中文符号系统近年来发展较快,有必要展开深入的研究。

三、中西索引符号系统的发展演变

1. 中文索引符号系统的发展演变

中国标点符号的产生最早可推及先秦时代,汉代许慎《说文解字》中就已经收录"、"号和"( )"号。近代时期,中文的标点符号经历过西化阶段,

---

[1] 朱小明,徐静安. 对中西文图书书后索引的比较与分析 [J]. 科技与出版, 1998 (4): 4-5.

[2] 戴立群. 英国图书索引的发展现状——兼论中国索引国际化的机遇和挑战 [J]. 中国索引, 2006 (4): 52-57.

[3] 田兵. 书后主题索引:平实的学术阶石——跨语言文化视角下的中西学术传统与规范(上)(下) [J]. 中国索引, 2010 (1): 13-20; 2010 (2): 18-27.

中国历史上第一本系统借用西方标点符号对汉语进行标点的书是严复于 1904 年出版的《英文汉诂》，陈望道先生 1918 年发表的文章《标点之革新》也介绍了 10 种西方标点符号。中华人民共和国成立之后，标点符号进入了定型普及新阶段，历经多次修改完善，最终于 2011 年 12 月发布最新一版中国国家标准，即 GB/T 15834－2011《标点符号用法》①，标点符号由原来的 16 种改为了 17 种，增加了分隔号（/）。

由于中文标点符号经历过西化阶段，现今人们的标点符号使用习惯并未完全统一，使用较为随意，即使在日常使用中，也存在大量中英文标点符号混用的问题。具体到索引编纂方面，即使在 GB/T 15834－2011《标点符号用法》发布实施后，仍有大量索引编制者乱用、混用标点符号。

中国索引学会副理事长王彦祥教授根据自己长期的索引编纂实践，结合 GB/T 15834－2011《标点符号用法》中对中文标点符号使用规范，已制定出一套完整的索引符号系统，现已被索引界研究者接受和使用。表 1 就是"中国索引编制符号表"。

表 1　中国索引编制符号表

符　号	用　法
，	用于分隔标目与说明语，或使索引词倒置
（　）	括号内放置限义词，或标示图、表等索引词特征
、	地址出处之间的间隔符
［　］	特殊地址出处标记符号
：	用于增加标目组配词
~ 或 —	连接 3 个或以上的连续页面地址出处
/ 和 //	篇目索引的标引间隔符
.—	篇目索引标目的大类分隔符
全角空格	分隔标目和地址出处项
下一行排列并空 2 格	排列副标目或分级标目之二级标目
再下一行排列并空 4 格	排列分级标目之三级标目

---

①　全国信息与文献标准化技术委员会．北京大学．标点符号用法．GB/T 15834－2011［S］．北京．中国标准出版社，2011．

2. 西方索引符号系统的发展演变

西方标点符号源于古希腊,公元前5世纪的希腊文都是连写。西方文字在公元8世纪以前,只用句号。8世纪以后,逐渐出现了冒号、分号等,并有严格的使用规则。在17世纪后,西方标点符号系统进入稳定阶段,最终在18世纪晚期发展完备,而当前英语常用标点有15种。

西方索引符号系统中所涉及的符号指的是任何非字母或数字的部分,按照功能和用法可分为三类:标点符号、代表性符号、文字符号。本研究主要涉及标点符号的相关内容,其他文字符号或特殊符号不在对比研究之列。西方索引符号主要包括6类:逗号",",冒号":"、括号"( )"、分号";"、句号"."和短横线"-"。其中最常用的当属逗号","这一符号。

四、中西书后索引相同符号用法比较

在中西方索引符号系统中,按照符号类型分类主要有四种相同的索引符号,分别为逗号",",冒号":"、括号"( )"和分号";",虽然索引符号类型相同,但具体功用却不尽相同,表2就是中西书后索引相同索引符号的用法对比表。

表2 中西书后索引相同索引符号用法对比表

序号	符号	在中文索引中的功用	在西方索引中的功用
1	逗号","	(1) 表示索引词倒置 (2) 表示说明语部分	(1) 表示索引词倒置 (2) 表示索引标目与索引出处项间的分隔 (3) 表示页码间分隔符号
2	冒号":"	用于增加标目组配词	主标目与第一个副标目之间连接
3	括号"( )/( )"	使用圆角括号,可置入限定词,或图、表等限定词特征	内置识别性或补充性资料
4	分号";"	连排式索引副标目之间分隔	(1) 连排式索引副标目之间的分隔 (2) 多个参照项之间的分隔

1. 索引项中的逗号用法比较

在中文索引当中,逗号","主要有两种功用:一是表示索引词倒置,二是表示说明语部分。

> 示例：瓣膜，人工　25
> 　　　图书内容索引，在科研上的作用　14

在示例"瓣膜，人工"中，正常词序应为"人工瓣膜"，现将"人工"倒置，成为"瓣膜，人工"，主题词"瓣膜"在前，便于检索，这是逗号的索引词倒置功用。功用二是表示说明语部分，如"图书内容索引"为主题词，"在科研上的作用"之后，它们使用逗号连接，"在科研上的作用"即为"图书内容索引"的说明语部分。

在西方索引当中，逗号","主要有三种用法：表示索引词倒置、表示索引标目与索引出处项间的分隔、表示页码间分隔符号。

> 示例：Maximum chroma, 15
> 　　　Gemstones, 22, 32, 201
> 　　　Switzer, Joe, 22

在连排式和分行式索引中，当主标目后面紧接着出处项时，在第一个出处项前面要有一个逗号，如"Maximum chroma, 15"，这是索引标目与索引出处项间的分隔作用；索引词"Gemstones"之后的"22, 32, 201"，就是出处项之间使用逗号的分隔；"Switzer, Joe"体现索引词的倒置功用，即一个标目是词序前后颠倒排列的，在标目当中也可以使用逗号。

2. 索引项中的冒号用法比较

在中文索引中，冒号"："主要用于增加标目组配词。

> 示例：三黄鸡：鸡舍　52、76
> 　　　黄牛：农场　38

"三黄鸡"和"黄牛"都是两个单一概念，通过冒号"："连接，增加标目组配词，将"三黄鸡"与"鸡舍"，"黄牛"与"农场"进行概念组配连接。

在西方索引中，若版式为连排式，当主标目后面紧接着副标目时，第一个副标目之前要有一个冒号。

示例：Maya：art of, 236–43；cities of, 178. See also Yucatán：Maya

该示例为西方索引连排式，"art of"作为副标目紧挨着前面的主标目，因此在主标目之后使用冒号"："连接副标目。

而西方在分行式索引中，主标目后面不用标点，副标目参照项要使用冒号"："进行连接。

示例：Maya
　　　art of, 236–43
　　　cities of, 178
　　　See also Yucatán：Maya

该示例为西方分行式版式，其中"Maya"为主标目，与转行缩格的副标目之间不使用符号进行连接，而副标目参照项"Yucatán"需要使用冒号"："与"Maya"进行连接。

3. 索引项中的括号用法比较

在中文索引中，所使用的括号"（）"为圆角括号，且一般为全角括号，其间可置入限定词，或图、表等限定词特征。

示例：2010年上海市　499、507
　　　单体网吧一览（表）　　507
　　　绿色动力连锁网吧（图）　　499

以上示例中圆角括号"（）"置入了图、表等限定词特征，整体置于二级标目之后。需要特别注意，在中文索引编纂的过程中，很多索引编纂者将中文全角括号"（）"与英文半角括号"( )"混用，这是不符合我国索引编制规则的，切忌乱用混用。

在西方索引中，所使用的括号为半角括号"( )"，其中填以含有识别性或补充性的资料，西方索引编纂中括号的功用与中文基本相同，均为置入限定词或限定词特征，但括号的类型有明显差别。

示例：Cast (undertone), 15
　　　Regulatory T cells (lymphocytes), 12, 184-185
　　　Red (s) as chromatic, 14
　　　Traditional (venerable) palette, 72

4. 索引项中的分号用法比较

在中文索引中，连排式索引副标目之间的分隔常使用分号";"，即从属于主款目的带副标目款目或分级款目不另起一行，用分号";"隔开。

示例：八大菜系　4、22~27
　　　徽菜　23~24
　　　　　徽州臭鳜鱼　23；火煲果子狸　24
　　　川菜　24~26
　　　　　东坡肘子　25；麻婆豆腐　26

示例中"东坡肘子"与"麻婆豆腐"作为三级标目，采用连排式版式，因此使用分号";"隔开。

在西方索引当中，由于没有"分级标目"的概念，中文中的"三级标目"一般被称为"副副标目"。当连排式索引中有副标目或副副标目时，用分号";"隔开。如果有一个以上的参照项，也要用分号将它们隔开。

示例：Centers for Medicare and Medicaid Services (CMS), 85, 109; see also Medicaid; Medicare
　　　Cool colors, 17. See also Blue (s); Green (s); Purple (s)

西方索引的连排式一般采用"连排到底"的方式，即主标目与副标目、副标目与副副标目之间，连续使用分号";"，再加上大量采用双栏排、三栏排的排版形式，索引编排相较中文索引更为紧密，虽然能大幅节省索引版面，但是不便于使用者检索，索引呈现也不够大气美观。

四、中西书后索引不同编制符号比较

GB/T 15834-2011《标点符号用法》的发布实施，对于标点符号的具体应用情况做出明确要求。我国当前的索引编制符号使用规范，也参考了该国家标准，在索引符号的选择和使用上有了国家标准保障，不再按照西方索引符号系统去使用标点，可充分体现出中国特色。以句号为例，在中文标点符号当中存在句号"。"，但具体到索引编制当中，是不使用句号的，而在西方，句号"."较常使用，主要是在连排式索引中的 See（或 See under）、See also（或 See also under）之前使用句号；在分行式索引中，在 See 之前使用句号。中文索引符号种类较多，有多种合适的符号可进行替代，且句号在标点符号中主要用于停顿或结尾，从自有用法规范来说，也不适合在索引编纂中使用。

根据表2的索引符号内容，再结合表3"中西书后索引不同索引符号用法对比表"，有助于我们对中国索引体系中标点符号的丰富性与多样性，有更加直观和深刻的认识。由于中西符号系统中不同符号较多，因此着重选择进行比较分析。

表3 中西书后索引不同索引符号用法对比表

序号	符号	在中文索引中的功用	在西方索引中的功用
1	句号"。/."	无	（1）连排式索引出处项与参照或"参见"参照之间分隔 （2）分行式索引出处项与参照之间分隔
2	一字线"—"	用于连接3个或以上连续页面地址出处	无
3	短横线"-"	无	（1）表示页码范围及连接3个或以上连续页码地址出处 （2）用于连排式索引中副标目之前
4	浪纹线"~"	用于连接3个或以上连续页面地址出处	无
5	顿号"、"	地址出处之间的分隔符号	无

续表

序号	符号	在中文索引中的功用	在西方索引中的功用
6	中括号"[ ]"	用于特殊地址出处标记	无
7	/和//	篇目索引的标引间隔符	无
8	.—	篇目索引标目的大类分隔符	无
9	全角空格	用于分隔标目和地址出处项	无
10	二级标目下一行排列并空4格	排列分级标目之三级标目	无

1. 中西索引符号系统中连接号的使用

中西索引符号系统中，连接号的使用存在较大差异。在汉语标点符号中有三种形式的连接号，分别是一字线"—"、浪纹线"～"以及短横线"-"。在中文索引编排中主要使用一字线"—"和浪纹线"～"。在西方索引符号系统当中，只存在短横线"-"一种形式，占一个字母的位置。

着眼于最直观的索引外在表现形式，在中文索引当中，一字线"—"和浪纹线"～"都可用于连接3个或以上连续页面地址出处，而三种连接号中浪纹线"～"最容易区分，一字线"—"和短横线"-"极易混淆，加上一字线"—"足够满足使用，因此在索引编纂中不使用短横线"-"。但在西方索引当中，短横线"-"除了作为3个或以上连续页面地址出处的连接，有时还在索引中副标目之前使用，即将主标目之下的副标目前空4个字节，再使用短横线"-"。

示例：armor and weapons
– bow and arrow, 14, 99, 101; greaves, 135, 179

以上示例为连排式索引。从索引编制的角度分析，既然副标目已经折行，且又空了4字节，能很好地与主标目进行区分，层级关系一目了然，却又添加短横线"-"；笔者还在一部西方索引当中见到使用圆圈"○"代替短横线"-"置于副标目之前的情况。这种符号标准不统一且多种符号随意使用，既使索引结构冗杂，一眼望去杂乱无章，不便于使用者检索，又给索引编纂人员增添了工作量，最主要的是短横线"-"置于副标目句首，索引质量并无提高，属于画蛇添足的行为。

其次从字母与汉字的角度分析，英文属于拉丁字母体系，字母中不存在与符号一字线"—"或短横线"-"相似的字母，但中文是表意体系的文字，中文汉字当中的"一"与一字线符号"—"、短横线"-"外形基本一致，稍不留神就会混淆出错。可以试想，如果在中文索引编纂过程中，副标目开头存在汉字"一"，且副标目前又使用了一字线"—"或短横线"-"，检索者定会误检。综上所述，在副标目前添加一字线"—"或短横线"-"是与中文索引不兼容的。

2. 中文索引编排中全角空格的使用

在中西索引编排当中，索引标目与出处项之间的连接存在较大差异。中文索引在标目和出处项之间使用全角空格进行分隔，而在西方索引，索引标目与出处项之间、出处项与出处项之间，全部使用逗号","连接，令人眼花缭乱，究其原因，这是由语言文字特点造成的。以英语为代表的西方语言，在进行书面语言时，各单词之间原本就存在空格，在索引词之间也是相同道理，若索引标目与出处项之间再使用空格进行分隔，则不利于索引编纂软件或人工识别，再加上英语当中并没有顿号"、"这一标点符号，因此西方在索引编纂过程中就一直使用逗号","分隔。

当前中国书后索引编纂主要采用分行式版式而较少采用连排式版式，不只是因为连排式版式中副标目的连接排列较为拥挤，更重要的是随着我国索引符号系统的发展，应用到了西方符号系统中没有的顿号"、"，并且充分运用了全角空格进行分隔，从整体看来，分行式版式相较于连排式版式整体上更加大气、美观，使用者在检索时一目了然，我国丰富完善的标点符号在索引编纂中被充分使用，分工完善、各司其职，被赋予了新的意义。

五、中文书后索引符号系统特色化发展

读者作为索引的使用者，在阅读书籍或文献的过程中，使用索引这一工具进行内容检索，因此说，索引编制的目的正是为了编制出便于读者检索的索引，以提高书籍或文献的使用效率，索引使用率的高低也与索引的质量密切相

关,反过来说,若中国书籍或文献中索引编纂质量长时间处于较低水平,读者使用索引的频率和次数也会越来越低,索引的使用习惯就不会被养成,这与索引编纂的目的背道而驰,最终会形成恶性循环。若站在中国索引事业的高度来说,唯有提高索引质量,才能从根本上推动中国索引的发展,而索引质量的提高,与索引内在的编排方式密切相关,中文索引符号一直承担起连接索引内部结构的任务,索引符号系统的发展也是推动索引编排方式发展的重要一环。

以上对比分析已充分体现出中文和西方索引符号系统的重大差异,足以证明中文索引符号系统的特色化发展:在中西相同标点符号的功用上,西方索引中逗号","的某些功用,在中文索引中可以使用其他符号替代,因此在中文索引中,逗号","本身就不具有某些西方索引符号系统中的功用。例如,顿号"、"在汉语中较为常用,是汉语中独具中国特色的标点符号,用以表示句中较短的并列词语之间的停顿,而在西方,以英语为主的索引体系中没有顿号"、"这一标点符号,句中的并列成分多用逗号","分隔,标点符号系统中的某些规则习惯自然会在索引符号系统中继续使用。在索引编排中,对于出处项之间的分隔,西方也用逗号","分隔。因此中文索引会在出处项之间使用顿号"、",而西方较常使用逗号","进行地址出处项连接。

在中西不同标点符号的使用上,中文索引根据中国标点符号国家标准和符号特色,首先将原本出处项之间使用的逗号","改为顿号"、",且连续出处项之间使用浪纹线"～"或一字线"—"连接,包括索引标目与出处项之间全角空格的使用,中国索引原本照抄西方索引格式,使用逗号","或分号";"进行分隔,之后也改为使用空格的格式,这些款目格式的变化最大程度上坚持了中国特色,便于索引使用者进行检索。从索引的使用角度分析,相同符号在索引中兼备的功能越多,则意味着使用的频次就越高,在索引编纂中就越容易出错,索引使用者在检索时,也就需要更多地使用人脑对相同符号的不同功能进行二次分辨,因此相同符号的多重共用并不能给使用者的检索带来便捷。

六、结论与建议

1. 研究结论

(1) 中国索引符号系统已实现"索引中国化"

通过比较可知,索引符号系统的特色化发展是中国索引款目排版形式大气美观的重要原因,在标点符号的内在特点方面,可充分体现出汉语中标点符号的种类丰富,各司其职,适应性、灵活性都较强。我国的索引符号系统充分与语言文字、国家标准等实际结合,实现了索引符号系统的"中国化"。用索引实践为索引理论打好基础,科学的索引理论对索引实践的发展又起到积极的指导作用,二者相辅相成,推动了中国索引事业的更好发展。

(2) 索引编排方式是推动中国索引事业良性发展的源头

中国索引学会秘书长杨光辉先生曾提到,要培育索引国民思维,国民索引思维的培育不仅在于索引知识的普及,最主要的在于能让国民在阅读书籍的过程中,通过索引的使用,认识到索引的价值,体会到索引的重要性,感受到索引之美。若每一位索引员严格按照我国最新的索引编排方式编纂索引,索引质量自然较好,编排大气美观,索引的使用率客观上就会增加,有助于索引在社会的普及应用,人民大众索引意识的增强,形成索引发展的良性循环。良性发展的源头正源于规范的索引编排方式上,索引员们遵守索引符号系统规范要求,就是推动中国索引事业发展而向前迈出的重要一步。

2. 中国书后索引符号系统未来发展建议

(1) 在索引符号的使用上继续规范统一

我国索引员一直存在"各自为政"的问题,即未对图书内容索引款目中各类标点符号的具体使用形成统一意见,现如今这一问题仍然存在。究其原因,某些索引员在索引符号的使用上不遵守 GB/T 15834-2011《标点符号用法》,也不按照我国的索引符号使用规范编纂索引,索引款目中符号使用中英混杂,不仅不和谐美观,还不便于读者检索,降低索引使用效率。因此,索引员们应自觉遵守规范,在索引符号的使用方面继续规范统一。

(2) 坚持中国索引符号系统的独特性

我国当前索引符号系统中的每一个符号要素,无论是内在结构还是外在呈现形式,只有都符合我国出版要求,都是站在索引使用者的角度编排设计,与规范化的索引款目格式、参照设置、排序方法、排版形式综合起来,才能构成独属于中国的索引编排体系。索引发展的脚步必定不能停滞不前,在未来,我国还要继续坚持索引符号系统的独特性,索引编排发展还要继续立足国情,使之符合我国的出版规范和相关国家标准,继续与国际索引水平并驾齐驱。

(3) 实现索引编纂与编排方式发展的相互促进

索引编纂与索引编排方式的发展是相辅相成的关系,正如中国索引学会副理事长王彦祥教授的观点"在做索引中学索引",对于索引编排方式的思考与相关研究,只有切身经历过索引编纂全流程,才能更便于理解如何编纂出最简洁、美观、便于使用的索引。同时,索引编排方式也有利于推动索引编纂,只有熟练掌握了索引编纂的知识与技巧、将具体编排细节牢记于心,编纂起索引来才能得心应手、事半功倍。因此说,索引编纂与编排方式发展相辅相成,是可以相互促进的,建议有更多的索引员能在做索引中学索引,将规范化的索引符号系统牢记于心,为索引编排方式的发展提出宝贵建议,进一步推动中国索引事业发展。

刘子涵 北京印刷学院2019级出版专业硕士研究生,研究方向为索引编纂与研究。

A Comparative Study on the Symbol System of Back-of-the-book Index between China and the West

Liu Zihan

Abstract: This paper adopts literature research method, empirical research method and comparative analysis method to compare the symbol system of back-of-book index between China and the West. Firstly, the state-of-art index symbol system was introduced, and the development and evolution of the index symbol system between China and the West was clarified. Secondly, the four same symbols including commas, periods, brackets, and semicolons, and the other different index symbols used in both indexes were compared and analyzed. Based on the above comparative study, the development of the back-of-book index notation system in China was elaborated. The conclusion is that the index symbol system in China has realized index Sinicization. It is the source of China's indexing industry promotion. Further suggestions are: to continue to standardize and unify the use of index symbols, to adhere to the uniqueness of China's index symbol system, and to achieve mutual promotion of the development of index compilation and compilation methods.

Keywords: Chinese and Western Index; Back-of-the-book Index; Symbol System; Index Symbol Comparison

智能时代索引
技术发展探索

主动运用智能化手段提升索引工作效能
——智能时代索引编制技术的回顾与发展探索

王兰成

(国防大学政治学院军事信息与网络舆论系 上海 200433)

摘 要 索引编制技术从探索到研究再到应用，发展迅速。回顾通用数据库索引排序系统和压缩索引检索系统的设计，总结从自动化、信息化到智能化时期发表的数据库索引理论与实践成果，创新人工智能自动索引编制技术的研究。智能时代主动运用智能化手段提升索引工作效能的机遇和挑战愈加明显。

关键词 索引编制 数据库 人工智能 信息技术

一、引 言

进入智能时代，主动运用智能化手段提升索引工作效能的机遇和挑战更加明显。索引工作现代化的实质就是索引编制和使用的计算机化，用计算机编制索引是索引技术发展的高级阶段，用计算机生产的索引产品有多种载体形式，其中以数据库索引、印刷型索引为多见。数据库索引因具有许多新特点而发展迅速，数量已远超印刷型索引。中国索引学会积极倡导索引与数据库的融合，早期张琪玉教授提出"现代的索引就是数据库"重要论断时，笔者正从事我军文献自动化管理之计算机数据库应用的教学科研，在张老师启发下率先发表了相关成果。[1][2] 许多传统索引已被网上文献数据库取代，纷纷上网的文献数据库正在占据索引事业的主要地位，是索引事业现代化、网络化、信息化乃至智能化的标志和成果，从它们的收录编制规模和检索利用功能看，已大大超过了传统索引而成为我国索引事业的主要部分。本文首先回顾一种多功能多途径

---

[1] 王兰成，魏尚马. 通用多功能索引数据排序系统的研制 [J]. 情报学报，1995 (1)：33-39.

[2] 王兰成. 索引数据压缩和检索系统的研制 [J]. 现代图书情报技术，1995 (5)：7-9.

的索引排序系统的设计，以及基于索引数据压缩方法研究的一个数据库系统索引检索应用服务；然后总结2015年以来发表的数据库索引理论与实践方面的一系列研究成果；最后围绕承担的学会重点课题研究人工智能自动索引编制技术，展望智能时代索引编制技术的发展。

二、数据库系统索引组织排序技术及其应用

1995年，笔者研制了一款通用索引数据排序系统。它是一个多功能多途径的索引排序系统，可对文献数据库的任意字符型字段进行多种方式索引，每种索引方式又含多个汉字属性项。多功能是指汉字的多种属性项的组合，系统本身提供的汉字库中有11种汉字属性：汉字名、拼音码、四角码、区位码、国标码、笔画数、横笔数、部首序号、部首画数、起末笔形、首外笔形，用户还可以根据实际需要增加一些新的汉字属性项。多途径是指多种字典索引方式，系统本身固化了四种索引方式，即拼音索引、笔画索引、部首索引和四角索引。同样，用户也可以扩充新的字典索引方式，以便对文献数据库建立自己方式的索引。

1. 索引排序系统研究背景与功能

当时计算机对数据的索引排序有局限性，只能对数据按拼音方式进行索引排序，而且最多精确到汉字的一级字库，二级字库则是按部首顺序索引排序的。另一方面，有的人拼音知识少，甚至不会用，而对有的编码方式却比较擅长。因此，有必要设计一个集多种属性项和索引方式于一体的通用索引排序系统，以满足信息检索查询之需。系统对字段信息按用户选定的某一种字典索引方式进行索引排序，并可生成多种字典索引方式的首字目录索引。通过首字目录的检索找到相应的页码数，再根据页码数找到自己要找的信息内容，并附通栏和双栏两种通用打印格式。这样既解决了计算机索引方式的单一性，又满足了不同用户不同编码方式检索的要求。

该系统功能分文献索引、索引管理、字典管理、系统维护和系统退出5个部分。①建立文献索引：对文献数据库的任意字符型字段按选定的字典索引方式建立索引；②建立首字索引：一方面在建立文献索引的同时建立相应索引方式的首字目录索引，另一方面可根据实际情况建立其他字典索引方式的首字索引，这样就形成多种目录形式对一种正文的体系结构；③首字显示打印：能够

按用户输入的汉字编码显示和打印出有关此编码的所有汉字及每个汉字在通栏、双栏两种打印格式中的页码数，亦即提供不同的检索入口，为正文查找提供依据；④正文显示打印：通过首字目录的查找定位，所需内容能在屏幕上显示或在打印设备上打印出来；⑤字典及索引的管理：字典是整个系统运行的基础，索引的建立依赖字典的管理，文献索引离不开索引管理和字典管理，提供对汉字属性字典和字典索引方式修改管理的功能以实现多功能多途径索引排序；⑥系统维护：系统口令设置、使用说明等。

2. 索引排序系统的索引组织设计

(1) 数据库设计

系统主要数据库结构为 WJK.DBF 和 SYK.DBF。①WJK 定义：字段名（字段类型，字段长度）是 KM(C,42) + ZD(C,8) + SY(C,8)，其中 KM 是索引数据库名，ZD 是数据库的索引字段名，SY 是字典索引方式名；②SYK 定义：字段名（字段类型，字段长度）是 BZV(C,3) + SYM(C,8) + SYX(C,40)，其中 SYM 项为字段索引方式名称，SYX 为索引方式的属性项组合。系统还定义：①字典索引库及其汉字索引文件名称的定义：两者主文件名都为字典索引方式名，字典索引库的扩展名为 .S，字典索引库关于汉字项索引文件的扩展名为 .I，字典库结构：字段名（字段类型，字段长度）是 H–Z(C,2) + Q–W(C,4) + B–M(动态) + Y–S(N,2)，其中 H–Z 为汉字名项，Q–W 为区位号项，Y–S 为屏标志项即下次显示时汉字属性项的代码，B–M 是指字典索引方式的首汉字属性项（类型、长度同字典库）；②文献索引简库及各类首字索引库名称的定义：为了减少系统开销，系统在对文献库建立索引时并不产生新的数据库，只是产生一个代码库，即把索引后的各记录在原库中的记录号存放起来，显示打印时先取出简库中的记录号，接着到原库中取出相应记录，这样大大节省了系统所占空间。为了生成索引排序后的数据库，系统在维护中增设了重建文件这一功能，以满足用户需要索引后新库进行他用的目的，文献简库的取名是根据该索引在索引记录库，即 WJK.DBF 中的位置而定，主文件名为记录号，扩展名为 .W，其首字索引库文件名同样为记录号，扩展名为首字字典索引方式的代号。

例如，WJK.DBF 记录：{(KM,ZD,SY)} = {(C:\WXK.DBF,TM,拼音索引)(C:\WXK.DBF,TM,部首索引)(C:\WXK.DBF,ZY,拼音索引)}。那么 WXK.DBF 关于 TM 字段的拼音索引的简库名为 1.W，其首字拼音目录索引的

文件名为1.1（注拼音索引代码为1），首字部首目录索引的文件名为1.2。同理，WXK.DBF关于ZY字段的拼音索引的简库名为3.W，其首字拼音目录索引的文件名为3.1，首字部首目录索引的文件名为3.2，以此类推。

(2) 排序设计

系统对数据库字符型字段排序索引，采用逐个比较的方法，即从第一个汉字开始一直比较到最后一个汉字为止。具体为：取数据库中第一条记录，把需索引字段中的汉字逐个取出来，替换成每个汉字在选定的字典索引方式中的顺序号，即该汉字在字典索引库中的记录号，字母数字同样赋予一定的顺序号，直至替换完数据库中的所有记录；然后对替换后的字段进行排序，生成一个只含记录号和两个屏标志的索引简库，即完成索引排序任务。

索引简库库结构：JLH(N,8) + YS1(N,2) + YS2(N,2)，其中JLH为记录在原数据库中的记录号，YS1为通栏显示时的屏标志，YS2为双栏显示时的屏标志。

首字排序的两种方法：①在建立文献索引同时建立首字索引：取索引后数据库的第一条记录的首汉字、字母或数字，如果首字索引库中没有此汉字、字母或数字，则增加一个首字，否则取下一条记录的第一个汉字、字母或数字，以此类推直至取完数据库中的所有记录；②建立其他字典索引方式的首字索引：把已建立的首字索引库中记录的每个汉字换成当前字典索引方式中汉字的顺序号，即该汉字在字典索引库中的记录号，字母、数字同样赋予顺序号，然后重新排序即生成新的字典索引方式的首字目录索引库。

首字目录索引库结构：SZX(C,2) + BMX(动态) + YSV(N,1)，其中SZX为首汉字名称，BMX为字典索引方式，首属性项该汉字的代码（类型和长度同属性字典库），YSV为首字目录显示时的屏标志。

(3) 排版设计

数据库排版系统设通栏和双栏两种打印格式，并对数据库中的字段数据进行压缩打印，即过滤掉字段前后所有空格，每相邻两个字段之间只空两个汉字间距，通栏打印换行时不作退格处理，但记录间空一行。双栏打印换行时退四个空格，但记录间不空行。为了做到打印的标准化和规范化，同时用户可任意选定打印页码，即从任意一页开始打印。系统在建立文献索引的同时进行索引打印排版。从索引简库的第一条记录开始，取出其在原库中的记录号，接着到原库中取出记录内容，计算出该条记录通栏打印时占用的行数，然后计算下一条记录，并累加行数。如果行数大于或等于通栏打印行数的一半时，在索引简库中该条记录的YS1处记下下一次显示时记录开始行数，即下一次显示时从该记录的第几行开始，如此下去，直至统计完数据库中所有记录，双栏打印时排版原理同通栏，只是在YS2处记下下一次显示的行数而已，这里不再重述。

系统在建立文献索引的同时建立同种字典索引方式的首汉字索引，并进行打印格式排版。排版方法是：从首字索引库的第一条记录开始，每条记录占一行，不同汉字编码同样占一行，然后第二条记录，并累加行数。如果行数等于打印行数的一半时，在下一个汉字的YSV上作个标志；如果下一个汉字的编码和当前汉字的编码项相同，则置为1，否则置为0。以此类推，直至库的最后一条记录。

3. 索引排序系统的实现

（1）属性字典管理的实现

属性字典管理是对属性的增加、修改和数据的编辑、输出。增加的属性项名为8个字符且不能重复，长度为8，文本类型为字符型或数值型。数据编辑时用的编码规则是：汉语拼音以数字（1，2，3，4，5）分别表示字的声调（阴平、阳平、上声、去声、轻声），多音字只用其常用音，汉字笔形按汉字笔顺的笔形（横、坚、撇、淖、折）以数值（1，2，3，4，5）表示，首外笔形按汉字部首外的首笔至末笔顺序依次赋值。

（2）汉字索引管理的实现

汉字索引管理有索引扩充、索引修改、索引显示和打印功能。扩充的索引方式名不能与已有的重复，依次按索引先后顺序输入属性项的代号，要求代号数最多5个，扩充的索引方式总数不超过6个。修改索引仅对扩充方式的索引进行修改，修改完毕后系统自动进行数据整理。若索引方式名改变，则只修改相应的字典索引文件名信息。若索引项组成发生变化，则要删除相应的字典索引文件。有关此字典索引的文献索引及首字目录索引需重新生成才能保证准确。

（3）文献索引的实现

此模块是本系统的核心，选择后屏幕上弹出一个下拉菜单供用户选择需索引的数据库，然后出现选择库字段列表，用户可选择一个字符型字段进行索引，最后是选择字典索引方式，全部选择完后即开始建立文献索引。如果此数据库的这个字段已按选定的索引方式建过索引，将提示用户是否重建。否则系统生成字典索引文件并进行索引打印格式排版，然后再对文献数据库建立文献索引，并对索引后的数据库进行两种打印格式排版。同时建立此字典索引方式的首字目录索引，并进行首字目录打印排版。

(4) 首字索引的实现

首字索引是指对已建立索引的数据库建立其他字典索引方式的首字目录索引，以便形成不同的首字目录供用户检索查询。首字索引先选择索引种类，然后选择新的字典索引方式。建立时如果选择的字典索引文件没有，则先产生字典索引文件，并进行字典索引打印格式排版，然后才进行首字目录索引，同时进行首字目录索引打印格式排版。首字显示或打印是指在屏幕上或打印机上输出首字目录索引，选择数据库、字段、索引方式名、首字目录的索引方式，输入完显示或打印范围后即开始输出首字目录索引的有关内容。

4. 索引排序系统的特点和改进

系统有三大特点。一是通用性强。一方面，系统对软硬件的要求不高，高低档机均可以用，并且可以直接在嵌入式汉字操作系统下运行，不需要特别的数据库管理系统支持；另一方面，可对通用数据库的任意字符型字段进行任意方式的索引排序，也就是说从环境到内容都做到通用。二是多功能、多途径。可对字典中的汉字属性项进行任意组合，形成不同的索引方式，还可以增加汉字属性项和扩充新的索引方式（即系统的可扩充性），从而对索引数据进行各种方式的索引排序。三是界面友好。系统采用当时流行的窗口和菜单方式，多重窗口、多层菜单连用，界面友好，使用方便。

系统还有待完善。比如，完善后可以做到对标准的和非标准的文本数据文件的处理，即处理用户自定义的有规律性的文本数据文件；又如，由于当时系统设计采用的是非汉化的数据库管理系统，因此不能处理中文字段，当时用一个字段转换库来加以解决。另外，还可以在索引和字典管理中加设属性删除、索引删除以及汉字增加删除功能。

三、数据库系统索引检索服务技术及其应用

笔者在20世纪末研究索引数据压缩技术的基础上，还研制了一种数据库索引检索系统。该系统可以对任意数据库选定范围内的长字符型字段，选取汉字特征抽取法等多种方法进行有效压缩，并以压缩字段实现准确地快检数据

库，输出各种压缩方案、检索结果及结论信息，以备查选优。

1. 索引压缩检索研究背景与功能

为满足用户存贮大量信息并实现检索时的快速响应，经常需要寻取高效的文件组织。一个系统的功能再强，而存贮的信息极少，可以说是毫无实用价值的；一个系统存贮的信息量很大，而检索的速度太慢，也是用户难以接受的。解决后者问题，则常需要建立某些字段的索引文件。文献数据库有时要对长字段建索引文件，开销极大，甚至索引文件大小会超出主库大小。下面具体以一个文献数据库作理论和实验两方面的分析：该文献库包括文献名、作者名、登录号等字段，设存放了 1 000 条记录，对长度为 40 字节的题名建索引文件，理论上认为整个索引文件的存贮空间利用率约为 50%，即 KEY 字段索引文件需占存贮空间 2 * (key 长度) * (记录总数)，则题名索引文件为 2 * 40 * 1 000 = 80k，假若用汉字特征抽取 4 位码长建压缩索引，增加主库的一个压缩码占用 4 * 1 000 = 4k 空间，压缩索引文件大小 2 * 4 * 1 000 = 8k，则压缩索引可节省 (80 - 12) / 80 * 100% = 85%。实验中对压缩前的索引题名文件测得 57 344B，而压缩后的索引文件（无重码）为 10 240B，则节省了 82.4% 空间。两种分析基本吻合，可以得到高效的压缩索引文件。系统能对任何数据库的字符型字段进行压缩，压缩可以选定记录范围、压缩方式、压缩码长、压缩首位和取码间隔，其中压缩方式有汉字特征抽取法、国标码抽取法、区位码抽取法、四角号码抽取法、拼音码抽取法、笔形码抽取法。该系统使用多种方式对长字段进行压缩，使所建索引文件开销尽量小，且不影响该字段的查准，最优方案可由用户来选定。

2. 索引压缩检索系统设计

（1）数据库设计

对某一字段 KEY 建压缩索引，系统的主数据库为压缩库 C& (KEY). DBF 和压缩索引文件 IC& (KEY). IDX，其和原始库的关系是：

IC&(KEY). IDX   C&(KEY). DBF   (DB). DBF

（压缩码，指针）→（压缩码，记录号）→（(KEY)，…）。其他辅助库从略。

（2）压缩索引功能设计

索引生成是按选项设置的信息建立压缩索引，系统自动建立关于压缩字段名的压缩库 C&(KEY). DBF，打开源数据库 &NAME，在记录范围内取出一条记录的 K 长度 C 型的压缩字段放入一字串中，滤去串前串后空格，自动扫描打出非汉字符号，如其占奇数位，则在其中加入一空字节，使之为偶数，则所有汉字起始位为奇数，然后按取码首位 k1，间隔 k2，算出取码的位置 $L = k1 + i*(k2+1) (i=0,1,\cdots,k-1)$。如此位奇数，取 2 字节汉字，否则退后 2 位再取，直到取得完整汉字。如压缩方式为汉字特征抽取，则取所抽的 k 个汉字的前半个字符组成压缩码；如为其他抽取法，则依法为所抽取汉字在汉字属性库中找到对应的目标码，取第 2 个字符组成压缩码。将此码和记录号一起添加到 C&(KEY).DBF，并对其建索引文件 IC&(KEY).IDX。

(3) 索引检索功能设计

当用户确定检索已建压缩索引的数据时，系统将此压缩索引与主库虚联，当用全字段输入时，自动取出压缩码在压缩索引中迅速匹配查找，找到则取出主库原字段内容，送到检索结果库中；当用简便输入（可高效实现查重）时，系统用汉字判别法自动按对应压缩方式生成相应压缩码再作处理。索引检索保证结果准确，即当小概率重压缩码出现时，系统进行回溯比较，避免不一致出现。结果输出有显示和打印的双栏或通栏方式选择，通栏方式为每行 40 个汉字，共 40 行，附有标准格式；双栏方式为记录间空一行，每行 18 个汉字，在共计 80 行的数组中运算。参见文章的附录。统计处理功能从略。

3. 索引压缩检索系统特点和完善

运用该系统对 7 000 条军事文献库和 5 000 条图书情报文献库数据进行索引压缩试验，节省空间在 80% 以上，重码率极低。系统有以下特点：①压缩有重码时，不会影响检索的查准；②压缩编码用于查重可缩短查找比较时间；简便检索词输入的检索用于查重时，可减少大量的汉字输入量；③为用户提供了详尽的检索和使用压缩字段的方法（机内报告），便于用户在采用压缩后仍可编程实现对压缩字段的检索；④用户一般不用键入任何命令，只要会菜单操作即可完成系统各种功能，界面友好灵活，系统装有热键以帮助及提示信息；⑤汉字特征抽取法的思想，能产生任何数据库的模拟数据，从而加速应用软件的开发；⑥系统是通用的数据压缩索引软件，对任何长度字段的压缩均有实际意义。

受当时技术条件所限，该系统在以下的方面还可做完善工作：①受西文 DBMS 限制数据库须是英文字段名，若是中文字段名运用输入输出文种转换方法；②系统对数据库索引字段实际数据长度相差不太悬殊的长字段压缩更为有效；③当用非汉字特征抽取法应缩方式时，需加载相应的汉字属性字典，会占一定容量。

四、新时代智能索引技术研究的成果与展望

近年来，索引工作迎来了互联网"＋"、大数据与人工智能的新时代。笔者所带研究团队从 2015 年起开展了索引相关理论方法和技术应用两个方向的研究。每年参加中国索引学会年会，每年向学会年会投稿，每年在大会上宣读论文，累计已经发表了 18 篇学术论文，平均每届 3 篇，其中索引相关理论方法有 10 篇，技术应用有 8 篇。在 2015 年至 2020 年期间，国防大学政治学院军事信息系的智能索引编制技术研究团队，在《中国索引》及学会年会上发表了一批新的研究成果，涉及研究内容的重点关键词包括：数据库索引、人工智能、大数据、知识图谱、网络资源索引、信息计量学、索引联盟峰会网站、智能索引标引、智能索引检索、自动索引编制等。

1. 2015 年中国索引学会年会暨学术研讨会（四川大学）

发表《近十年我国融合数据库索引研究成果的知识图谱分析》。[①] 借鉴和发掘索引与数据库事业的研究成果，提高各种媒体信息资源的整合和利用质量。选取 CNKI 源数据库并以数据库索引作主题检索，通过近十年国内外融合数据库索引研究的发文量、词频分析、共词网络等进行知识图谱分析，利用 CiteSpa 呈现数据库索引在各学科领域的进展，不仅表明我国索引与数据库的学术研究紧密相关、成果丰富，而且这种交叉研究推动和促进了多门学科中数据库索引工作的迅速发展。

2. 2016 年中国索引学会年会暨学术研讨会（贵州民族大学）

发表《网络资源索引质量评价及结构化数据索引研究》。[②] 在论述索引数据库质量评价标准的研究现状基础上，借鉴网络信息检索评价指标，提出网络资源索引数据质量的用户评价指标，给出了索全率和索准率的计算式，基于数据库索引技术探研了结构化网络资源的索引，最后阐述索引数据库的规模和内

[①] 王兰成，黄永勤. 近十年我国融合数据库索引研究成果的知识图谱分析 [M] //《中国索引》编辑部. 中国索引（第一辑）. 上海：复旦大学出版社，2016：194－205.

[②] 王兰成. 网络资源索引质量评价及结构化数据索引研究 [M] //《中国索引》编辑部. 中国索引（第二辑）. 上海：复旦大学出版社，2017：156－164.

容、种类和结构、标引深度和准确率、更新频率指标,希望对改进和优化网络信息检索质量有应用价值。

发表《近十年国内索引成果信息分析及技术热点研究》。① 采用信息计量学的方法,从文献数量的年度分布、被引量和下载量、作者及机构分布等方面对国内索引方法与技术研究的文献进行统计分析,利用 Citespace 4.0 软件绘制研究热点聚类图。结果表明:专门研究索引方法与技术的研究者比较少,稳定的核心研究群体尚未形成;核心研究人员比较集中于硕士、博士群体。该领域研究主要集中于空间索引、全文检索、xml 索引、时空数据库、位置敏感哈希、时态索引等技术热点,关于应用与服务相关的研究目前还比较欠缺,大数据时代更需关注。还发表《当代中国索引学的开拓者和引路人》。②

3. 2017 年中国索引学会年会暨学术研讨会(浙江绍兴)

发表《建构 2018 年国际索引联盟峰会网站的思考》。③ 2018 年国际索引联盟峰会是我国国际学术交流的重要活动之一,分析国际学术会议网站的发展现状,有必要建设一个满足索引学会管理需求、可定制化的学术会议管理系统。峰会网站应在分析国际学术会议网站现状的基础上,加强学术性、系统性、服务性、交互性方面研究,构建满足管理需求可定制化的学术会议管理系统。从用户角色分析、网站功能需求和网站内容规划方面提出网站需求,从功能设计原则、风格和栏目设置方面提出网站的设计思路。国际索引联盟峰会是当前中国索引学会的一项重要工作。

4. "发展中的世界索引事业"国际学术研讨会暨 2018 年中国索引学会年会(复旦大学)

发表《张琪玉教授关于数据库索引的理论与实践创新之研究》。④ 张琪玉教授为"发展中的世界索引事业"作出了巨大的贡献,特别是对中国当代数

---

① 余遵成,高宾,王兰成. 近十年国内索引成果信息分析及技术热点研究 [M] // 《中国索引》编辑部. 中国索引(第三辑). 上海:复旦大学出版社,2017:46-60.
② 张琪玉,王兰成. 当代中国索引学的开拓者和引路人 [M] // 《中国索引》编辑部. 中国索引(第三辑). 上海:复旦大学出版社,2017:2-10.
③ 王兰成,张思龙. 建构 2018 年国际索引联盟峰会网站的思考 [M] // 《中国索引》编辑部. 中国索引(第四辑). 上海:复旦大学出版社,2018:41-50.
④ 王兰成. 张琪玉教授关于数据库索引的理论与实践创新之研究 [M] // 《中国索引》编辑部. 中国索引(第五辑). 上海:复旦大学出版社,2018:195-203.

据库索引研究取得了卓越的成就。在数据库索引理论方法层面，阐述索引工作现代化实质是索引编制和使用的计算机化、数据库在检索功能上相当于一个传统的索引体系、现代索引工作者即数据库建造者等，极大丰富了索引学的内容并推动了索引学发展；在数据库索引技术应用层面，阐述功能设计要充分有效地挖掘被收录文献的使用价值，数据库是索引系统发展过程中更为高级更为先进的形式，信息技术引领下数据库索引编制研究将继续进步等，为我国索引学研究指明了方向，具有重大的现实指导意义。知识图谱验证了"现代的索引就是数据库"著名论断的完备性，充分表明了大数据时代中国索引与数据库的学术研究紧密相关并且成果丰富。

还发表《试论万事万物皆可索引》①，《网络大数据条件下索引数据库技术发展初探》②，《索引编制预处理研究——以"中国人民解放军政治工作条例"知识图谱分析为例》③，《基于知识图谱的国内近十年索引研究可视化分析》④，《基于T-reap理论的关系数据库索引构建》⑤ 等。

5. 2019年中国索引学会年会暨学术研讨会（西华大学）

发表《基于Python设计的索引智能标引与检索研究——以〈张琪玉索引学文集〉和〈中国索引（第一辑）〉为例》。⑥ 索引工作迎来了互联网"+"、大数据与人工智能的新时代，利用Python技术研发可以更准确、规范和快捷地实现对海量索引信息的整序、分类、检索和挖掘。基于Python设计的索引词标引和检索是新一代索引编制系统的重要功能，运用知识图谱工具选取

---

① 邹鼎杰. 试论万事万物皆可索引 [M] //《中国索引》编辑部. 中国索引（第六辑）. 上海：复旦大学出版社, 2019：131-137.

② 陈菊, 王兰成. 网络大数据条件下索引数据库技术发展初探 [M] //《中国索引》编辑部. 中国索引（第六辑）. 上海：复旦大学出版社, 2019：211-216.

③ 吴彬, 王兰成, 张思龙. 索引编制预处理研究——以《中国人民解放军政治工作条例》知识图谱分析为例 [M] //《中国索引》编辑部. 中国索引（第六辑）. 上海：复旦大学出版社, 2019：234-244.

④ 张思龙, 王兰成, 高宾. 基于知识图谱的国内近十年索引研究可视化分析 [M] //《中国索引》编辑部. 中国索引（第五辑）. 上海：复旦大学出版社, 2018：152-164.

⑤ 高宾, 张思龙. 基于T-reap理论的关系数据库索引构建 [M] //《中国索引》编辑部. 中国索引（第五辑）. 上海：复旦大学出版社, 2018：217-225.

⑥ 王兰成. 基于Python设计的索引智能标引与检索研究——以《张琪玉索引学文集》和《中国索引（第一辑）》为例 [M] //《中国索引》编辑部. 中国索引（第七辑）. 上海：复旦大学出版社, 2020：2-15.

《张琪玉索引学文集》和《中国索引（第一辑）》为特定文本，智能分析其中热词及主题演变规律，并以高频词检索智能挖掘索引位置等信息。结论是文本分析有助于鉴别出热门词语和潜在主题的变化，图谱分析有助于得出索引研究在某个时期的发展路径，利用 Python 能够实现深入而快捷的索引智能标引与检索，其研究成果为"地方志索引"和"研究生学位论文索引"等智能化编制系统的设计打下基础。

还发表《基于知识图谱的智能索引技术研究》[1]，《基于 Apriori 数据挖掘算法的网络舆情信息索引研究》[2]，《基于〈解放军报〉"八一社论"的共现图谱分析及索引编制研究》[3]，《基于词频与改进余弦相似算法的主题挖掘及其在编制中的应用研究》[4] 等。

6. 2020 年中国索引学会年会暨学术研讨会（军事科学院，网络会议，2 篇）

发表《面向阅读体验的电子文献索引编制研究》[5] 和《基于人工智能的自动索引编制技术研究》[6] 的论文。上述论文是中国索引学会在研重点课题的阶段成果。人工智能是当前的热门研究领域，在其支持下自然语言处理、信息组织和检索等技术获得了重要突破。中国索引学界一直致力于索引编制的精确化、自动化和智能化研究，分析人工智能与自动索引编制的研究现状，提出基于人工智能自动索引编制的可行性，探研面向图书内容索引设计的自动索引编制方案，讨论自动索引编制实施的重难点问题。通过研究基于人工智能的自动索引编制，以期对各类索引编制辅助软件、电子索引编制技术等相关研究工作提供参考。

---

[1] 张思龙，蒋瑛，王兰成. 基于知识图谱的智能索引技术研究 [M] //《中国索引》编辑部. 中国索引（第七辑）. 上海：复旦大学出版社，2020：16-24.

[2] 高宾，王兰成. 基于 Apriori 数据挖掘算法的网络舆情信息索引研究 [M] //《中国索引》编辑部. 中国索引（第七辑）. 上海：复旦大学出版社，2020：34-41.

[3] 吴彬，王兰成，丁晓阳. 基于《解放军报》"八一社论"的共现图谱分析及索引编制研究 [M] //《中国索引》编辑部. 中国索引（第七辑）. 上海：复旦大学出版社，2020：42-52.

[4] 丁晓阳等. 基于词频与改进余弦相似算法的主题挖掘及其在编制中的应用研究 [M] //《中国索引》编辑部. 中国索引（第七辑）. 上海：复旦大学出版社，2020：42-52.

[5] 许和旭，王兰成，吕宏超. 面向阅读体验的电子文献索引编制研究 [M] //《中国索引》编辑部. 中国索引（第九辑）. 北京：中央编译出版社，2021：101-109.

[6] 王兰成，张思龙，蒋瑛，许和旭. 基于人工智能的自动索引编制技术研究 [M] //《中国索引》编辑部. 中国索引（第九辑）. 北京：中央编译出版社，2021：93-100.

五、努力运用智能化手段提升索引工作效能

在知识图谱、人工智能、大数据和机器学习等技术推动下,当前智能索引编制发展到了一个新的阶段。围绕承担的学会首批立项重点课题《基于人工智能的自动索引编制研究》(编号CSI20A02),其技术研究存在以下几个关键:一是基于索引语料和专业文献的索引主题知识图谱构建。知识图谱是近几年比较前沿的知识组织和语义网技术,其提出就是为了解决搜索引擎语义分析问题,对索引编制中标目语义分析具有适应性;二是基于索引知识库的索引设计智能辅助策略。目前的索引设计主要以人工方式通过分析文献、拟定方案、试标引、调整方案的过程实行,未来将通过标引规则库、方案库,以及自动化试标引和测试评估,提出可行的最优索引设计方案;三是基于知识库和机器学习的索引标目智能选择、分组和参照方法。索引语料库有丰富的语义积累,机器学习方法可以快速分析、发现语义关联的规律,提供智能化的索引标目选择、分组和参照;四是基于人工智能的索引多格式存取和检索服务。需要研究基于人工智能的索引多格式保存和检索服务,探寻一种统一的能够进行格式互转的索引服务,以便实现各种场景的检索需求。为此,组织撰写了一组以"智能时代索引编制技术发展探索"为主题的论文集,参加2021年学术年会的征文。

1. 主动运用智能化手段提升索引工作效能——智能时代数据库索引技术的回顾与发展探索

回顾了文献索引编制,研究计算机数据库系统索引组织技术的应用——智能排序,研究计算机数据库系统索引服务技术的应用——智能检索。随着智能时代非结构化数据的爆发式增长,索引技术也迎来了新的挑战与机遇。一方面,海量非结构化数据的产生为索引技术带来了新的应用场景,如智慧图书馆、在线画册、电子食谱等,为传统的索引定义、标准、技术手段带来了新的挑战;另一方面,前沿技术如深度学习、知识图谱、智能数据库、虚拟现实技术等可以提升索引效率,驱动智能索引技术的发展。通过探讨前沿技术与索引工作的结合,厘清智能时代索引技术发展的脉络。

2. *军事文献语义大数据索引构建应用研究*

军事文献丰富多样,但其信息索引服务体系还存在资源挖掘整合不足,缺

少有效的语义信息服务等问题。综合运用智能化语义分析技术，为军事文献自动构建语义索引将有助于提升数据库信息服务质量，为军事文献自动配备语义索引有助于提升军事文献的实用性、升级军事文献信息服务体系。结合军事文献著录标准规范，抽取文献资源中的索引项，给出军事文献智能语义索引自动生成的设计思路和实现方法，多维度自动挖掘军事文献中的知识及其关联，从而提升军事文献语义检索的性能。

3. 基于知识图谱的索引知识库构建研究

知识图谱是当前较为前沿的知识组织工具，基于此构建索引知识库是实现自动索引编制的重要环节。分析和总结索引知识库的功能，结合知识图谱构建技术，将索引知识库构建划分为"本体构建""知识标注""信息补充和抽取"等三个步骤。研究成果对学位论文、历史文献等各类知识索引自动编制研究工作提供参考。

4. 基于BERT提高计算机自动赋词准确性研究

国家标准《学位论文内容索引编制规则》有望近期正式颁布实施，这标志着学位论文内容索引即将实现从"要素上进入论文"到"实质性进入论文"的转变，而人名、地名、机构名等专名索引作为学位论文索引的重要组成，研究其自动编制有重要的意义。自动标引是计算机生成文献索引的关键环节，对于提升文献索引质量有着非常重要的意义，为进一步提升计算机自动标引的准确性，将BERT预训练语言模型应用到标引词的自动抽取中，结合位置特征、词语长度等不同的权重因素，对标引词进行抽取获得了较好的结果。

5. 基于深度学习的智能索引技术研究

随着互联网非结构化数据的爆发式增长，智能索引技术受到更多关注。近年来，深度学习在文本语言处理、语义理解、非结构化数据处理等领域取得了巨大成效。围绕深度学习在智能索引技术中的潜在应用，结合深度学习对信息处理及检索的优势，设计深度学习对索引技术的实现，并探讨基于深度学习技术智能索引的发展方向。

随着信息技术的飞速发展，人类步入智能时代。习近平总书记在首届数字中国建设峰会上指出："当今世界，信息技术创新日新月异，数字化、网络化、智能化深入发展，在推动经济社会发展、促进国家治理体系和治理能力现代化、满足人民日益增长的美好生活需要方面发挥着越来越重要的作用。"近期，本领域的研究工作主要有以下5项：一是逐步深入中国索引学会赋予的

《电子索引编制规则》预研课题的开展,二是顺利完成中国索引学会 2020 年重点课题"基于人工智能的自动索引编制研究"的结项,三是设计研制一款基于深度学习的智能索引工具 IndexAI 为相关索引智能化工作提供参考,四是做好"学位论文索引标准"的推广和应用工作,五是开展国家社科基金索引学会项目《中国共产党历史知识图谱与知识索引构建研究》的部分研究工作。笔者将继续探索研究数据库索引信息组织与利用的方法,开展索引编制的精确化、自动化和智能化的技术研究,主动运用智能化手段以不断提升索引工作的效能。

王兰成 男,国防大学政治学院军事信息与网络舆论系教授,博士研究生导师,博士后合作导师,第六届中国索引学会常务理事。研究方向:智能索引,情报分析,网络舆情,计算机信息管理。

Actively Using Intelligent Means to Improve the Efficiency of Index Work
— Review and Development Exploration of Indexing Technology in Intelligent Era

Wang Lancheng

Abstract: Database index has developed rapidly from exploration to research and then to application. The designs of general database index sorting system and compressed index retrieval system have been reviewed. The theoretical and practical achievements of database index published from automation, informatization to intelligence have been summarized. The research of automatic indexing technology based on artificial intelligence has been innovated. In the era of intelligence, the opportunities and challenges of actively using intelligent means to improve the efficiency of index work are becoming more and more obvious.

Keywords: Indexing; Database; Artificial Intelligence; Information Technology

基于 BERT 模型的学位论文专名索引自动编制研究*

许和旭　王兰成　张思龙

（国防大学政治学院　上海　200433）

摘　要　学位论文专名索引包括人名索引、地名索引、机构名索引以及其他索引等，人名、地名、机构等均属于命名实体识别范畴。专名索引自动编制可以通过收集合适的学位论文语料库，结合当前自然语言处理中的 BERT 语言模型，构建专门的学位论文专门标引模型，抽取论文中的专名作为索引标目，再利用 PDF 文档的特性，从论文中抽取索引地址。最后利用当前人工智能领域常用的 Python 语言，实现学位论文专名索引的自动编制。

关键词　专名索引　自动标引　学位论文　BERT 模型

2020 年，《学位论文内容索引编制规则》（征求意见稿）已经公布，现已进入审批阶段，即将正式颁布实施，这标志着学位论文内容索引即将实现从"要素上进入论文"到"实质性进入论文"的转变，学位论文索引将会成为论文的基本组成部分。专名索引是学位论文索引的重要组成，研究专名索引的自动编制具有重要的意义。自动标引是计算机生成文献索引的关键环节，对于提升文献索引质量有着非常重要的意义，为进一步提升计算机对专名索引自动标引的准确性，通过分析研究当前中文自动标引技术的主流方法，发现在有专门学位论文语料的基础上，使用 BERT 语言模型结合双向神经网络以及条件随机场训练专名标引模型，可以较好地提升专名标引的精度。

---

* 基金项目：中国索引学会 2020 年度重点课题"基于人工智能的自动索引编制研究"（项目编号：CSI20A02）、中国索引学会《电子索引编制规则》预研课题。

一、BERT 语言模型概述

2017 年，谷歌发布的《Attention is all you need》[1] 中提出了一种全新语言建模技术，它没有采用固定嵌入方式，而是利用双向 LSTM 观察整个句子，然后给每个字符分配一个嵌入。该文提出只使用 Attention 机制进行机器翻译任务，摒弃了 CNN、RNN 等网络结构，取得了良好的效果，使 Attention 机制成为自然语言处理领域研究热点。BERT[2] 提出于 2018 年，该模型使用多层 Transformer 结构实现了近几年自然语言处理方面的重大突破。作为嵌入方法继任者的 BERT，与 Word 2Vec 比较而言在 11 个方向的精度均有大幅度提高，使得 BERT 成为当前自然语言处理领域最先进的技术之一。其最大的创新之处是，通过 Attention 机制将任意位置的两个字符或者词语的距离转换成"1"，从而有效解决了传统 CNN 以及 RNN 中长期以来存在的问题，并且该模型还克服了经典词嵌入方法的最大局限：一词多义难识别的问题。原生 BERT 基于单个字符进行训练，以整个句子为单位构建函数，而后给单个字符赋予向量值，进而实现单个字符可以根据上下文不同信息，得到不同向量。例如"故地重游""因故缺席"，两个成语中均有"故"字，BERT 可以根据该字符上下文信息不同而赋予不同向量。

二、专名标引模型构建

1. BERT 语言模型

（1）BERT 基本结构

BERT 全称翻译为中文意思是：双向 Transformer 编码表示。该模型的创新点主要在预训练方法方面，该方法使用 Masked LM 以及 Next Sentence Prediction 两种方法分别对词语和句子级别的表达进行捕捉。BERT 模型的核心部分

---

[1] Vaswani A, Shazeer N, Parmar N, et al. Attention Is All You Need [J/OL]. *arXiv*, 2017 [2021-04-07]. https：//arxiv.org/abs/1706.03762.

[2] Devlin J, Chang M W, Lee K, et al. BERT: Pre-training of Deep Bidirectional Transformers for Language Understanding [J/OL]. *arXiv*, 2019 [2021-04-07]. https：//arxiv.org/abs/1810.04805.

是 Transformer 模型编码器，其结构如图1①所示，最底层 E 代表待处理文本中最小可编码单元，英文中一般为单词，中文中则一般代表一个汉字字符，经过 Transformer 编码层（Trm）的多层编码后，得到最终的隐含层 T。

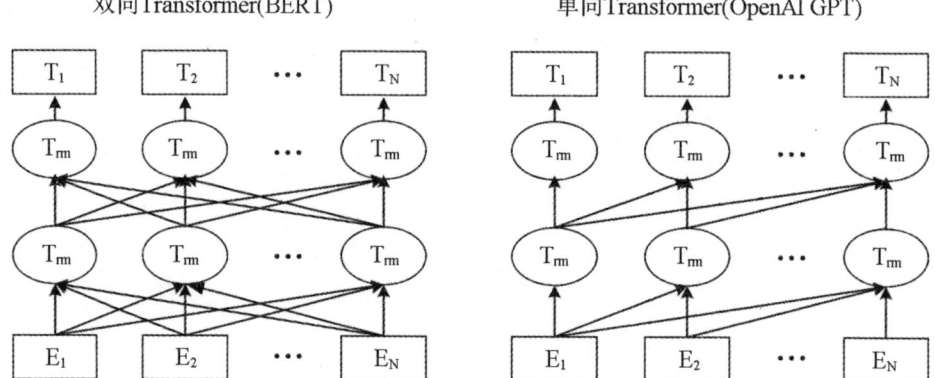

图1　BERT 预训练语言模型

从图1中的左右对比可以看出，在双向 Transformer 结构中，每个 Trm 都可以获取文本序列每一个最小可编码单元的特征，单向 Transformer 则只能获取前项以及之前的最小编码单元信息，通过双向原理，模型可以得到更加精准结果。

（2）自注意力机制（self-attention）

双向 Transformer 结构中的 Encoder 包含两层，一层为 self-attention，一层为前馈神经网络。self-attention 可以使当前节点不但关注当前词语，而且可以获取上下文语义，其思想和 attention 机制类似（图2）。在这种机制下，会把输入文本中的每一个字符视为一个 <Key, Value> 数据对，通过计算 Query 和每一个 Key 的相似性，得到每一个 Key 相应的权重值 Vulue，将这些 Value 相加后得到 attention 的分值。经计算后的最终公式表达如下：

$$Attention(Q,K,V) = softmax\left(\frac{QK^T}{\sqrt{d_k}}\right)V$$

---

① 王卫红，吕红燕，曹玉辉，等. 基于 BERT 的混合神经网络实体识别方法 [J]. 计算机技术与发展，2021，31（8）：100-105.

基于 BERT 模型的学位论文专名索引自动编制研究

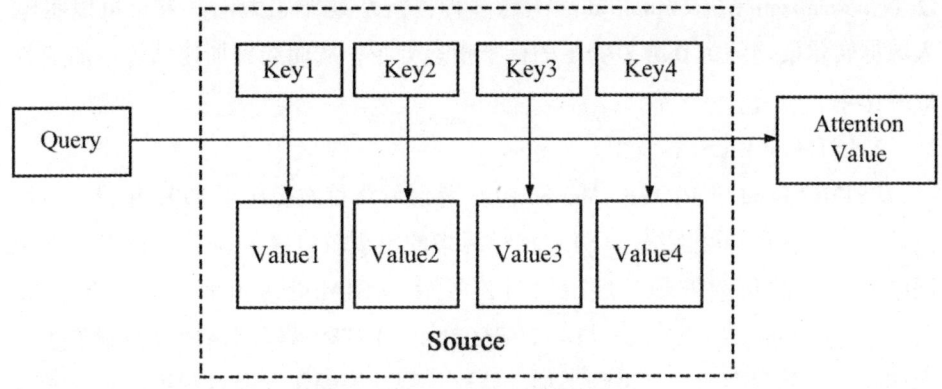

图 2　Attention 机制原理示意图

在这种机制下，Transformer 可以用其将相关的文本文字模拟人类理解阅读的过程。如下命名实体识别的例子中：

"图书馆藏书丰富。"

对于我们而言，可以轻松将句子分割为"图书馆""藏书""丰富"，并且将图书馆识别为一个专名。但是，对于机器而言，还可能识别为"图书""馆藏""书""丰富"。这样划分的情况下，"图书"和"馆藏"二字均为普通名词。Self-attention 机制则可以有效地进行判别，通过建立 Query、Key、Value 这三个向量，计算 Self-attention 的分数值，而后配合神经网络以及条件随机场等，从而判别出最合理的分词。

（3）多头注意力（Multi-Headed Attention）

Transformer 模型中采用了多头注意力机制，模型工作过程中，不仅仅初始化一组 Q、K、V 的矩阵，而是初始化 n 组矩阵，每一组 Q、K、V 矩阵进行一次线性变化，并且每一组矩阵线性变换的参数 W 不同，从而得到 n 个矩阵结果。输入到前馈神经网络之前，将 n 个矩阵进行拼接，并经过一次线性变化降维成一个新的矩阵。多头注意力机制的典型好处是可以允许模型在不同表示子空间中学习到相关的信息，从而提高精确度。公式表达如下：

$$Head_i = Attention(Q\,W_i^Q, K\,W_i^K, V\,W_i^V)$$

$$MultiHead(Q,K,V) = Concat(Head_1, Head_2, \cdots\cdots Head_i)\,W^o$$

Transformer 模型中，每一个子层之后还会接一个残差模块，并且有一个

Layer normalization。Normalization 有很多种，但是其作用大同小异，可以将输入数据转化成均值为 0 方差为 1 的标准正态分布，从而起到加速训练，加速收敛的作用。

2. LSTM 和 BiLSTM 模型

LSTM（Long Short Term Mermory）① 神经网络首次提出于 1997 年，是一种比较特殊的循环神经网络，LSTM 神经网络的出现较好地解决了以往循环神经网络所存在的长期依赖问题。如图 3 所示，LSTM 处理流程主要包含 input gate、forget gate、output gate 与一个记忆单元。LSTM 神经网络通过控制单元对存储在记忆单元中的信息进行添加、修改、删除等操作，通过门可以有选择地决定是否让某个信息通过。LSTM 的记忆单元是无界的，可以模拟计数器。Input gate 状态为 1 时，允许全部信息进入；Forget gate 状态为 1 时，让过去的信息全部保留，于是记忆单元状态依次累加。同理，状态为 0 时进行减 1 操作。

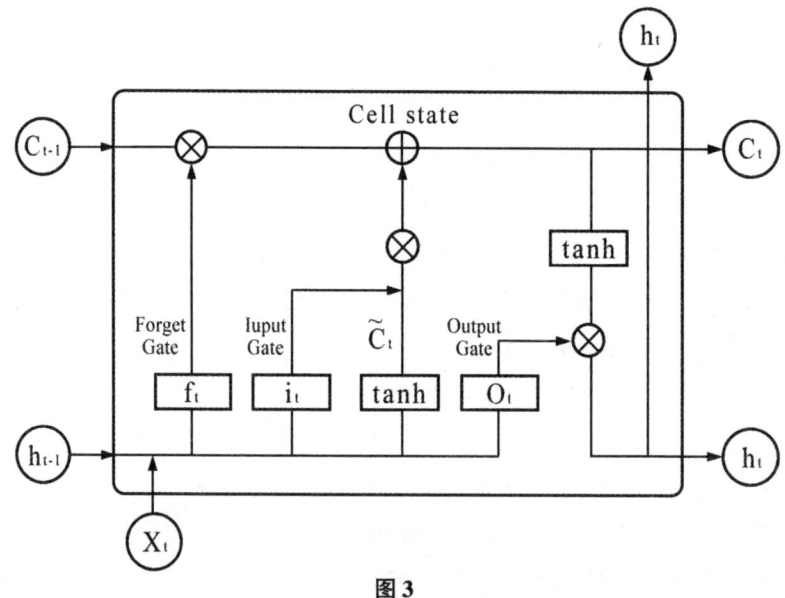

图 3

LSTM 虽然在建模方面具有一定的优势，具有长时记忆功能，有效地解决了长序列训练过程中存在的梯度爆炸以及梯度消失等问题，并且易于理解，相

---

① Hochreiter S, Schmidhuber J. Long Short-Term Memory [J]. *Neural Computation*, 1997, 9 (8): 1735 – 1780.

对容易实现，但是，其在并行处理方面存在一定的劣势，并且仅仅记忆过去存储的信息，对未来信息的上下文没有予以考虑。BiLSTM（Bi-directional Long Short-Term Memory）的出现有效地解决了 LSTM 的不足之处。BiLSTM 是两层神经网络，由前向 LSTM 与后向 LSTM 组合而成，第一层神经网络从正向第一个向量开始输入，第二层神经网络从反向最后一个向量作为输入，最后两个结果进行处理。例如：

原始语句：人工智能

前向 LSTM 输入："人"，"工"，"智"，"能"

前向对应向量：$\{h_{l0},h_{l1},h_{l2},h_{l3}\}$

后向 LSTM 输入："能"，"智"，"工"，"人"

前向对应向量：$\{h_{r0},h_{r1},h_{r2},h_{r3}\}$

最后，将前向和后向这两个方向的隐向量合并拼接得到：$\{h_0,h_1,h_2,h_3\}$，有效地保存了上下文两个方向的汉字信息，在分词的效果中可以表现得更好。

3. 条件随机场（CRF）序列标注

条件随机场（CRF），是鉴别式概率模型的一种，常用于自然语言处理中的分词、词性标注、实体识别、浅层句法分析等方面。在目前主流的分词方法中，条件随机场（CRF）、词典分词、隐含马尔可夫（HMM）、最大熵隐含马尔可夫（MEMM）各有其优点。相对于其他方法而言，CRF 是机器学习应用在分词方面的典型代表，具有较好的歧义词和未登录词的识别能力，可以充分考虑上下文的特征并灵活予以选择，并且很好地解决了 MEMM 方法中标记偏见的问题。CRF 并不局限于考虑单个节点的归一化问题，而是对所有的特征进行归一化处理，得出的结果更加接近全局的最优值。中文分词一般使用链式条件随机场，实际应用中一般设 X、Y 具有相同的图结构，其结构示意如图 4 所示：

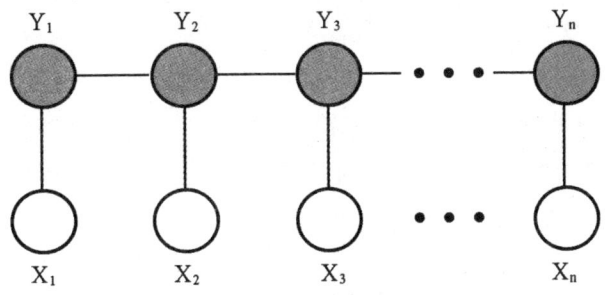

图 4 线性链条件随机场示意图

设 X = ($X_1, X_2 \cdots\cdots X_n$)，Y = ($Y_1, Y_2 \cdots\cdots Y_n$) 是线性表示的随机场变量，假设给定了已知条件随机变量 X，随机变量序列 Y 的条件分布概率 P(Y|X) 可以满足马尔可夫特性：$P(Y_i | X, Y_1, Y_2 \cdots\cdots Y_n) = P(Y_i | X, Y_{i-1}, Y_{i+1})$，则 P(Y|X) 为线性链条件随机场。假如 P(Y|X) 为线性链条件随机场，当随机变量 X 取值为 x 时，随机变量 Y 的取值为 y 的条件概率满足如下形式：

$$P(y \mid x) = \frac{1}{z(x)} exp \left(\sum_{i,k} t_k(y_{i-1}, y_i, x, i) + \sum_{i,l} u_l s_l(y_i, x, i) \right)$$

其中：

$$z(x) = \sum exp \left(\sum_{i,k} \lambda_k t_k(y_{i-1}, y_i, x, i) + \sum_{i,l} u_l s_l(y_i, x, i) \right)$$

t_k、s_l：特征函数，λ_k、u_l：对应权值，z(x)：归一化因子。t_k、s_l 是二值函数，满足特征条件时取值为 1，否则为 0。t_k 特征函数定义在边上，依赖于当前的位置以及其前一个位置，通常称之为转移特征；s_l 特征函数定义在节点之上，仅依赖于当前位置，称之为状态特征。用统一符号表示权值以及转移特征，可以将公式简化为：

$$P(y \mid x) = \frac{1}{z(x)} exp \sum_{k=1} w_k f_k(y, x)$$

$$z(x) = \sum_y exp \sum_{k=1} w_k f_k(y, x)$$

CRF 在具体的命名实体识别中，将词语或者句子当作汉字位置分类问题，通常将单个汉字的词位信息定义如下：

首字符：B

非首字符：I

其他字符：O

其中，首字符 B 以及非首字符 I 又可以分别细分为 Person、Organization、Location，例如 B-PER 对应人名首字符，I-PER 对应人名的非首字符。CRF 命名实体识别的过程则是将输入句子的每一个单个字符进行序列标注，例如：

原始语句："人工智能大会在上海召开"

CRF 标注："O O O O O O O B-LOC I-LOC O O"

识别结果："Location：上海"

虽然双向循环神经网具有强大的非线性拟合能力，并且充分考虑了上下文信息，理论上在分词方面可以训练出较好的模型，但是对于精确命名实体识别的序列标注来说，当前汉字的位置标签 Lt 与前一个汉字的位置标签 Lt-1、后一个汉字的位置标签 Lt+1 都有一定的潜在联系。在命名实体识别规则中，B 后面只能接 I，因此可以在 BiLSTM 后增加 CRF 层，用 Viterbi 算法进行解码，通过学习得到序列上的全局最优解，从而有效避免 B、O、I（词首、其他字符、词中）这种标记结果的出现。

4. 专名标引模型设计

由于 BERT 预训练模型在文本分类、语义识别等众多与自然语言处理相关的任务中取得卓越的成果，BERT 与神经网络相结合的方法越来越多地应用到命名实体识别之中。在 BERT 模型出现之前，BiLSTM-CRF 模型[①]也可以用于分词和命名实体识别，但是该模型在一字多义方面表现比较欠缺。对于普通的关键词标引来讲，大多数情况下，一词多义并不影响词语的标引，但是对于专名标引而言，需要更高的精确度，以确保识别出的词语确实为专有名词。为了解决一词多义识别不准的问题，在 BiLSTM-CRF 模型基础之上引入 BERT 预训练模型进行语义编码，用 BiLSTM-CRF 进行解码，最终输出由词位标注信息变为专名类别标注，进而形成 BERT-BiLSTM-CRF 命名实体识别模型，获取了更好的效果。如图 5 所示，模型结构主要分为三层——BERT 层、BiLSTM 层和 CRF 层。在 BERT 层中，对单个中文字符添加位置编码向量信息，并捕捉单个字符的位置信息，形成位置向量和位置索引值，经过 Transformer 编码层可以有效地融合文本的上下文特征信息。而后 BERT 模型将结果输入到 BiLSTM 双向神经网络之中，经过正反两个方向的神经网络训练以及向量融合，向文本中的上下文信息进一步整合，输出到 CRF 层中进行词位信息标注，从而获取最优的专有名词标识。

BERT 模型有众多优势，如有 Self-attention 机制自带双向功能，可以更好地获取语义表征，微调成本小等众多优势。但是其也有一定的劣势，比较典型的问题是耗时较长，因为 Transformer 的 Self Attention 机制需要对任意两个汉字字符进行 Attention 计算，时间复杂度是 n 平方，n 为输入文本的长度，所以

---

① 程博，李卫红，童昊昕．基于 BiLSTM-CRF 的中文层级地址分词［J］．地球信息科学学报，2019，21（8）：1143-1151．

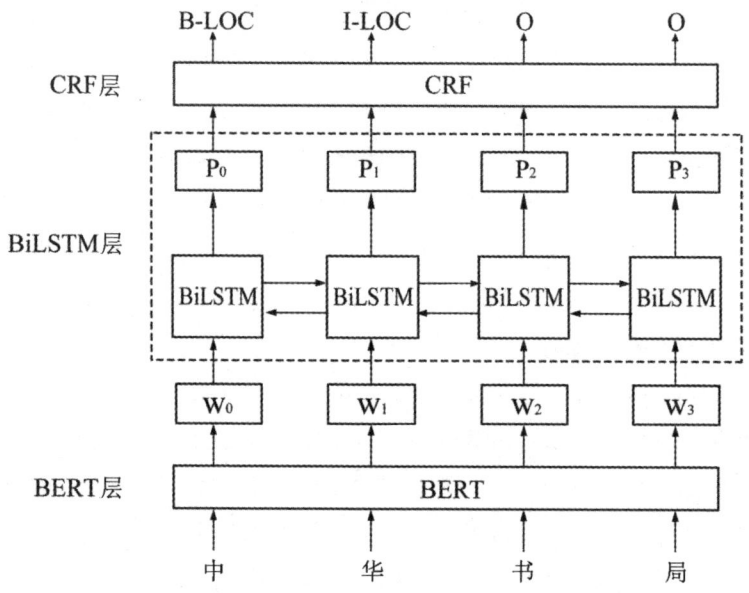

图5 BERT-BiLSTM-CRF 模型结构图

BERT 日常使用中并不适合进行大规模语料的处理。但是，训练出模型后可以长期使用，并且可以较好地提高学位论文专名标引的精度。在具体的操作中，使用谷歌发布的 BERT 预训练模型"chinese_L-12_H-768_A-12"等，加之使用较好的服务器或者使用 Google Colaboratory，可以较好地训练出针对单个领域学位论文专名标引的模型。

三、索引地址定位

索引款目由索引标目和索引地址（出处）共同构成，所以索引地址是索引构成的重要组成部分，如何抽取识别索引标目所在的位置，是自动索引编制研究的重要内容。

1. 索引地址定位面临主要问题

在学位论文撰写的过程中，绝大多数作者使用微软的 Word 或者 WPS 等软件，文档格式一般为.docx 文件。但是，Word 文档文件不同于 Illustrator、InDesign、Incscape、CorelDRAW、OpenOffice DRAW 等工具，Word 采用流动分页机制，文件内容本身并没有分页标记，文档结构中也并不存储页面分页结果。文本分页时具体在哪个位置断开、最后共计可以分出多少页,都需要在用户打开文档、现场渲染所有图文内容之后才能确定。Word 文件中主要的内容是包含了一行一行的文本文字,与页面设置中指定的页面尺寸,当每次文件打开时,Word 软件都会一行一行"摆放"文本数据,一页摆放完毕后自动新开一页,当然真正的 Word 渲染引擎肯定有更复杂的行为。也正是因为此原因,同一篇文档在不同的软件版本打开时,会出现页码错乱的现象。所以,现在学位论文作者在最终提交论文时基本都以 PDF 形式予以存储,以保持论文结构格式的完整规范。在具体到索引编制时,在内部处理的过程中可以将 Word 转换为 PDF 文档,进行文档页码的提取,而后生成索引结果。

2. PDF 文件解析基本流程

PDF 文件解析通常需要经过创建和该文件对象相关的 PDF 分析器、创建 PDF 资源管理器对文件进行共享资源、参数分析、页面整合、转换对象、解析 page 页面的所有结构、页码提取等步骤。以 Python 中的 PDFminer 为例,其工作原理以及主要的模块如图 6 所示,一个完整 PDF 文件的结构相对比较庞大和复杂,完整解析 PDF 文件费时费力,有时并不需要 PDF 文件中所有的元素,

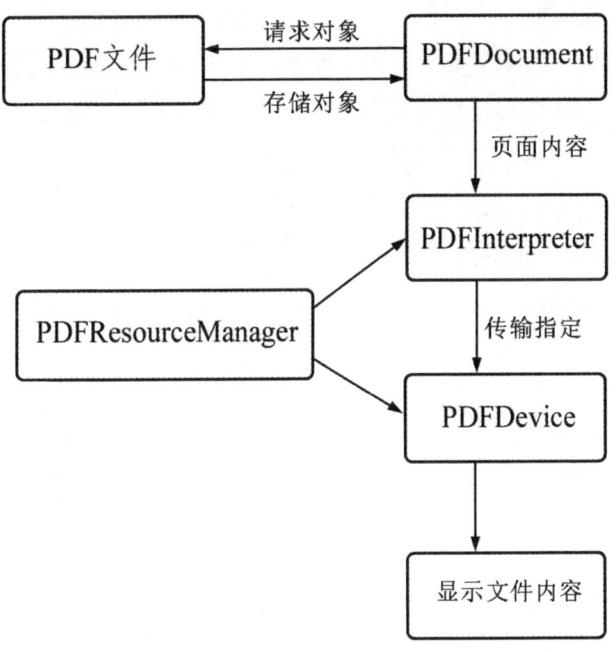

图 6 PDFMiner 解析器工作原理

所以很多模块是根据需求调用。因此，PDFMiner 采用了一个动态分析策略，只分析需求部分。解析时，PDFParser 和 PDFDocument 是 2 个必须调用的核心类，这两个模块协同其他模块共同发挥作用，其中 PDFParser 模块负责从文件中获取数据信息，PDFDocument 模块负责将文档数据结构存储到内存之中。其他模块方面，PDFPageInterpreter 负责解析 page 内容；PDFDevice 把解析到的内容转化为需求要素；PDFResourceManager 模块则存储字体或图片等共享资源。完成对 PDF 的文件解析后，通过统计 LTPage 个数的方式可以获取页面的页码顺序。在索引地址定位的过程中，通过对标目词语与页面中解析出的 Text 文档文字内容进行匹配，从而达到确定索引地址的目的。

四、基于 Python 的专名索引自动编制实现

专名自动标引使用 Python 实现的过程中核心的模块主要为 tensorflow（或 pytorch）。TensorFlow 则是基于数据流编程的符号数学系统，被广泛应用于机器学习的算法实现中，CRF 层也可以通过 TensorFlow 予以实现。PyTorch 是一个基于 Torch 开源的机器学习库，其运算方法和实现过程虽然与 TensorFlow 有所不同，但是最终可以得到相同的结果。这里以 TensorFlow 为例，自行训练命名实体识别模型的具体实现步骤如下所示，其中 Step1～Step5 为训练模型的步骤，Step6～Step12 为具体到单篇学位论文中专名索引自动编制的过程。

专名索引自动编制步骤

输入：	学位论文原稿文件，word 格式
输出：	专名索引的标目
模块：	tensorflow、numpy、docx、pywin32、pdfminer3k、re
主要步骤：	
Step1：	准备语料库。将所有论文语料按照"字符—label"的格式（图 7），每个字符与相应的标签一一对应，句子与句子之间用空行隔开。其中 B - PER 对应人名首字符，I-PER 对应人名的非首字符。O 代表未识别部分，O 代表该字不属于命名实体的一部分。B-LOC、B-ORG 等地名、机构组织名以此类推。
Step2：	下载模型。下载谷歌已经训练完成的 BERT 模型"chinese_L - 12_H - 768_A - 12"，并进行解压缩。

续表

Step3：	加载神经网络模块 tensorflow、数值计算扩展模块 numpy、Word 文档解析模块 docx、PDF 解析模块 pdfminer3k 等。
Step4：	BERT 模型初始化语料。载入 BERT 模型对语料库数据进行编码，获取对应的字 embedding，使得 BiLSTM-CRF 神经网络模型可以识别语料内容。
Step5：	训练模型。搭建 BiLSTM-CRF 层，设定训练方法、训练参数等，将上一步内容的输出结果作为输入进行模型训练，并使用 save（）方法对模型进行保存。
Step6：	读取文本。完整读取单篇学位论文的所有内容，主要是读取论文段落、文本框、表格中的所有字符。
Step7：	加载模型。通过 load（）方法加载专门进行上述训练的模型。
Step8：	专名自动标引。对单篇学位论文内容中的专名进行识别，这里需要注意的是，在识别前并不需要对文章内容进行清洗、去掉标点符号等工作。并且，为了确保识别效果和保证精度，可以控制单词识别文字的数量，如以段落或者以句子为单位输入模型进行识别。
Step9：	将 Word 文档转换为 PDF 文档。编写 docx 文件转 PDF 文件的 WordtoPDF（）函数，通过调用 Word 底层 vba 打开 Word 文档，并使用 wdExportFormatPDF 等属性，将文件转换成 PDF 文档。
Step10：	初始化页码。PDF 默认的第一页并不是学位论文正文的第一页，需要进行初始化对应关系。使用正则表达式，读取数字"1"且单独成行的位置，而后通过 get_pages 获取到当前 PDF 页面的页码 n，为论文正文首页。
Step11：	确定标目页码。载入标目词语，将每一个标目词语依次在解析后的 PDF 页面中遍历，如果在当前页面存在，则读取当前页面索引值 m，并计算其实际页码（m−n+1），按照索引格式置于标目之后。
Step12：	标目排序。按照排序规则汉字拼音 A~Z 的顺序，对标目重新排序，形成最终的索引，例如图 8。

彭	B-PER	眉	B-LOC
德	I-PER	县	I-LOC
怀	I-PER	地	O
指	O	区	O
挥	O	发	O
一	O	起	O
野	O	"	O
在	O	扶	O
扶	B-LOC	眉	O
风	I-LOC	战	O
县	I-LOC	役	O
、	O	"	O
		。	O

图7　NER模型训练语料格式示意图

北京图书馆，35，67，78
吉林大学，24，36，67，89
清华大学，12，24，45，69
上海大学，18，19，66，75

图8　专名索引标目提取结果示例

五、结　语

　　近年来，许多学者对计算机辅助进行了探索研究，也开发了一些索引软件，但是离自动标引落地应用还有一定的距离。在中文自然语言处理快速发展的情况下，索引还没有真正与人工智能有效结合，专门针对学位论文的自动索引研究更是少之又少。本文结合当前自然语言处理领域热门的技术，对学位论文中专名索引的自动编制进行了思考，并通过Python语言进行实验，初步实现了专名标引、索引地址定位、自动排序等功能，实现了专名索引基本编制的自动化。但是，研究中仍然存在一些不足之处，如由于学位论文专门语料的不足，难以训练出针对性更强的专名标引模型等问题，需要在下一步的研究中继续进行探索。

Research on Automatic Entity Indexing of Dissertation Based on Bert Model

Xu Hexu　Wang Lancheng　Zhang Silong

Abstract: Entity index in dissertation includes person index, place index, organization index and other entities indexes. Extraction of person name, place name and organization belong to the named entity recognition. Automatic entity indexing can be achieved by collecting suitable corpus of dissertation, combined with the most advanced language model Bert model in natural language processing. A special thesis indexing model which could extract the proper name in the thesis as the index target, and extract the index address from the thesis by using the characteristics of PDF document is proposed in this paper. Finally, the automatic compilation of dissertation entities index is realized by using the python language which is the most commonly used in the field of artificial intelligence.

Keywords: Entity Index; Automatic Indexing; Natural Language Processing; Bert Model

军事文献大数据语义索引构建研究*

刘晓亮　王兰成

（国防大学政治学院军事信息与网络舆论系　上海　200433）

摘　要　利用智能化语义分析技术为军事文献自动配备丰富的语义索引，有助于提升军事文献的实用性，升级军事文献信息服务体系。本文在梳理语义索引相关研究基础上，设计军事文献智能语义索引的实现框架，分析其中的关键问题，给出军事文献智能语义索引自动生成的设计思路和实现方法。从语义和意义维度自动挖掘军事文献中的知识及其关联，能够提升军事文献语义检索和利用的效能。

关键词　语义索引　军事文献　数据库　索引技术

军事文献大数据是包含有关国防、军事信息的大规模知识集合。聚焦备战打仗，随着军事研究、战争研究的不断深入，迫切需要高质量的军事文献索引工具，提供军事文献语义索引服务。军事文献大数据索引针对军事领域编制，通过汇集军事专题文献及知识，以一定方式合理组织其中的知识信息形成专门索引，是军事文献信息服务体系重要的组成内容，对辅助深度军事研究、服务备战打仗、有效发挥军事文献的实用性具有重要意义。军事文献内容繁多、数量巨大，传统的文献索引一般以语篇为单位索引文献，不能有效挖掘文献中的词语、概念知识，标引的深度不够、详细程度不足，揭示文献中的内容信息存在欠缺，缺乏智能化、自动化军事文献索引构建工具。因此，如何自动有效地构建军事文献索引，规范、准确和快速地从多种角度自动标注索引，揭示军事文献集合中的重要主题信息和特征知识，对于快捷定位军事文献、获取军事知识、提高军事文献利用价值具有重大意义。

---

* 基金项目：中国索引学会 2020 年度重点课题 "基于人工智能的自动索引编制研究"（项目编号：CSI20A02）

一、索引技术相关研究

随着大数据、人工智能技术快速发展，索引技术飞速发展，语义索引正朝着更加智能、准确、个性和专业化的方向发展。语义索引技术取得诸多成果，相关研究成果丰富，为构建军事文献语义索引提供了方法路径和技术借鉴。

1. 关键词方法

关键词方法是指利用一套比较完备的关键词体系，比如《中图法》《军用主题词表》《军事信息资源分类法》等，标注索引对象。比如，张长秀针对《军事信息资源分类法》的语义索引应用，探索了文献主题的索引类型、索引范围、索引编制方式，分析了基于《军事信息资源分类法》《军用主题词表》的索引应用，认为将注释及隐含概念纳入索引范围，会对索引的标引深度、详细程度有所提高。[①] 从中可以看出，以《军事信息资源分类法》等为基础的主题索引方法，在实际应用中存在详细程度低、覆盖范围小、颗粒度粗等问题。

2. 传统机器学习方法

传统机器学习方法通常综合特征工程与机器学习算法，计算文献词语的上下文关系，从而形成文献—词语索引。典型的潜在语义分析（LSA）是一种无监督学习方法，通过对词语—文献矩阵进行矩阵奇异值分解，将词语、文献映射至低维语义空间，分析文献—词语之间的语义关系，从而获取隐性语义结构的词语表达和文档向量。因为 LSA 常用于文本信息检索，也被称为潜在语义索引（LSI）。刘勘等综合文献标题、摘要、关键词、正文等结构特征构建词语—文献特征矩阵，利用 LSI 计算文献的主题。[②] 龚静等通过集合随机森林和 LSI，形成低维隐性语义空间，获取文献内容中的语义结构，研究实践了多标签文本分类问题。[③] LSI 一定程度可以克服词语布尔匹配问题，但重构的词语—文献矩阵构成的语义关系有限，k 位奇异值向量的选择也需要测试修正。

3. 知识体系方法

知识体系方法一般以构建的本体、知识图谱作为语义索引的标目知识体

---

① 张长秀. 评《军事信息资源分类法》索引 [J]. 图书情报工作，2009，53（8）：118-121.

② 刘勘，朱芳芳. 基于潜在语义索引的科技文献主题挖掘 [J]. 计算机工程与应用，2014，50（24）：113-117，150.

③ 龚静，黄欣阳. 基于隐性语义索引的多标签文本分类集成方法 [J]. 计算机工程与设计，2017，38（9）：2556-2561.

系，利用上下文、句法关系、词语向量模型等将文献或文献词语映射至概念词表、本体概念、实体节点，利用知识体系框架下的语义关系构建语义索引，或将文献作为语料构建知识图谱等形成知识体系。比较典型的处理过程是，首先构建文献倒排索引，建立词语—文献映射关系。以词语特征向量表示概念和文献，利用特征向量间的相似度确定概念所属类别或者合并相同概念，形成概念本体，这种方法一定程度上可以解决索引标目同形异义问题。① 知识图谱具有丰富的语义表达和简洁灵活的表示方式，构建完备的知识图谱有助于语义索引发展和应用。基于知识图谱的方法通过信息抽取与表示、实体消歧、实体对齐等知识融合以及知识加工过程将文献中的人、物、地点、事件、时间等实体抽取链接形成语义关系，将文献知识映射至实体与实体关系之中，从而构建语义索引。② 这类方法可以充分借鉴本体、知识图谱等知识体系自动构建技术。构建的本体或知识图谱的节点、语义关系数量以及信息抽取、知识融合算法的性能会直接影响语义索引的覆盖范围和准确程度。

4. 预训练模型方法

以往的机器学习算法大多是监督学习方式，其标记语料过程需要耗费大量人工，传统的大多数模型算法是基于词语共现关系而不是有序语序进行训练的，比如："我有苹果手机""我在吃苹果"，两个词语的指代事物明显不同，但传统模型下还是会有相同的词向量或者词嵌入向量。赵文娟等利用 LDA 和 Word2vec 词向量，从文献主题和词语扩展特征角度进行文献挖掘。③ 这种方法虽然扩展了词语的语义特征，但早期的预训练模型 Word2vec 在多义词问题和意义理解上的处理能力有限。近年来，深度神经网络飞速发展，在工业和学术界逐步成为自然语言处理领域的优秀实践方法，改进的 BERT、ENRIE、ELMo 等无监督或者半监督的预训练深层双向语言模型广泛应用，势必会引领语义索引的新发展。牛海波等运用预训练语言模型 BERT 表征文献和引文文献，从而

---

① 侯双双. 基于本体的语义索引技术研究 [D]. 上海：华东师范大学，2015.
② 马忠贵，倪润宇，余开航. 知识图谱的最新进展、关键技术和挑战 [J]. 工程科学学报，2020，42（10）：1254 – 1266.
③ 赵文娟，刘忠宝，郭慧. 语义检索模型中的词元扩展算法研究 [J]. 情报科学，2019，37（5）：108 – 114.

有效实践了语义检索和相似文献发现。① 潘云鹤在利用少量训练数据的环境下，在大规模数据上训练的 BERT 模型，通过微调参数实现了高性能的多标签文本语义索引。② 语义索引需要与查找的文献内容高度相关，实际中索引标目、副标目、限义词问题可以转换为多标签文类问题。比如，一段文本描述某型导弹，可以属于装备研究，也可以属于战法研究，或者是技术研究，或者性能参数等，通过引入多标签标注改进自动索引可以让一些问题得以部分解决。也有一些综合语义知识和预训练模型的方法，张贤坤等构建食品安全案例知识图谱，分别计算案例的关系重合度和案例属性的 BERT 词向量相似度，采用加权求和两者得到总相似度，从而提高了案例相似度检索的准确度。③

二、文献语义索引及其构建

文献语义索引可以按照文献、词语、知识关系等多维度进行索引。④ 军事文献中蕴含丰富的语义知识，结合现有语义索引相关方法和文献篇章构成等，按照文献级索引、句子级索引、词语级索引、属性级索引组织军事文献语义索引知识体系。

文献级索引指从文献全篇的角度为文献注入外部语义特征，主要是分类索引，包括单标签分类、多标签分类、关键词标注等，以及文献间的语义关系；句子级则从语句内容层面进行意义理解，从而为细粒度知识发现提供准确定位；词语级则从文献内容的词语表示意义层面进行索引，并解决同义词、多义词等问题，为细粒度知识发现和信息检索提供直接支持；属性级索引指在词语级基础上，构建人、事、物等文献知识单元的属性及其包含、实例等语义关系，形成文献和文献集合中的立体化语义关系。按照相关研究和多维化的语义索引需求，综合关键词表、知识图谱、预训练模型进行文献语义索引方法设计，如图 1 所示。

---

① 牛海波，赵丹群，郭倩影. 基于 BERT 和引文上下文的文献表征与检索方法研究［J］. 情报理论与实践，2020，43（09）：125－131.

② 云鹏. 基于深度多标签学习的文本语义索引技术研究［D］. 北京工业大学，2019.

③ 张贤坤，李子璇，孙月. 基于知识图谱和 BERT 的食品案例检索方法［J］. 计算机应用与软件，2021，38（7）：137－146.

④ 张敏，丁良萍，刘欢. 面向科技文献的多维语义索引构建思路及实现［J］. 情报理论与实践，2021，44（8）：139－145.

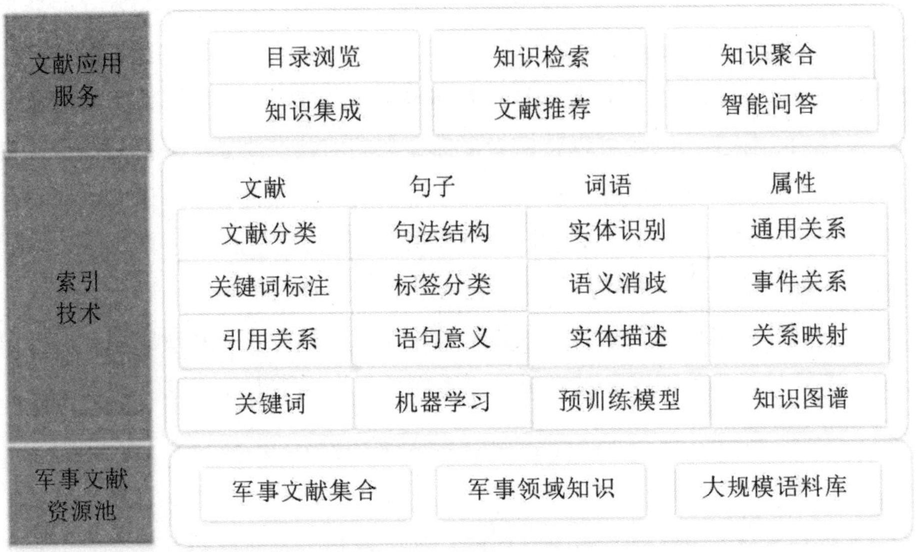

文献应用服务	目录浏览	知识检索	知识聚合
	知识集成	文献推荐	智能问答

索引技术	文献	句子	词语	属性
	文献分类	句法结构	实体识别	通用关系
	关键词标注	标签分类	语义消歧	事件关系
	引用关系	语句意义	实体描述	关系映射
	关键词	机器学习	预训练模型	知识图谱

军事文献资源池	军事文献集合	军事领域知识	大规模语料库

图1 军事文献语义索引构建结构图

1. 军事文献资源池

军事文献资源池包括军事文献集合、军事领域知识、大规模语料库。军事文献集合是自动语义索引的对象。军事领域知识包括《军用主题词表》《军事信息资源分类法》等知识资源。大规模语料库是承载语言知识的基础资源，是数量巨大的语言文本，比如维基百科、百度百科等。

2. 索引方法和技术

在索引技术上，综合了关键词、机器学习、预训练模型等多种方法。文献级索引包括分析文章的标题和内容，标注反映文献的关键信息主题、话题、实体等多维标签，以及根据文献内容类型，对文献进行自动分类。句子级索引以句子为单元通过句法分析，词语关系识别，对句子进行自动标签、分类、句子级情感分析等；词语索引包括数量、地名、地址、人名、机构、武器装备、军事术语等实体和专名识别，并将实体关联至唯一的实体对象。属性级索引，就是对文献中的实体进行语义关系构建，关联实体或事件中的各个属性，形成跨文献、跨语句的知识体系。实体是属性赖以存在的基础，属性是实体语义化的表现。将实体的各个属性予以关联、不断丰富，比如文献提及某日期，与某个军政要员的出生日期关联，才具有了该军政要员出生日期方面的语义知识，属性越多知识表达能力也越强。

三、实现中若干关键问题的分析

1. 军事文献自动分类标签体系

文献分类是文献级索引的重要组成，对军事文献进行自动分类，需要确定完备的分类标签体系，才能依据预设分类体系对文献进行自动归类。面向大规模军事文献，分类标签可以以《军语》《军用主题词表》《军事信息资源分类法》等为基础进行扩展，以搜索引擎、已有语料库以及对抗神经网络方式构建标签空间的训练集。

2. 多维语义索引

传统的军事文献信息检索中，难以对其中的知识进行综合分析、深度挖掘。为解决这一问题，可以通过建立元数据模型，将文献知识组织成多维向量，为一些复杂高级需要提供知识服务。由于军事需求复杂多元，可以将用户的常见需求提炼为军事知识元数据集，针对一些特定需求，比如面向某知识对象的时间范围、特定属性范围，建立全局的通用的元数据模型，利用相似度查询、结构化知识、观点抽取分析等快速准确定位检索信息。

3. 预训练模型

Elasticsearch 核心组件开源、部署便捷，具有扩展性，是目前信息检索的常见技术解决方案。然而，与大多数检索框架一样，其本身只是精确匹配的关键词检索模式，具有一定局限性。语义索引能够为减少关键词检索弊端提供支持，比如在查找"军事威胁"时，"军事风险"也出现。文本嵌入（Text Embeddings）的预训练模型实现语义检索是一个可行方案。文本嵌入是单词、句子或者文本的实值向量形式，预训练模型通过训练大规模语料库实现对词语、句子等的语义化表示和可计算。随着各类预训练模型不断发展，在各类自然语言处理任务取得惊人成绩，ELMo、BERT 等预训练模型已经成为语义信息处理的重要选择。这些预训练模型只需微调，就可以适应文本分类、句子级情感分析、句子相似性、智能问答等诸多任务。同样，在大规模语料库的预训练模型上进行微调，能够有效完成军事文献自动索引中的诸多子任务。同时，可以结合军事领域知识，在 BERT 等预训练模型中引入领域知识信息，增强预训练模型对领域知识或通用知识的编码能力。在实际中，嵌入的语义可能会使原本关键词精确匹配的结果未命中,带来一些负面影响。综合文本嵌入的预训练模型和关键词匹配方法,是语义索引实践应用的可行方法。预训练模型是否完全取代传统检索模型,需要在不同应用场景下具体实践分析。

4. 知识图谱

知识图谱是一种大规模语义网络。如果知识图谱的范围聚焦在某特定领域,就是领域知识图谱。目前,对于大规模通用知识图谱已有较多研究。面向军事领域应用,需要构建军事领域知识图谱,不断扩展军事知识的深度和广度,才能有效发挥军事语义索引的效用。军事文献内容丰富、表达准确、语言规范,为构建军事领域知识图谱提供便捷和支撑。但需要注意的是,知识图谱是一种知识表示,不足以表达所有知识、解决所有问题。比如,军事决策中具有丰富的条件规则,这些规则难以用知识图谱表示。在构建知识图谱时,需要辅以其他知识表示方法解决军事语义知识表达中的复杂条件问题,比如用条件产生式规则、朴素贝叶斯、决策树等形式化方法进行知识表示。还需要注意的是,军事研究中不单需要显性的、静态的知识,实际中更多需要的是过程性、决策性知识,特别是军事中的决策支持应用,这些动态知识的表示获取仍然具有诸多挑战。

四、结 论

在传统索引方式不能满足军事文献研究的情况下,自动构建军事语义索引具有重要的现实意义。在分析问题的基础上,给出了军事文献语义索引的实现思路,分析了其中的关键问题,该方法能够有效实现丰富的语义索引场景需求。在进一步的工作中,需要将该方法推广运用在实际信息服务中。

刘晓亮 国防大学政治学院军事信息与网络舆论系副教授。
王兰成 国防大学政治学院军事信息与网络舆论系教授。

Research on the Construction of Military Literature Big Data Semantic Index

Liu Xiaoliang   Wang Lancheng

Abstract: Using intelligent semantic analysis technology to automatically generate rich semantic indexes for military documents is helpful to improve the practicability of military documents and upgrade the military document information service system. On the basis of combing the related research of semantic index, this paper designs the implementation framework of military document intelligent semantic index, analyzes the key problems, and gives the design idea and implementation method of automatic generation of military document intelligent semantic index. Automatic mining of knowledge and its association in military documents from the dimensions of semantics and meaning can improve the efficiency of semantic retrieval and utilization of military documents.

Keywords: Semantic Index; Military Literature; Database; Index Technology

基于知识图谱的索引知识库构建研究*

张思龙　王兰成　许和旭

(国防大学政治学院　上海　200433)

摘　要　基于人工智能的自动索引编制是在中国索引学会指导下开展的索引编制精确化、自动化和智能化研究的有力尝试。知识图谱是当前较为前沿的知识组织工具,基于此构建索引知识库是实现自动索引编制的重要环节。本文分析和总结索引知识库的功能,结合知识图谱构建技术,将索引知识库构建划分为"本体构建""知识标注""信息补充和抽取"三个步骤,面向学位论文自动索引编制工作进行研究探讨,以期对学位论文、历史文献等各类知识索引产品自动编制研究工作提供参考。

关键词　索引知识库　知识图谱　自动索引编制

一、引　言

网络化时代,现代数据库技术发展促使索引理论和技术不断进步。早在2001年,张琪玉教授在《现代的索引就是数据库》一文中,从索引工作现代化和现代索引发展需求分析指出了数据库是推动索引工作现代化的重要力量。① 当前,网络资源的数字化、电子化乃至数据化、知识化使得索引功用和编制范畴不断延伸。祝方林先生也强调,随着现代数据库大量应用于数字媒体,知识数据库已成为索引理论和技术的重要发展方向。②《索引编制规则(总则)》国家标准实施以来,各类型文献索引编制、索引数据库得到长足发

---

* 基金项目:中国索引学会《电子索引编制规则》预研课题和2020年度重点课题"基于人工智能的自动索引编制研究"(项目编号:CSI20A02)、装备军内科研网络舆情大数据专项课题。

① 张琪玉. 现代的索引就是数据库 [J]. 图书馆杂志, 2001 (12): 6-7.

② 祝方林. 现代的索引就是知识数据库 [J]. 中国索引, 2009 (4): 30-33.

展,面向学位论文、历史文献和海量电子资料的电子索引编制需求也逐步显现,基于人工智能的自动索引编制亟需向知识化、智能化转变推进。

二、知识图谱与索引知识库

1. 知识图谱与人工智能

美国麻省理工学院物理学家麦克斯·泰格马克将"人工智能"定义为完成复杂目标的能力。人们通常将其区分为三个阶段,即弱人工智能(有限目标完成能力)、强人工智能(实现人类级别目标完成能力)、超人工智能(完全超越人类级别的目标完成能力)。当前人工智能正处于以深度学习为代表的、以达到有限目标为目的的弱人工智能阶段。然而,人类所面临的很多问题,包括海量网络电子资源处理及其相关联的政治、经济、军事和社会问题及其运用,往往存在信息不完全、边界不确定的无限目标空间,需要对各类型数据、信息和知识进行全面分析、关联,并建立有效、统一的分析、表示和存储框架。其中,认知智能成为达到强人工智能的关键,知识图谱为此提供了一种有效解决方案。①

知识图谱是当前人工智能领域较为前沿的语义知识库技术,其主要面向知识智能到认知智能的智慧支持。知识图谱相关研究涉及知识表示、知识描述、知识计算与推理等。关于知识图谱的理论原理,从不同领域理解可以有不同的结果:从 AI 的研究范畴看,知识图谱是可以用以解析语言模式和语义关系的语料库;从数据和知识存储角度,知识图谱提供了一种新的知识组织与存储方案;从 web 视角来看,知识图谱是在 web 框架内,表征"数据—数据"之间的一种语义互联,是一种基于语义图的数据结构。在知识图谱里,存储着大量节点和边,节点是对现实世界中的概念及其实例(实体)的存在表征,边则代表了概念之间、概念与实体之间等各种关系,这种关系更多反映为具有明确定义的关联。知识图谱把所有不同种类的信息依某种语义关联进行联结,并提供了从网络分析去解决实际问题的能力。

2. 索引知识库及其功能

索引知识库是自动索引编制功能架构的重要部分,一个典型的自动索引编

---

① 周丽娜,马志强. 基于知识图谱的网络信息体系智能参考架构设计 [J]. 中国电子科学研究院学报,2018,13(4):378-383.

制功能架构包含了索引知识库、文献智能化预处理、索引设计智能辅助、索引标目智能标引、标目层级智能处理、索引款目编制校对、参照系统智能生成以及索引格式智能存盘等，如图1所示。

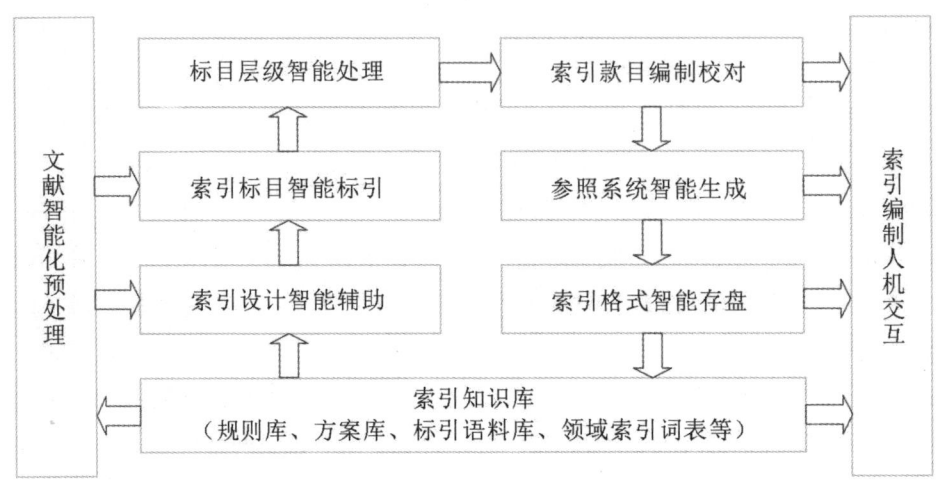

图1　自动索引编制功能架构

索引知识库不仅涉及索引编制规则细节，还涉及索引编制方案、索引编制语料、各领域索引词表等。索引知识库需要在索引自动化编制过程中，确保遵照索引编制的规定流程，优化各流程数据处理，在文献智能预处理、索引设计、智能标引、智能校对、智能参照等方面加强索引词之间的语义关联分析，即借助语义知识库、规则知识库、主题词表挖掘索引词之间的关系，并在区分同义词、近义词、语义上下位关系等方面发挥直接作用。

索引知识库的构建，要基于索引编制规则总则以及细则等标准规定的索引编制的规范化流程和编制规则，形成索引编制推荐规则库、索引设计推荐方案库；收集现有的索引素材，结合索引语料、中文主题词表、中国知网收录的专业学术文献等构建索引标引语料库（词汇库）；构建各领域索引词表，用于索引标引词推荐使用等。索引知识库作为索引编制自动化的基础支撑，其内容的局部完备性、可拓展性是影响索引编制自动化效果的重要因素。

研究基于知识图谱的索引知识库旨在达到三个方面的期望：一是在各类电子文献内容语义表达和关联上，突破传统的关键词表、向量空间等模型，转变为更立体更全面更开放更规范的语义网络模型；二是在索引知识匹配和扩展上，借鉴人工智能技术的应用，使之更加智能化和精确化；三是在知识索引推理中，运用知识图谱积累的大量知识点及其关系，机器学习自动发现隐含的知识和关系模式，提高索引推荐的准确性和可解释性。

三、基于知识图谱的索引知识库构建

1. 索引知识库构建步骤

索引知识库可以包含索引编制规则库、方案库、标引语料库、领域索引词表、索引算法库等。索引编制规则库主要根据索引编制国家标准等规范性文件，对索引类型、标引格式、标引范围、标引深度、标引算法、排序等标引要求进行约束形成规则库。方案库则对不同文献类型与对应编制规则以及不同编制流程进行约定，形成技术资料。索引算法库则主要包括标目选择、标引深度、排序、版面设计等相关算法存储。

本文重点讨论基于知识图谱的标引语料库的构建问题。标引语料库重点面向学位论文，领域索引词表则针对各领域学位论文语料库建设中形成的索引词进行总结，形成规范的主题词表参照功能。重点步骤包括索引本体建构、知识标注、信息抽取和补充，构建技术路线如图2所示。

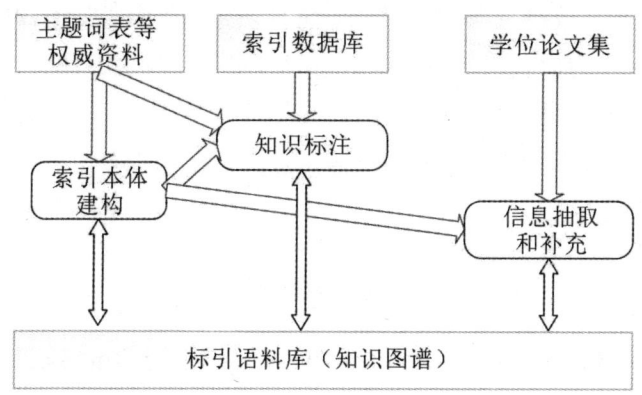

图2　索引知识库（标引语料库）构建技术路线

2. 索引本体构建

知识图谱的逻辑结构由模式、数据两层组成。模式层主要使用本体进行规范，用以描述概念及其相关知识，逻辑上位于数据层之上。本体构建实际是知识图谱模式层的构建，对于特定学科领域索引本体构建，需要详细设计，以提高覆盖率和准确率。当前，本体构建包括自上而下和自下而上两种。自上而下构建，模式层先于数据层，自下而上则相反。鉴于当前各领域索引本体自动构建技术还不成熟，结合权威的汉语分类主题词表，按照各领域从上到下，划分各层概念，确定概念关系，这样模式层遵守严格的层次结构，则可以大大减少数据的冗余程度，提高准确性。然后通过现有索引产品加以标注补充，完成数据层积累。数据层存储的基本单元是实体或事实，这些实体通过复杂的关系构成具体的知识。

本体一般通过三元组方式表示和存储，记录概念、概念属性及属性值、概念层次关系等。概念及其关系数据，一种通过既有的权威分类主题词表进行提取，另一种是综合分析权威文献或学科教材资料进行核心词汇提取。如图3所示，为《汉语主题词表》《中国农业叙词表》等分类表，其将全部叙词按本质属性进行学科归类，体现出了概念及概念的层次关系，适合构建模式层。①

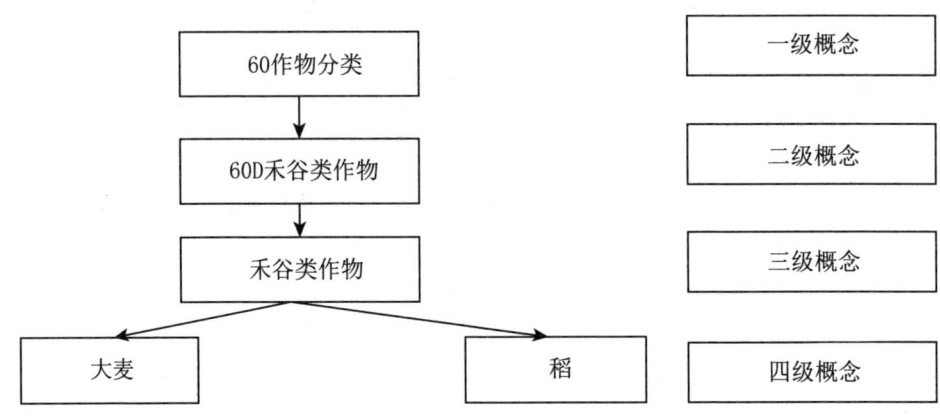

图3　叙词表概念层级

另外，针对索引的类型，包括主题、人名、地名、机构名、事件名、书名、报刊名、型号、算法等，需要提前谋划确定包含的索引类型，并在本体设计中予以明确。一般在学位论文中多种类型都有可能涉及。

对于权威文献，则可以通过统计方法、隐含主题分析等方法进行概念提取。统计方法中频率与反文档频率计算（TF-IDF）是特征词权重常用计算方

---

① 乔波. 基于农业叙词表的知识图谱构建技术研究 [D]. 长沙：湖南农业大学, 2019.

法，其主要思想是核心概念在相关文档中总的频率较高，同时相关文档核心概念的频率远高于所有文档中出现频率的平均水平。隐含主题分析当前主要使用 LDA 主题模型（Latent Dirichlet Allocation，LDA），其研究基础是对用户生成文本过程的理论假设，认为用户在生成一篇文档时，按照一定的概率选择主题（表征了用户关注的主题分布），选定特定主题后，再按照另一个概率选择使用的词（表征了主题中的词分布）；这样，通过足够样本分析后，可以得出每个文档的主题分布以及每个主题的词分布，再从主题分布中选取最有代表性的主题词集合。由于统计、隐含主题分析对概念层级关系无法直接提取，所以本体构建可以采取权威词表构建本体种子，通过统计分析、隐含主题分析进行概念补充，通过专家调查等方式对关系进行标注和检查，已达到一定的覆盖度、合理性和准确性。

3. 索引知识标注

通过本体构建完成了知识图谱模式层的构建，接下来需要通过现有的索引数据库或领域索引词表进行数据层的构建，即索引知识标注的过程。一方面，主题词表中标注事实或实体的（非概念层级）的词汇可以直接挂接到本体概念之下，作为数据层实体知识，比如实体"陆稻""水稻"直接归类为"稻"的实体；另一方面，一些现有索引词表或权威文献中词汇，通过知识标注与本体的概念进行关联。

索引知识标注包括：一是索引词类型标注，即将索引词与本体中概念对应标注，作为概念的实体，比如将"啤酒大麦"标注为"大麦"；二是索引词关系标注，即按照本体中概念、属性及其关系类型对文档中相邻（如同一句、同一段落中）实体关系进行标注。知识标注可以采取自动化或半自动化方式，自动化按照关系标识词进行标注，半自动则通过计算机处理给出标注意见，由人工最终确认标注结果。

4. 索引信息抽取和补充

索引信息抽取和补充是建设索引编制语料库的重要步骤，是通过前两步得到的种子知识，即本体和知识标注，运用机器学习算法从现有学位论文电子文献集合中抽取实体及其关系的过程。主要步骤包括实体识别和关系抽取。实体识别的效果受实体的表达多样性、一词多义等影响较大，比如实体简称、缩写、别名等很难通过一般的特征模型去识别。高准确率的实体识别是较难的，相对实际工程来说，一个好的实体库远比一个好的模型来得更有效果。通过知识图谱中实体库的构建,在实体识别中可以获得更高的召回率。基于实体库的实体识别,一个重要任务就是实体链接,主要任务就是将文本中的实体提及(即提到的实体名词)链接到具体知识库中的实体。实体链接受限于同义词和多义词影响,比如一段文字中有"苹果"实体,仅通过单个实体无法确认对应本体概念,可以通过文本其他特征实体进行关联,比如"果肉、白花"等确认为"水果"类别,这样就通过借助文本实体提及的文本语义和先验知识,结合知识图谱中实体特征实现了文本分类,其常用模型算法包括 TF-IDF 频率和反文档频率、支持向量机、LDA 主题模型、贝叶斯网络、神经网络等。同时同步开展关系模板分类识别工作,最终完成信息抽取和补充。

基于知识图谱的索引知识库构建,其索引本体建构、知识标注、信息抽取和补充三个步骤,实际技术工作中是不断更新和完善的,其中涉及较为重要的问题就是本体与知识图谱的质量检验问题。目前由于没有特别有效的技术指标直接检验,通过实验分析、人工检验等方法成为常规手段。由于索引本体是融合了权威主题词表以及人工知识标注,可靠性较高,因此可以通过阶段性成果的专家评估和直接用于索引实践进行语料库的质量检验,确保索引知识库概念实体及其层级关系合理、必要和准确。[①]

四、索引知识库应用探析

索引知识库的应用,也就是使得索引知识库在索引自动编制过程中的文献智能预处理、索引设计、智能标引、智能校对、智能参照等方面发挥作用。当前,文本处理技术已然十分成熟,基于统计分析、隐含主题分析、机器学习等人工智能算法的文本特征词提取、文本分类等技术问题基本得到解决,对索引语料、索引编制成果和经验的知识化显得尤为迫切,也成为限制自动索引编制的一大难题。索引知识库一定程度上解决了一部分难题。以学位论文索引编制为例,其目的包括揭示知识内容、重组知识体系等,其方法是通过索引款目及其编排体系,快速把检索者引向论文内容,而不是直接向检索者阐述论文内容。基于这一点,索引知识库应用重点应在索引编制中索引词的选择及其编排

---

① 杨玉基,许斌,胡家威,等. 一种准确而高效的领域知识图谱构建方法[J]. 软件学报,2018,29(10):2931-2947.

运用上。

　　索引词的选择，一方面尽量采取索引用语言，比如叙词词表及其组配；另一方面，加强学位论文中自然语言的原文引用。同时，考虑检索者的需求，务求将检索关键词的各种表达涵盖进来（部分词可以不进入索引词表，但需要记录在知识库中），既查得全也查得准。这就需要综合运用各类资源，不断充实索引知识库。

　　学位论文的索引词选取还要考虑索引深度，核心词汇选取之后，重点应该通过统计分析，将词频作为标引的重要依据。通过不同索引深度要求，划分不同索引词频范围，提供多种要求和规格的索引产品。

　　学位论文的索引词选取还要考虑创新词汇。有些创新词汇是通过主题词组配而成，有些则是作者创造的新词（包括一些英文词汇），需要结合新词识别等人工智能技术予以突破。

　　学位论文的索引词选取还要考虑作者误用的或未约定统一的词汇。比如，未在权威词典确定的词，但在一些作者中使用频率较高，也应进行标引，加入知识库，作为引用备选。

　　学位论文的索引词选取还要考虑索引词的分类范畴，即相同词汇在不同学科学位论文中指向的概念实际可能有所不同。

　　索引编排体系既要考虑传统索引编排要求，还要考虑电子索引的应用需求。一方面，结合学位论文内容索引编制规则，对每个索引词按照要求通过超链接方式快速标引和定位；另一方面，在全文检索基础上提供更为精确化的检索定位功能。在索引输出标准化上，保证通用并符合相关标准。

五、结　语

　　自动索引编制应用是人工索引编制的必要补充，并在其指导下实现人工智能自动索引编制的知识库构建、训练评估和索引实践。本文介绍了知识图谱及其在人工智能中的作用，分析阐释了索引知识库的功能，结合知识图谱构建技术，将索引知识库构建划分为"本体构建""知识标注""信息补充和抽取"三个步骤，面向学位论文自动索引编制工作进行研究探讨，期望通过索引知识库的构建，在一定程度上实现人工索引编制成果的积累和知识化，但更为全面的、大范围的、自动化的、智能化的构建实践还未深入展开。另外，后续将持续对自动索引编制成果与电子索引编制深入结合研究,以期为电子索引编制规则等相关规范文件制定提供必要学术积累。

张思龙　国防大学政治学院讲师,博士,研究方向:智能索引、计算机情报管理、政工信息化。

王兰成　国防大学政治学院教授,博导,研究方向:智能索引、计算机情报分析、网络舆情监测。

许和旭　国防大学政治学院学员三大队学员,硕士研究生,研究方向:智能索引、计算机情报分析。

Research on Construction of Indexing Knowledge Base based on Knowledge Graph

Zhang Silong　Wang Lancheng　Xu Hexu

Abstract: Automatic indexing based on artificial intelligence is a powerful attempt to study the accuracy, automation and intelligence of indexing under the guidance of the China Society of Indexers. Knowledge graph is a cutting–edge knowledge organization tool at present. It is an important procedure of automatic indexing that we building indexing knowledge base based on the knowledge graph. This paper analyzes and summarizes the functions of the indexing knowledge base. Combined with the knowledge graph construction technology, the indexing knowledge base construction could be divided into three steps: "ontology construction", "knowledge annotation" and "information supplement and extraction". The study on automatic indexing of dissertations provides a reference for the automatic compilation of various knowledge index products.

Keywords: Indexing Knowledge Base; Knowledge Graph; Automatic Indexing

基于深度学习的智能索引技术研究*

张鹏飞　王兰成

（国防大学政治学院军事信息与网络舆论系　上海　200433）

摘　要　智能时代的到来，智能索引技术将更广泛地影响人类获取知识的方式。深度学习是智能时代的核心技术，深度学习技术在智能索引领域的应用研究处于发展前沿。本文介绍深度学习在智能索引技术的发展现状、分析深度学习在智能索引领域的技术原理，重点探讨数据处理、主题分析、索引词分析三方面的内容。设计了一个基于深度学习的智能索引工具IndexAI，以期为电子索引编制规则研究提供基础，为相关索引智能化工作提供参考。

关键词　智能索引　深度学习　神经网络　自然语言处理

一、引　言

随着信息技术的飞速发展，人类步入智能时代。习近平总书记在首届数字中国建设峰会上指出，当今世界，信息技术创新日新月异，数字化、网络化、智能化深入发展，在推动经济社会发展、促进国家治理体系和治理能力现代化、满足人民日益增长的美好生活需要方面发挥着越来越重要的作用。我国在智能应用、智慧城市、数字中国等应用领域走在了全球前列，虚拟现实、5G、移动互联网、自动驾驶等智能技术在国防民生等领域不断发展突破。智能时代信息数据呈现数量规模海量、数据类型异构、数据更新频繁的特点。特别是文献信息数据领域，学科分类更细致，专业领域更鲜明；文献查找的速度、精准度、更新速度要求更高；对于语义理解、多维数据融合、知识图谱等应用需求更加迫切。智能索引及分析技术是为应对智能时代数据检索而生，必将成为快

---

* 中国索引学会《电子索引编制规则》预研课题、中国索引学会重点课题"基于人工智能的自动索引编制研究"（项目编号：CSI20A02）成果之一。

速获取数据资源、挖掘数据价值、提升数据内涵的重要手段。我国索引学会为推动中国图书文献索引事业作出了巨大贡献[①][②]，未来时代，智能索引技术将广泛应用于智慧图书馆建设、智慧档案建设、智慧情报分析等领域，为中国索引事业的不断前行推升助力。

二、深度学习技术及其应用

自从 Hinton 于 2009 年提出深度学习以来[③]，以深度神经网络为基本表现形式的深度模型在计算机视觉、自然语言处理、语音识别、语义分析等领域得到广泛应用。深度神经网络善于从巨量原始数据中挖掘抽象特征表示，发现数据的潜在关联规律，将高维数据特征空间转换为低维可理解的表现形式。深度神经网络从神经网络发展而来，常见的网络结构包括卷积神经网络、循环神经网络、图神经网络以及生成模型等。深度学习技术不断发展，各类新型网络结构不断提出，与强化学习、注意力机制、对抗学习、迁移学习等技术深度融合，不断推陈出新。

近年来，深度学习在自然语言处理领域取得了广泛关注。传统的统计学习方法难以解决自然语言的歧义性、动态性、非规范性。深度学习通过不同语言单元（词语、短语、句子、篇章）进行统一编码为多维向量，将不同语言类型、不同模态的数据（音频、图像）表示在了同一个语义向量空间中。使用多层神经网络模型对数据在语义向量空间进行特征处理，从而完成分类、聚类、排序、识别等任务。

数据库索引技术与搜索引擎索引技术是网络时代索引技术的发展，但难以满足多样化数据索引的需求。智能时代，很多新型文献面临的应用场景与传统的存在较大差异。如开源文献、预印本文献、电子书、多媒体书籍等都存在建立索引、方便检索的需求。例如，开源文献、预印本文献，由于其开放可获取的特性，其更新频率快、更新数量多，分类领域更加多样；又如，网络电子图

---

① 邱均平，楼雯. 我国索引研究二十年回顾与展望——纪念中国索引学会成立 20 周年（上）[J]. 中国索引, 2011 (4): 24 – 32.

② 郭丽芳，温国强. 张琪玉教授对中国索引学会和中国索引事业的贡献 [J]. 图书馆杂志, 2014, 33 (9): 18 – 24, 65.

③ Lecun Y, Bengio Y, Hinton G. Deep learning [J]. Nature, 2015, 521 (7553): 436.

书，其主题分类更加繁杂、内容形式多样，正文中穿插有大量的图像、表格，甚至包含了视频、音频等材料。国外研究人员探索了对电子食谱的索引编写工作。[①] 传统的索引技术解决上述问题需要花费大量人力、物力成本，智能索引技术的发展为解决上述问题带来了新思路。

三、深度学习与智能索引

智能时代数据信息呈现多源、异构、海量的特征，它为传统的信息组织与检索带来了巨大的挑战。智能索引技术是智能时代为解决传统索引技术局限而产生的，因此需要解决当前信息处理中的存储、组织、索引和检索等问题。现有的智能索引技术融合了机器学习、深度学习、知识图谱等技术，可分为知识提取、知识融合、知识处理、知识图谱、索引词表几个阶段。[②] 基于深度学习的自然语言处理技术在理解文章主题方面已经取得了较好的进步。我们重点分析深度学习技术在智能索引领域的三个主要研究方向，包括多源数据处理、主题分析和索引词分析的技术原理。

1. 多源异构数据处理

文献类型数据来源多样，包括语言类型的不同、数据类型的不同（有文本、音频、图像、视频、地理位置数据）等。为了从异构数据中获取结构化的数据单元，需要对不同类型的数据进行处理。对于不同语言类型的文本，重点在于解决输入输出不等长的问题，可以使用编码器—解码器网络构建机器翻译模型。对于异构数据类型，通过卷积神经网络识别声音片段、图像、视频片段的主题，建立与文档的关联，分别建立文本与图像的联合检索方法、音频与文字的联合检索方法、视频与文字的检索方式。通过对数据进行统一规范向量化编码、规范化数据表示，为进一步处理构建基础。

2. 主题分析

索引的标注以局部主题及其他索引项为标引对象，主题分析确定了索引的领域范畴。对文献主题有效分析，对文献内容和主题有效揭示，是建立索

---

① Watts G. More food for thought: grains and granularity in cookbook indexing [J]. *Indexer*, 2018, 36 (4): 138 – 148.

② 张思龙，蒋瑛，王兰成. 基于知识图谱的智能索引技术研究 [M] //《中国索引》编辑部. 中国索引（第七辑）. 上海：复旦大学出版社，2020：16 – 24.

引词表的关键。传统的主题分析方法，如基于文献计量指标的技术、基于主题概率模型 LDA 及其改进模型的方法，它们以关键词和摘要作为数据分析对象，对全文的概括相对有限，同时受限于词袋机制，限制了其对文献的主题语义理解能力。由于深度神经网络具有层次结构，能够提取不同层次、粒度的文本分层信息，能够更好地把握全局。同时，深度学习网络通过学习文本局部特征的平移不变性，避免了文本中词序不同的干扰，因而具有更好的泛化能力。

3. 索引词分析

索引词的确立，重点在于文献内容正文中具有信息检索价值的局部主题和要素，例如人物、机构、地区、物产、事件、生物等内容。该部分内容需要对实体识别到的词语进行与全文语义一致的理解。主要包括对索引词重要性排序，对索引词所属领域分类，对相同语义索引词聚类。索引词排序旨在建构并区分不同索引词的重要程度。同一主题下有很多关键词，通过区分其重要程度，从而将与主题最相关的词语进行提取。考虑到语言的歧义性、同义性，需要对索引词进行语义聚类。对于相同语义索引词的聚类工作，目的是将同一主题同一语义下的索引词归并为一类。例如，革命时期存在着同一人物的不同化名，为了把不同的名字归为同一个人，就需要建立在对文献内容的语义理解上，找到不同短语之间的语义相似度。对索引词的领域分类，则是根据上下文建立对索引词粗粒度的分类，例如对人名、组织、地点等，进一步建立细粒度分类，从而区分不同上下文中的含义。例如，同一个人物，可能在上文中出现的角色是教师，下一主题中属于政治家。对于细粒度分类可以借助树状层级网络结构来限定上下文的一致性。①

使用深度学习提升索引工作效率，重点是训练语料库的建立与获取、深度网络结构的设计以及网络的训练工作。索引领域存在着大量标记好的索引词表与文献，它们可以作为规范化的训练数据。同时，现有的深度学习开源模型结构以及预训练模型可以作为相关工作的基础，从而避免重复训练。

---

① Chen T, Chen Y, Durme B V. Hierarchical Entity Typing via Multi-level Learning to Rank [C] // Proceedings of the 58th Annual Meeting of the Association for Computational Linguistics. 2020.

四、基于深度学习技术的智能索引工具 IndexAI

根据张琪玉教授对于图书索引软件的功能要求分析①，图书索引软件的功能重点是将文献的局部主题与主题元素进行详细而有选择的标引，主要难点在于文献主题的自动化抽取。现有索引软件对文献的主题元素抽取鲜有涉及，对自动化、智能化抽取局部主题及索引词的功能还未实现。根据前述深度学习在智能化索引软件的应用分析，我们采用深度神经网络模型，设计了 IndexAI 智能索引工具，以期为电子索引编制规则研究提供基础，为相关索引智能化工作提供参考。

智能索引工具 IndexAI 的主要设计目标为，综合运用深度学习在自然语言处理中的最新技术，探索深度学习在智能索引领域的应用，深化对文献索引的语义理解，对现有索引工具提供补充，提升对文献的索引编制与查询效率。设计过程中参照了中国索引学会主持编制的 GB/T22466-2008《索引编制规则（总则）》以及索引工具开发的一些规范。②③④⑤

IndexAI 处理流程如图 1 所示。系统的设计功能主要分为如下模块：文献导入模块、主题分析模块、关键词（索引词）分析模块。

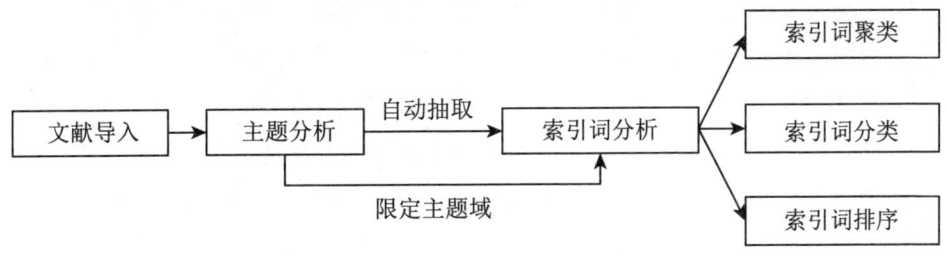

图 1　IndexAI 处理流程

---

① 万凤婕．图书内容索引款目格式规范研究［M］//《中国索引》编辑部．中国索引（第八辑）．上海：复旦大学出版社，2020：56-76．
② 郭丽芳，温国强．国内外索引软件比较研究［J］．图书馆，2010（4）：47-48．
③ 孙琳．索引之星与 Word 索引软件的比较［J］．中国索引，2006（4）：6-11．
④ 康艳．图书内容索引编制系统（BIS）设计探讨［J］．中国索引，2008（1）：27-35．
⑤ 张琪玉．图书索引软件的功能要求与编制难题［J］．中国索引，2004（3）：41．

1. 文献导入模块

文献导入模块作为整个系统的输入模块，对文献进行初步的预处理。由于计算机无法直接识别文本，因此需要将文本转为向量化处理。首先将文本内容进行分词，并将实体词映射为多维向量。其次对文献的题目、作者、关键词、主题、正文、参考文献分别进行标记处理，经过编码后合并作为系统输入。文本编码如图2所示。

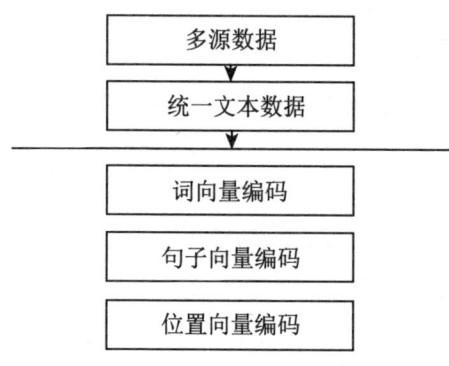

图2 文本向量化输入表示

2. 主题分析模块

主题分析模块用于对文献的主题词进行分析提取。分类词参照了《中国分类主题词表》。系统对文献全文作为整体进行语义分析，同时将文献关键词、参考文献等内容作为识别规则，输出建议的主题分类词。该模块主要采用Bert模型作为算法主要框架，使用Transformer编码器学习语句中双向关系，通过注意力机制对语句进行建模，使用掩码操作以及对后续语句的预测作为多重目标进行预训练，通过对相关领域文本的微调训练，来满足不同主题的分析任务。

3. 索引词分析模块

索引词分析模块又分为索引词语义聚类、索引词领域分类、索引词排序。对于语义聚类，首先根据索引编制的任务需求，确定实体词聚类粒度，随后按照文献主题及关键词，查询所有与关键词同一语义的实体词。如找出文献中所有与特定人物称呼相关的实体词。对于索引词领域分类，重点在于根据文献内容确定索引词所在分类领域。如找出所有属于笔名的一类实体词。索引词排序则需要依据索引词语义信息进行综合计算，按照关键词与查询主题的相关性，对索引词重要程序排序，从而有选择地选取索引词。如对人物名称重要程度进行排序。图3给出了对索引词聚类、分类、排序的例子。该模块实现重点是通过深度神经网络计算出不同实体词之间的语义相似度，再进行一系列的聚类、分类、排序操作。

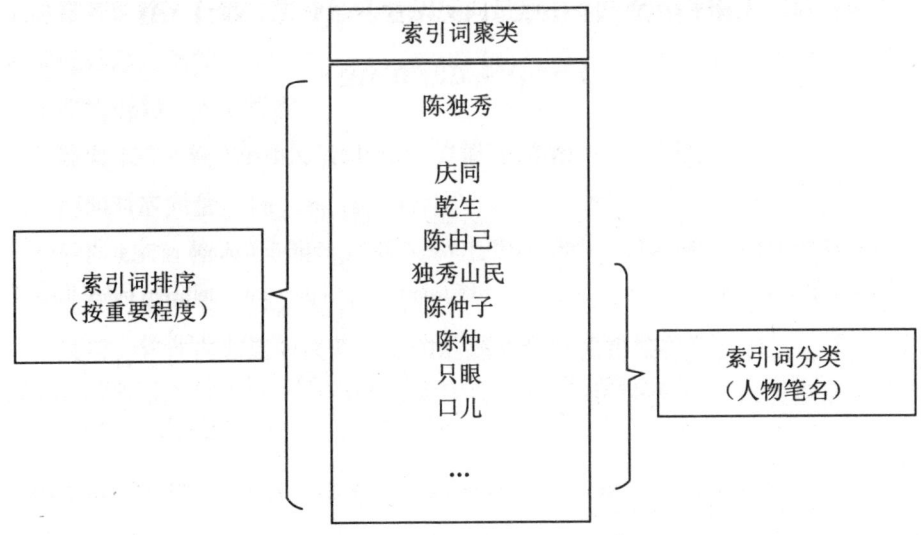

图3　索引词聚类、排序、分类例子

五、结束语

　　智能时代，智能技术如知识图谱、机器学习、深度学习等技术的发展将推动智能索引技术不断向前，现代智能索引技术也将更广泛地服务应用于智能时代的科学检索工作中。本文介绍了深度学习和智能索引技术的研究现状、分析了深度学习在智能索引中的应用，结合了主题词分类、索引词分类、索引词排序等技术细节探讨了深度学习技术在智能索引领域的实现原理，并结合索引编制规范，设计了一个小型的基于深度学习技术的智能索引软件IndexAI，下一步还有许多工作有待深入研究。可以期待，智能索引技术将紧密地与未来智能时代发展结合，索引工作者也将不断开拓更广阔的应用领域。

　　张鹏飞　男，博士，国防大学政治学院军事信息与网络舆论系讲师，研究方向：计算机情报分析、自然语言处理。

王兰成　男，博士，国防大学政治学院军事信息与网络舆论系教授，博士研究生（博士后）导师，研究方向：智能索引技术，计算机信息分析等。

Intelligent Index Technology Based on Deep Learning

Zhang Pengfei　Wang Lancheng

Abstract: With the advent of the intelligent era, deep learning technology is at the core of artificial intelligence research and also promotes the frontier development of intelligent index. This article introduces the development status of deep learning in intelligent index technology, and analyzes the technical principles of deep learning in the field of intelligent index, including data process, subject analysis, and indexing word analysis. The application of deep learning technology in the field of intelligent indexing is explored, and a small indexing tool IndexAI is designed to provide a reference for related indexer research work.

Keywords: Deep Learning; Artificial Intelligence; Intelligent Index

索引语言研究

我国叙词表及与其他词表的互操作标准修订：背景、思路与主要内容

刘华梅

(中国国家图书馆　北京　100081)

摘　要　本文首先从应用环境变化、国际叙词表修订概况两方面介绍叙词表标准的修订背景，进而从修订思路、修订内容、修订特点三方面详细阐述我国最新的叙词表标准 GB13190 的修订情况。修订内容概括为九个方面。

关键词　叙词表　受控词表　互操作　叙词表标准

叙词表是我国信息组织和检索领域较为成熟的知识组织工具，在图书馆、信息机构的文献组织和信息检索中起到了重要作用。随着网络环境的发展，叙词表的作用不仅没有减退，反而因需要对概念进行规范控制，其重要价值日益凸显，比如在科研、教育、生产等领域，都成为信息序化及开发利用过程中必不可少的重要工具。所以，对叙词表的编制和应用进行规范化、标准化管理仍是不可或缺的，为此必须编制或修订叙词表国家标准。

一、叙词表标准修订背景

1. 应用环境的变化

随着社会时代和科学技术的发展，叙词表的应用环境发生了翻天覆地的变化，主要体现在以下几个方面。[1]

（1）技术环境的变化。计算机技术、网络技术、数字化技术快速发展，并且已经普遍应用于信息组织和信息检索的各个领域。叙词表编制也从传统的

---

[1] 刘华, 曾建勋, 沈玉兰. 网络环境下叙词表编制标准的国际发展趋势 [J]. 情报杂志, 2009 (11): 41–45.

手工编制发展到基于计算机的自动化、半自动化方式编制，所以叙词表的编制思路、过程和内容等都有了很大的变化。

(2) 信息环境的变化。一方面是由纸质环境转向数字化、网络化环境，纸质的叙词表也逐步转向电子叙词表和网络叙词表，其编制和维护都需要软件来支持。另一方面是为满足不同类型信息资源的内容组织，出现了多类型、多结构、多元化的知识组织方式，比如用于文献组织的分类表、叙词表、标题表、主题规范文档等；用于网络或数字化信息组织的本体、大众分类法等；以及用于资源整合和可视化服务的主题网关、概念地图等。

(3) 用户群体的变化。叙词表最初主要用于图书馆，用户是那些经过标引和检索培训的专业人员。随着叙词表在数字环境和网络环境下的应用，叙词表的用户群体也发生了明显变化。不仅仅是受过培训的专业人士，还要包括那些没有受过任何训练的普通用户；而且不同类型的用户还会有各种个性化需求，叙词表都需要满足。另外，为了促进叙词表编制和应用的自动化，计算机也需要能理解叙词表的内容，所以叙词表的用户还将包括计算机。

(4) 叙词表发展重心的变化。为了应对以上发展变化，叙词表的发展重心也必然有所变化。叙词表编制标准最初是为了规范叙词表的编制过程，经过几十年的发展，国内外已经形成了相当数量的叙词表，叙词表的编制实践相对成熟。目前要解决的问题是词表之间的互操作，因为互操作是实现语义检索、提高检索效率的重要途径。

综上所述，叙词表的信息环境、检索机制、用户群体以及整个应用环境方面的变化，引发了叙词表编制、维护、管理、应用等方面的变革需求。为了使多元化、个性化的知识组织逐渐过渡到统一化、标准化的方向上来，叙词表的相关标准亟待修订。迫切要求在国际范围、或在一个国家和地区、或在某行业范围内制定出统一遵循的规范或标准，以便为信息资源共建共享与交流创造条件。

2. 国际叙词表标准修订概况

国际上与知识组织有关的标准机构都针对以前颁布的相关标准不断进行修订更新，以解决各种类型信息资源的知识组织问题，满足网络环境下的不同使用对象。基本思路是对原有的知识组织方法、概念系统等标准进行修订或合并。

(1) 美国叙词表标准 Z 39.19

美国的叙词表标准是由美国国家信息标准协会（NISO）制定的。Z 39.19 第 1 版出版于 1974 年，分别于 1980、1993、2005 年进行了 3 次修订，2005 年推出的第 4 版是最新的叙词表标准[①]，全称是：ANSI/NISO Z 39.19 - 2005《单语种受控词表的编制、格式和管理规则》。该版本相对于 1993 年的第 3 版作了全面的修订，比如标准化对象由叙词表扩展到了词汇列表、同义词环、分类表和叙词表；覆盖范围除了文献，还包括了地图、音乐、新闻、绘画、雕塑等内容；还有适用范围、词表形式、词表显示、涉及语种等方面都做了更新，还新增了分面分析、互操作和词表的测试与评估等内容。可以说，美国对 Z 39.19 标准的修订，推动和促进了国际叙词表标准的修订步伐。

(2) 英国标准 BS 8723

英国的叙词表标准是由英国标准化协会（BSI）制定的。英国的第 1 版叙词表标准包括两个部分：一是 1987 年颁布的"BS 5723 单语种叙词表编制规则"；二是 1985 年颁布的"BS 6723 多语种叙词表编制规则"。从 2005 年起，BSI 开始修订叙词表标准，对 BS 5723 和 BS 6723 这两个旧标准进行了整合、修订和补充。该标准修订历时 4 年，2008 年最终完成，共由 5 部分组成：①BS 8723 - 1：2005《定义、符号与缩略语》；②BS 8723 - 2：2005《叙词表》；③BS 8723 - 3：2007《叙词表以外的词表》；④BS 8723 - 4：2007《词表之间的互操作性》；⑤BS 8723 - 5：2008《互操作的交换格式与协议》。[②]

该标准的修订特点：首次将单语种叙词表标准和多语种叙词表标准合并为单一标准；超越了叙词表的界限，从叙词表扩展到结构化词表，将分类表、主题词表、本体、名称规范文档、专业分类法等收纳进来；把互操作问题提升为词表编制的一个重要组成部分。该标准为后续国际标准的修订提供了方法和经验。

(3) 国际标准 ISO 25964

国际叙词表标准是由 ISO TC 46/SC 9（国际标准化组织 信息和文献标准

[①] 刘华，曾建勋，沈玉兰. 网络环境下叙词表编制标准的国际发展趋势 [J]. 情报杂志，2009 (11)：41 - 45.

[②] 同上

技术委员会 信息资源标识和描述分技术委员会）制定的。第1版是1974年出版的《ISO 2788 单语种叙词表编制规则》，该版本于1986年进行了一次修订。同时，1985年出版了《ISO 5964 多语种叙词表编制规则》。2007年起，ISO借鉴英国BS 8723标准的修订经验，并以BS 8723为基础，开始对这两个旧版叙词表编制标准进行修订，最终形成ISO 25964系列标准。该标准由两部分组成：第1部分，ISO 25964-1：2011 用于信息检索的叙词表[1]；第2部分，ISO 25964-2：2013 与其他词表的互操作。[2] 该标准对单语种和多语种进行了逻辑归并，除了保留叙词表编制方面的条款以外，新增了大量知识组织相关内容，如增加了叙词表管理软件的说明，增加了叙词表的数据模型、交换格式和协议等内容，另外把词表互操作设为标准的重要部分进行了详细说明。

二、我国叙词表标准修订情况

1. 修订思路

我国之前使用的叙词表标准是1991年颁布的《GB/T 13190 汉语叙词表编制规则》和1994年颁布的《GB/T 15417 文献多语种叙词表编制规则》，这两部标准都是20世纪90年代以ISO 2788和ISO 5964为参考编制的，基本内容主要是满足手工编制和管理印刷型词表，以及人工主题标引的应用需求。

如前所述，叙词表的应用环境发生了翻天覆地的变化，旧标准已完全不适应在新环境中使用，再加上美国、英国及国际叙词表标准相继修订更新，所以我国的叙词表标准修订工作也必须提上日程。叙词表标准修订工作由全国信息与文献标准化技术委员会（文标会）负责，由文标会第五分会组织相关单位的专家学者组成专门的修订小组来完成此项修订任务。

我国标准制定一贯坚持国际化视野，积极借鉴国际标准的先进经验。Z 39.19、BS 8723、ISO 25964等标准颁布后，就相继被翻译成了中文，修订小组也持续跟踪研究同阶段发布的这几个国外叙词表标准。经过研究讨论，修

---

[1] Technical Committee ISO/ TC46 . ISO 25964-1：2011 Information and documentation—Thesauri and interoperability with other vocabularies-Part 1：Thesauri for information retrieval [S]. Geneva：International Organization for Standards, 2011.

[2] echnical Committee ISO/ TC46 . ISO 25964-2：2013 Information and documentation—Thesauri and interoperability with other vocabularies-Part 2：Interoperability with other vocabularies [S]. Geneva：International Organization for Standards, 2013.

订组一致认为 ISO 25964 标准是关于叙词表修订编制、维护、管理和应用的完整体系，将成为世界范围内叙词表编制标准的主导；同时，它是对 ISO 2788 和 ISO 5964 的直接继承，而我国的旧标准也是以这两个标准为参考编制的。所以，修订组最终确定使用重新起草法，在 ISO 25964 的基础上进行修订，并确定了修订指导原则，即原则上遵循并采用 ISO 25964（包括结构、章节、行文、语句等），标准也分为两部分制定；然后，在此基础上增加满足汉语叙词表编制的特定内容。①

2011 年开始着手修订标准的第 1 部分，2014 年形成草案，经过多方征求意见并修改，最终通过文标会的审查，于 2015 年 5 月由国家标准化管理委员会批准为国家标准，命名为：GB/T 13190.1-2015《信息与文献 叙词表及与其他词表的互操作 第 1 部分：用于信息检索的叙词表》；2015 年 12 月 1 日起正式实施。与此同时，2015 年启动第 2 部分的修订工作，2016 年形成草案。在修订过程中，各部分内容都广泛征求并参考吸收了图书馆与信息机构专家学者的意见。该部分已于 2018 年 6 月正式发布，命名为：GB/T 13190.2-2018《信息与文献 叙词表及与其他词表的互操作 第 2 部分：与其他词表的互操作》，2019 年 1 月 1 日起正式实施。

2. 新标准内容

新标准内容全面、详尽，涉及词表编制与应用的各个方面，除了对叙词表传统的核心机制——概念范围、语词形式、词间关系等方面进行详细描述之外，还对分面分析、显示与布局、叙词表的构建与维护管理、叙词表管理软件、数据模型、叙词表与应用程序的集成等方面也都做了详细的规定,② 同时对叙词表与其他受控词表的互操作方面作出了指南性建议和规定。③ 新标准相对旧标准在内容上的变化，可以总结为以下几个方面：

(1) 扩展和规范了概念术语和属性标签

为明确设计思想、目的以及应用范围，该标准首先对概念术语进行了大篇幅的扩展和规范，第 1 部分有 65 个术语被明确定义和解释，第 2 部分有 89

---

① 包冬梅. 用于信息检索的叙词表编制标准 [J]. 国家图书馆学刊, 2016 (2): 3-10.

② 全国文献工作标准化委员会. GB/T 13910.1-2015 信息与文献 叙词表及与其他词表的互操作 第 1 部分：用于信息检索的叙词表 [S]. 北京：中国标准出版社, 2015.

③ 全国文献工作标准化委员会. GB/T 13910.2-2018 信息与文献 叙词表及与其他词表的互操作 第 2 部分：与其他词表的互操作 [S]. 北京：中国标准出版社, 2018.

个,对一些容易混淆的概念重新诠释,以便在新技术环境下更好地应用。另外,新标准中增加了部分叙词属性标签,如新增了描述性元素 DEF(定义)、HN(历史注释);新增了一组属分关系符号,BTI 上位词(实例)、NTI 下位词(实例),等等。

(2)给出了分面分析更清晰的应用指南

分面分析法使词表从树型结构向网络结构发展,使叙词表在知识组织、导航、检索、显示等方面具有非常好的应用前景。新标准中将分面分析单独列为一章,并提供了应用指南,指出:分面的选择可根据叙词表主题领域的不同而有所不同,但在最高层级上通常使用一些基本范畴(分面),如物体、材料、施动者、行为、地点、时间等;如确有需要,在基本的分面下,还可采用多个标准进一步划分,形成若干亚面和子面。

(3)提供了灵活多样的叙词表显示和布局方式

新标准兼顾了屏幕形式和印刷版形式的叙词表,规定和展示了灵活多样的叙词表组织和显示方式来适应当前的现实和未来的发展。新标准除了字顺显示、等级显示等传统叙词表组织方式外,还着重给出了按分面组织的等级显示、按主题领域的分类组织显示,以及多语种叙词表的显示与布局等示例和具体指南。

(4)增加了基于数字技术的词表构建和管理规则

新标准对数字技术环境下叙词表构建的业务流程提供了明确的指南,我们可以总结为这样一个流程图(见图1)。[①]

从图1中可以看出,叙词表编制管理是一项持续的工作,需要大量的、反复的智力劳动。当前环境下,只有借助于信息技术和网络技术,叙词表的构建和管理才更智能化。

(5)规定了叙词表管理软件的功能需求

叙词表管理软件主要用于叙词表的编制和管理,是跨系统、跨平台和跨语言环境的,叙词表管理软件应该具备导入、导出、编辑、校验、输出、显示、统计等主要功能,同时还必须具有三项特征:逻辑完整性、操作方便性、数据安全性。新标准对叙词表管理软件的主要功能进行了详细描述。实际选择叙词

---

① 刘春燕,沈玉兰,刘华. ISO 25964 的技术内容分析及对我国叙词表编制标准的修订启示[J]. 图书情报工作,2009(8):25-29,38.

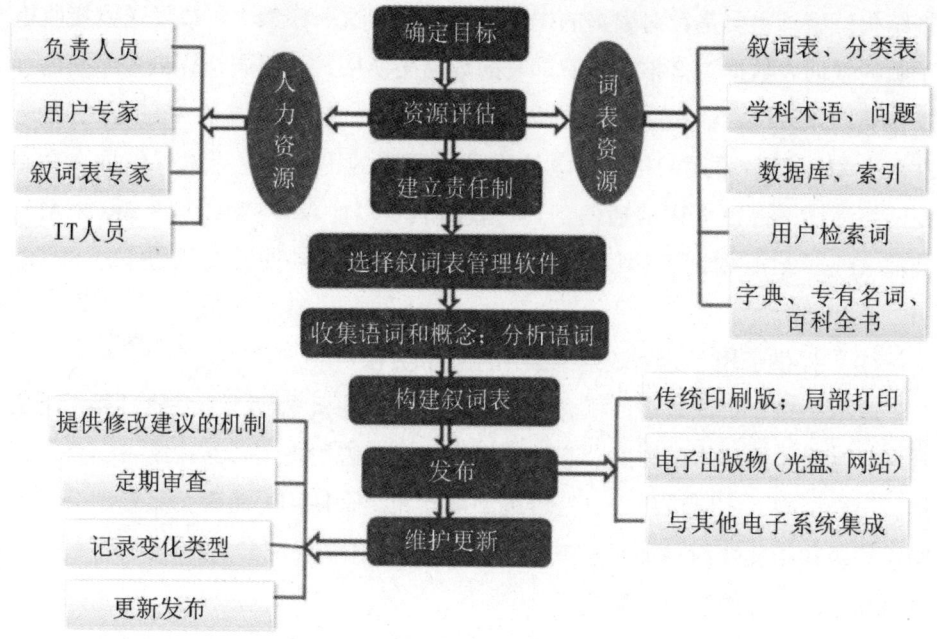

图 1 叙词表构建管理业务流程

表管理软件时,可参考标准所列的基本特征和功能,再结合个性化需求,对市场上的现有软件产品进行评估,或者为定制或开发新的软件提供原则性指南。①

(6) 新增了网络环境下的词表应用规则

叙词表的主要功能是支持信息检索,在检索过程中主要应用于标引和检索两个阶段。所以,叙词表应具备与标引和检索系统集成的能力,需要在这些应用程序之间无缝地交换叙词表数据,以保证数据更新的一致性。比如,将叙词表数据灌装到标引和检索系统中,提供叙词表的浏览和检索,在搜索引擎中应用叙词表进行扩检等。另外,为了使叙词表适用于网络应用,必须使用标准格式和标准协议在网络上发布。为了便于用户使用和广泛传播,叙词表应该在服务于预期用户群体的词表注册系统登记。

(7) 规范了叙词表的数据交换

新标准从三个方面对叙词表数据的交换进行了规范:①定义了叙词表的数

---

① 包冬梅. 用于信息检索的叙词表编制标准 [J]. 国家图书馆学刊, 2016 (2): 3-10.

据结构模型。主要是针对数据的逻辑结构，基于这一模型，可以发送或接收电子版的叙词表数据。②推荐了叙词表的数据交换格式。不同计算机程序间的互操作要求有一个统一的词表数据交换格式，标准中罗列了 MARC、SKOS、Zthes、XML 等较常用的格式。③给出了叙词表的协议。这是确保叙词表在不同网络环境下得以应用的通信工具。叙词表专门协议：SWAD – E SKOS API，其他 APIs，ADL 叙词表协议；通用 Web 数据库协议：搜索 Web 协议，SPARQL，Z 39.50。

(9) 提供了用于词表映射的通用原则和方法

映射是指一个词表中的概念和另一个词表中的概念建立关系的过程，是实现词表互操作最基本的方式。新标准提供了三种映射模型：结构统一、直接连接、中心结构。实际应用中，三种模型可互相结合使用。映射关系类型分为等同、等级和相关映射，如果有其他复杂的知识组织系统参与映射（如本体），也可以考虑额外的映射关系类型。

传统方式上映射的识别是一个人工智力的过程，需要一个或多个熟悉相关领域、掌握映射词表语言、能很好理解词表结构的专家，一个概念一个概念地进行映射。当前，完全可以利用计算机辅助映射，一种方式是用计算机直接对来源词表和目标词表的语词进行匹配，选出候选映射；另一种方式是利用同一元数据或标目记录下不同词表的共现语词，通过共现算法选出有效的映射。当然，为了提高映射的质量，建议所有自动生成的候选映射都应该接受专家的审核。

(10) 给出了与叙词表进行互操作的受控词表类型及建议方案

为便于叙词表与其他知识组织体系之间进行映射，本标准还对不同知识组织体系的主要特点进行简要的描述，并对照叙词表来分析其语义要素，揭示叙词表与这些知识组织体系之间的互操作需求，也设立了多个条款对此提出具体的建议。涉及的互操作受控词表类型有综合性分类表、记录管理分类表、专业分类表、标题表、本体、术语表、同义词环、名称规范表等。在具体操作中，还应根据受控词表的类型、语义关系及应用场景等因素进行调整，以达到更好的互操作结果。①

---

① 刘华梅. 叙词表与其他词表的互操作标准 [J]. 国家图书馆学刊, 2016 (2): 11–15.

3. 新标准特点

(1) 以概念为核心的基本原则

新标准从术语入手，以概念化为导向，以自然语言词汇为基本单元，以概念为核心，通过优选控制（词量、词类、先组度）、规范化控制（词形、词义）、结构化控制（词间关系）等规范控制手段实现词汇术语的整合，从而实现以概念为核心的语义网络的构建。①

(2) 兼顾融合单语种与多语种

新标准将旧标准 GB/T 13190－1991 与 GB/T 15417－1994 内容进行逻辑归并，兼顾了单语种和多语种的处理。将有关词汇控制和词间关系的条款都归并在相应的类目下，不仅避免了大量交叉、重叠的阐释和规定，而且方便用户查找到相关内容；同时，能更好地适应网络多语言环境，开发利用外文信息资源，实现跨语种叙词表间的互操作和共享交换。

(3) 标准化对象由叙词表向知识组织系统发展

随着信息技术和网络技术的发展，出现了一系列叙词表以外的知识组织系统，如知识分类、主题标题表、同义词环、本体等。所以本次修订标准对象都进行了不同程度的扩展，开始涵盖其他类型的知识组织系统。一是叙词表标准的某些内容可以直接应用于其他结构化词表；二是可以指导其他类型知识组织系统制定相关编制标准。现行的标准不仅仅能规范叙词表，还可以规范其他的知识组织系统。

(4) 强调叙词表后控制信息检索的主要应用

新标准强调叙词表编制开发的核心是要应用于后控检索系统；同时，可以应用于网络导航系统、浏览主题目录以及分类法等先组检索系统。网络环境下叙词表设计既要适应普通用户和机器用户的需求，还要实现与其他应用（标引、检索等）系统数据的无缝交换和集成。

(5) 充分利用计算机技术编制和管理叙词表

叙词表的编制和管理是一件耗时耗力、智力依赖型工作。当前环境下，叙词表的编制和管理更多地借助于计算机技术、信息技术和网络技术，辅助实现收词、选词、构建关系、存储、发布、出版、更新维护等各种事务性工作。加入计算机智能处理进程，不仅节省人力和时间成本，还可保证一致性和准

---

① 包冬梅. 用于信息检索的叙词表编制标准［J］. 国家图书馆学刊, 2016 (2): 3-10.

确性。

(6) 增加满足汉语叙词表编制的特定内容

为满足汉语叙词表编制的需要,在各章节增加了汉语语词的举例,或以说明的形式说明汉语语词的特点,包括:增加汉语语词的举例或注释说明;增加对应的常用汉语标记符;增加汉语叙词表的例图等,以适应汉语叙词表的编制和应用需要,增强了汉语叙词表的可操作性。

(7) 将互操作作为标准的重要部分单独列出

在当前日益发展的语义环境、关联数据、大数据的大背景下,不管是对于希望利用元搜索引擎检索多种内容的检索者,还是对于使用跨领域受控词汇进行标引的标引者,实现叙词表和其他受控词表间的互操作都是大势所趋。[①] 叙词表编制标准中加入互操作内容正是顺应形势,为我国实现叙词表和其他受控词表互操作的实践和研究指明方向。不仅可以指导和规范我国叙词表和其他受控词表互操作实践,而且对于将多类型、多语种、多学科的受控词表通过互操作实现交换、共享和集成整合,并应用于多个信息系统,实现跨系统互操作等的研究和实践,提供了强有力的支持,具有十分重要的意义。[②]

三、总　结

总的来说,新标准内容全面、详尽,涉及词表编制与应用的各个方面,在做出原则性规定的同时,还做出了进一步的说明或规定,大大提高了词表编制的可操作性。当然,十全十美、一成不变的标准是没有的,新标准还存在一些不足之处和需要不断完善的地方。由于遵循 ISO 25964 的阐释、行文和风格,该标准语句"翻译"痕迹明显,有些语言表述不容易理解。另外,本标准提出的全新内容,如数据模型、交换格式、协议、词表映射等内容,都是在 ISO 标准基础上做的原则性内容阐述及规定,其制定是否适用于汉语叙词表的操作,还需要在实践中进行检验。

但是,作为计算机化、数字化、网络化条件下的叙词表标准,它的发布和实施,必将极大推动我国情报检索语言的发展和应用。期待更多学者和专家参

[①] 张琳,宋文. 从叙词表编制标准看叙词表和其他受控词表的互操作 [J]. 情报理论与实践,2012 (12):63 - 67.

[②] 刘华梅. 叙词表与其他词表的互操作标准 [J]. 国家图书馆学刊,2016 (2):11 - 15.

与到知识组织系统构建和互操作的研究与实践中，使我国的叙词表标准朝着更规范、更全面、更实用的方向发展。

刘华梅 1980年生人，硕士研究生，国家图书馆副研究馆员，研究方向：情报检索语言，知识组织，智能信息处理。

Research on the Standards of Thesauri and Interoperability with other Vocabularies in China

Liu Huamei

Abstract: This paper describes the background of the revision of thesaurus standard from two aspects: the change of application environment and the revision of international thesaurus, and then introduces the revision of the latest thesaurus standard GB13190 in China. The article expounds in detail from three aspects: the idea of revision, the content of revision and the characteristics of revision, among which, the nine aspects of the revised content are the high generalization of the new thesaurus standard, which makes everyone have a direct understanding of the new standard.

Keywords: Thesaurus; Controlled Vocabulary; Interoperability; Thesaurus Standard

索引与数据库事业

基于上海大学图书馆馆藏的中文图书*内容索引质量抽查分析（1978—2020年）

鲍国海

（上海大学图书馆　200444）

摘　要　利用文献内容分析法，对上海大学图书馆藏书中154家国内出版社出版的1 102种文理科图书进行内容索引质量抽查，统计图书内容索引的准确率及所属出版社、学科、出版年代等信息，并分析索引错误类型。

关键词　中文图书　内容索引　质量评介　索引准确率　错误分析

一、引　言

图书内容索引是读者查找图书内容的有效工具，国外出版的图书内容索引较为普及，但中国图书则较少，笔者曾分别在2006年和2015年对两种中文图书索引质量进行过评价。①② 文献检索发现，国内学者对于中国图书，尤其是理科图书的内容索引评价论文并不多见。为了从宏观上了解中国国内出版社出版的图书内容索引的编制质量，笔者于2020年7月至2021年5月间，以上海大学图书馆（以下简称上大馆）馆藏为基础，采用随机方法，对其收藏的中国国内出版的图书进行了抽查（包括英文版图书，不包括电子索引、译书和港台出版图书，后两类图书拟另文分析）。现将抽查结果报告如下，抛砖引玉，以求正于各位同行。

---

*　未包含中国台湾、香港、澳门地区的数据。

①　鲍国海. 略谈年谱人名索引编制的几个问题：兼评《丰子恺年谱》主要人名索引［J］. 中国索引, 2006, 4（2）：11–14.

②　鲍国海. 学术著作后索引质量控制刍议：兼评《中国近代疾病社会史（1912–1937）〈人名索引〉》主要人名索引［J］. 中国索引, 2015, 13（4）：34–36.

二、抽查方法

从上大宝山校区图书馆开架阅览室中,根据《中国图书馆分类法》(以下简称中图法),逐类抽取含有内容索引的国内出版社出版的图书;然后,根据本书内容索引其中一页的索引词,按其出处,抽查图书正文内容,记录抽查结果:包括书名、作者、责任编辑、中图法分类号、出版社、出版年、抽查索引词数、正确数、准确率、差错类型等信息;最后,利用 EXCEL 软件对这些图书内容索引进行分析。

三、索引准确率分析

1. 抽查样本概述

在所抽查的图书当中,有专著 1 003 种,占 91%,其次为教材 85 种,工具书 10 种,包括年鉴、词典、手册和图谱等,科学报告 3 种,论文集 1 种。由于目前上大馆阅览室内的图书主要为 2000 年以后出版,之前出版的图书存放在密集书库,因此,本次抽查的图书样本主要为前者。在被抽查的图书内容索引中,文科图书索引词主要为人名、术语、地名、书名、机构、事件等,理科图书索引词则主要为术语。在所抽查的图书内容索引中,索引词主要以汉语拼音音序排列,其次为图表序号和汉字笔画排列。索引中含有说明的极少,绝大多数图书只有一种索引。

2. 索引准确率:按出版社排

抽查发现,中国国内共有 154 个出版社出版的 1 102 种图书含有内容索引,含有索引图书数量及索引平均准确率详见表1。

表1 含有图书内容索引的国内出版社一览表(154 个)

序号	出版社	索引抽查数(本)	索引平均准确率%
1	安徽教育出版社	1	50
2	百花文艺出版社	1	0
3	北京大学出版社	55	56.2
4	北京大学医学出版社	1	90.7

基于上海大学图书馆馆藏的中文图书内容索引质量抽查分析（1978—2020 年）

续表

序号	出版社	索引抽查数（本）	索引平均准确率%
5	北京工业大学出版社	1	25.4
6	北京航空航天大学出版社	2	86.3
7	北京交通大学出版社	1	100
8	北京理工大学出版社	25	90.8
9	北京师范大学出版社	23	49.7
10	测绘出版社	1	63
11	大连理工大学出版社	2	56.3
12	大象出版社	1	55.6
13	第四军医大学出版社	1	64.4
14	电子工业出版社	6	67.2
15	东北财经大学出版社	4	58.7
16	东方出版社	2	20.8
17	东华大学出版社	1	60
18	东南大学出版社	5	91.6
19	法律出版社	5	77.3
20	福建教育出版社	1	100
21	复旦大学出版社	4	55.7
22	高等教育出版社	37	75.8
23	格致出版社	1	67.4
24	故宫出版社	1	87.8
25	广东人民出版社	1	83.3
26	广西教育出版社	1	83.7
27	广西师范大学出版社	11	36.6
28	国防工业出版社	4	48.5
29	哈尔滨工业大学出版社	41	7.6

续表

序号	出版社	索引抽查数（本）	索引平均准确率%
30	海洋出版社	1	78.6
31	合肥工业大学出版社	1	69.6
32	黑龙江人民出版社	1	0
33	湖南科学技术出版社	2	74.3
34	花城出版社	1	0
35	华东理工大学出版社	1	75
36	华东师范大学出版社	5	87.5
37	华中科技大学出版社	1	0
38	化学工业出版社	43	79
39	机械工业出版社	4	72
40	江苏教育出版社	2	85.2
41	江苏美术出版社	1	68.4
42	江苏人民出版社	4	74
43	江苏少年儿童出版社	1	74.1
44	江西科学技术出版社	1	100
45	江西人民出版社	1	95
46	教育科学出版社	1	80
47	经济管理出版社	7	66.2
48	经济科学出版社	1	100
49	经济日报出版社	1	5
50	科学出版社	147	69.8
51	科学技术文献出版社	2	0
52	昆仑出版社	1	100
53	兰州大学出版社	5	71.8
54	辽宁人民出版社	1	28
55	南京出版社	1	0
56	南京大学出版社	8	53.8
57	南京师范大学出版社	1	78.6
58	南开大学出版社	2	88.2

续表

序号	出版社	索引抽查数（本）	索引平均准确率%
59	宁夏人民出版社	1	100
60	齐鲁书社	1	92.9
61	气象出版社	1	66.7
62	清华大学出版社	19	65.2
63	人民出版社	29	66.9
64	人民交通出版社股份有限公司	15	68.6
65	人民教育出版社	2	64.9
66	人民美术出版社	2	69.2
67	人民日报出版社	1	52.4
68	人民卫生出版社	5	73.4
69	人民文学出版社	4	83.1
70	人民邮电出版社	2	76.7
71	厦门大学出版社	3	88.9
72	山东教育出版社	4	47.4
73	山东人民出版社	2	95
74	山东文艺出版社	1	0
75	山西人民出版社	1	25
76	陕西人民出版社	2	0
77	陕西师范大学出版总社	1	60
78	商务印书馆	12	52.8
79	上海辞书出版社	3	62.4
80	上海大学出版社	1	85.7
81	上海古籍出版社	3	83.6
82	上海交通大学出版社	87	58
83	上海教育出版社	1	40.9
84	上海科学技术出版社	10	86.3
85	上海科学技术文献出版社	2	72.2
86	上海科学普及出版社	2	91.1
87	上海人民出版社	11	57.4

续表

序号	出版社	索引抽查数（本）	索引平均准确率%
88	上海三联书店	7	55.7
89	上海社会科学院出版社	2	73.3
90	上海书店出版社	5	80.9
91	上海书画出版社	1	0
92	上海外语教育出版社	14	61
93	上海文化出版社	1	100
94	上海文艺出版社	1	0
95	上海译文出版社	1	0
96	上海远东出版社	1	91.7
97	社会科学文献出版社	40	62.3
98	生活·读书·新知三联书店	14	66.4
99	世界图书出版公司	7	52.2
100	首都师范大学出版社	1	74.4
101	四川大学出版社	3	66.7
102	四川民族出版社	1	100
103	四川人民出版社	1	0
104	苏州大学出版社	1	91.3
105	天津大学出版社	1	0
106	天津古籍出版社	1	54.8
107	天津人民出版社	2	66.2
108	同济大学出版社	9	67.3
109	同心出版社	1	93.3
110	外语教学与研究出版社	2	89.7
111	万卷出版公司	1	64.2
112	文物出版社	1	91.4
113	武汉大学出版社	2	97.3
114	西安交通大学出版社	2	89.2
115	西北电讯工程学院出版社	1	95
116	学林出版社	6	100

续表

序号	出版社	索引抽查数（本）	索引平均准确率%
117	学习出版社	1	50
118	冶金工业出版社	11	67.9
119	译林出版社	8	77.5
120	原子能出版社	1	0
121	浙江大学出版社	63	52.2
122	浙江教育出版社	1	81.3
123	郑州大学出版社	1	68.4
124	知识产权出版社	3	63.7
125	知识出版社	2	80.6
126	中国标准出版社	1	100
127	中国大百科全书出版社	2	84.7
128	中国电力出版社	3	86.1
129	中国电影出版社	1	0
130	中国纺织出版社	1	96.2
131	中国广播电视出版社	1	26.5
132	中国海洋大学出版社	1	100
133	中国环境出版集团	1	69.2
134	中国检察出版社	1	100
135	中国建筑工业出版社	8	46.5
136	中国经济出版社	21	62.9
137	中国科学技术出版社	15	53
138	中国科学技术大学出版社	2	70.3
139	中国美术学院出版社	2	92.3
140	中国农业大学出版社	1	100
141	中国青年出版社	2	100
142	中国轻工业出版社	1	100
143	中国人民大学出版社	16	66.6
144	中国社会科学出版社	48	59.6
145	中国铁道出版社	2	100

续表

序号	出版社	索引抽查数（本）	索引平均准确率%
146	中国统计出版社	4	70.3
147	中国戏剧出版社	2	68.8
148	中国政法大学出版社	2	66.7
149	中国质检出版社	1	67.1
150	中华书局	8	62.8
151	中南大学出版社	1	0
152	中信出版社	5	66.3
153	中央编译出版社	11	59.9
154	重庆出版社	1	0
	总计	1102	64.1

从表1可见，含有图书索引数量列前十位的出版社依次为：科学出版社（147种）、上海交通大学出版社（87种）、浙江大学出版社（63种）、北京大学出版社（55种）、中国社会科学出版社（48种）、化学工业出版社（43种）、哈尔滨工业大学出版社（41种）、社会科学文献出版社（40种）、高等教育出版社（37种）和人民出版社（29种）。

根据索引数在10种以上的出版社排序，索引平均准确率列前十位的出版社依次为：北京理工大学出版社（90.8%）、上海科学技术出版社（86.3%）、化学工业出版社（79%）、高等教育出版社（75.8%）、科学出版社（69.8%）、人民交通出版社股份有限公司（68.6%）、冶金工业出版社（67.9%）、人民出版社（66.9%）、中国人民大学出版社（66.6%）和生活·读书·新知三联书店（66.4%）。

3. 索引准确率：按学科排

表2按中图法分类号列出图书索引准确率，平均准确率为64.4%。其中，文科类图书平均准确率为61.5%，低于理科类图书平均准确率65.6%。在所有学科图书中，索引平均准确率最高的学科是E军事类96.8%，G文化科学、教育、体育类最低，仅为36.3%，两者相差悬殊。

基于上海大学图书馆馆藏的中文图书内容索引质量抽查分析（1978—2020年）

表2 索引学科准确率（按中图法类号排序）

中国图书分类号及类名	索引抽查数（本）	索引平均准确率%
A 马克思主义、列宁主义、毛泽东思想、邓小平理论	23	58.5
B 哲学、宗教	72	69.6
C 社会科学总论	55	67.4
D 政治、法律	39	50.9
E 军事	4	96.8
F 经济	56	67
G 文化科学、教育、体育	30	36.3
H 语言、文字	13	61
I 文学	142	56
J 艺术	64	52.4
K 历史、地理	37	61
N 自然科学总论	28	66.7
O 数理科学和化学	51	57.7
P 天文学、地球科学	28	49
Q 生物科学	26	78.6
R 医药、卫生	18	72.6
S 农业科学	11	77.1
T 工业技术	4	66.3
TB 一般工业技术	38	63.3
TD 矿业工程	4	76.9
TE 石油、天然气工业	4	63.9
TF 冶金工业	9	67.9
TG 金属学与金属工艺	15	46
TH 机械、仪表工业	8	61.8
TJ 武器工业	6	68.1
TK 能源与动力工程	17	70.2
TL 原子能技术	7	56.6
TM 电工技术	16	81.5

续表

中国图书分类号及类名	索引抽查数（本）	索引平均准确率%
TN 无线电电子学、电信技术	17	63.6
TP 自动化技术、计算机技术	26	62.3
TQ 化学工业	24	70.4
TS 轻工业、手工业	9	74.7
TU 建筑科学	28	46.6
TV 水利工程	10	66.4
U 交通运输	47	63.7
V 航空、航天	78	65.5
X 环境科学、安全科学	38	69.3
小计	1 102	64.4

4. 索引准确率：按出版年代排

从表3可以看出1978—2020年间中国图书内容索引准确率变化情况。中国国内出版的图书索引准确率不高，其中，2020年仅为53.2%。因此，图书内容索引质量现状应当引起中国图书作者、编者、出版社和索引界同仁的高度重视。

表3　出版年索引准确率分布

出版年	索引抽查数（本）	索引平均准确率%
1978	2	59.5
1979	2	71.1
1980	1	28
1981	1	68.2
1982	1	80.9
1984	3	76.8
1986	6	83.8
1987	5	48
1988	3	83
1989	4	78.8
1990	4	75.5

续表

出版年	索引抽查数(本)	索引平均准确率%
1991	2	41.6
1992	6	26.2
1993	2	0
1994	1	55.2
1995	1	78.6
1996	3	80
1997	4	39.6
1998	3	39.8
1999	12	64.9
2000	9	63.4
2001	9	66.9
2002	18	66.7
2003	22	64.5
2004	23	58
2005	36	63.2
2006	42	72.5
2007	26	63.7
2008	21	59.8
2009	23	46.5
2010	30	66.7
2011	37	57.4
2012	27	57.9
2013	68	64.2
2014	130	60.5
2015	114	63
2016	102	60.4
2017	82	60.7
2018	98	67.9
2019	81	68.9
2020	35	53.2

四、索引差错分析

表5列出了1978—2020年中国图书内容索引抽查中发现的错误类型，下面，分别对此进行分析评述。

（1）查不到词目

共出现735次，占抽查图书总数的66.7%，这说明在图书出版过程中，作者和编者并没有仔细核查索引与正文。如胡家峦著的《历史的星空：英国文艺复兴时期诗歌与西方宇宙》（北京大学出版社，2001）人名索引中，"毕达哥拉斯 Pythagoras 16"（第306页），在本书第16页上并未找到该人名；再如，金碚、刘戒骄、刘吉超等著的《中国国有企业发展道路》（经济管理出版社，2013）索引中，"产业定位 71"（本书421页），在第71页只出现"产业地位"。

（2）遗漏出处

共出现567次，占51.5%，原因同上。如周公度、郭可信、李根培等编著的《晶体和准晶体的衍射》（第二版）（北京大学出版社，2013）索引中，"波函数 96"（本书第526页），但在第97—98页上均出现了该词；再如赵斌著的《生物数学思想研究》（科学出版社，2017）索引中，"陈兰荪 37，38，131"（第194页），但在本书的第166—167页中也出现了陈兰荪的名字。

抽查发现，还有少量图书内容索引并没有出处。如梁中贤著的《伊丽莎白·乔利的小说符号意义解读》（黑龙江人民出版社，2007），在本书的索引中有"阿波罗的妹妹（the sister of Appollo）"索引词（第232页），本书的索引词均遗漏了出处。

（3）出处错误

共出现533次，占48.4%。它有两种表现形式：

①对出现于正文中图、表、脚注和参考文献中的索引词，简单地以页码表示。

如在卢昌海著《时空的乐章：引力波百年漫谈》（高等教育出版社，2019）名词索引中（本书第269页），索引词"《黑洞与时间弯曲》，230"，其中230应为"230注"，它出现在该页的脚注栏中；在李林、翁冬冬、王宝奇等著的《飞行模拟器》（北京理工大学出版社，2012）索引中，"CAE的光学透射式头盔显示器 65"（本书第426页），应为"65图"，该词出现在本书第

426 页图 3-4 的说明语中;在沈小明、王云明、陆荣国等著《机载软件研制流程最佳实践》(上海交通大学出版社,2013)索引中(第 348 页),"软件编码过程 7"应为"7 表",在本页中"软件编码过程"出现在表 1.1 中。

为了便于读者检索,笔者认为,应以如下形式表示,同时在索引使用说明中加以说明。笔者还发现,有的图书索引用粗体或斜体数字分别表示图书正文中的图、表中出现的索引词,这也是一种创新。

表 4 图、表、脚注和参考文献索引出处表示法举例

	图(照片)	表格	脚注	参考文献
出处表示法 1	16 图	4 表	7 注	124 参
出处表示法 2	16t	4b	7z	124c

②只列出章节,没有标注具体页码,不便于读者使用。

如在詹跃东、李莉著的《航空航天器新能源电源系统》(哈尔滨工业大学出版社,2020 年)的名词索引中(本书第 210—221 页),所有索引词的出处均只列出章节,如"阿波罗"飞船 9.2",表示该词出现在本书第 9 章第 2 节,准确的表达应为:"201—202,203 图,204,205 图"。

(4)索引词错误

共出现 222 次,占 20.1%。它有多种表现形式。

①索引词与正文不一致。如在徐建平等著《中国环境史》(近代卷)(高等教育出版社,2020,288)的索引中,索引词"海河……229……",但正文是"沿海河流"(本书第 229 页);甘辉著的《文明的演化:基于三种生产关系框架的迈向生态文明时代的理论、案例和预见研究》第二卷(科学出版社,2018)索引中,索引词为"动机 163",但正文为"永动机"(第 162 页);杨共乐等著《古代罗马文明》(北京师范大学出版社,2014,602)索引词是"阿尔巴 125",但正文是"阿尔巴尼人"(本书第 125 页);林炎平著《我们头上的灿烂星空》人物索引中,索引词"Apollonius,阿波罗尼,……。第 57 页"(浙江大学出版社,2010,266),但在正文第 57 页为"阿波罗尼斯"。

②索引词遗漏书名号。如陈卫平著《第一页与胚胎:明清之际的中西文化比较》索引中(广西师范大学出版社,2015,289),"大统历 110"应为"《大统历》"(本书第 110 页);再如丁新著《中国文明的起源与诸夏认同的产生》索引中(南京大学出版社,2016,235),"多士,199"应为"《多士》",

"酒诰204—206"应为"《酒诰》"(本书第205—206页)。

③ 遗漏索引词注解说明。如吕澎的《美术的故事:从晚清到今天》(北京大学出版社,2010)人名索引中,"八大山人(朱耷)341,425;再如,朱伯雄、陈瑞林编著的《中国西画五十年,1898—1949》索引中,"丁悚12",丁聪115)应为"丁悚(慕琴)12"和"丁聪(小丁)"括弧内是正文中出现的姓名的其他称谓。

④ 索引词太宽泛,无检索意义。如陈勇、王飞、黄二利等著的《支线飞机设计流程与关键技术管理》索引中(上海交通大学出版社,2017,414),"高效率""经济性""舒适性""网络化"等;再如,汤鑫华著《水利发电的综合价值及其评价》索引中(中国科学技术出版社,2015,273),"必要性""概述""可持续性"等宽泛性索引词。

⑤ 将句子作为索引词或简单地将标题作为检索词,没有拆分。如刘锡光的《主体的发生》(浙江大学出版社,2014),索引词"对象意识与自我意识152—191"即取自该书第五章名称;再如,任晓明、陈晓平的《决策、博弈与认知:归纳逻辑的理论与应用》(北京师范大学出版社,2014)索引词"中国古代逻辑研究的困难319"也是直接取自该书第十一章第五节的小标题。

⑥ 索引词与正文不一致。如贺来的《马克思哲学与现代哲学变革》(中央编译出版社,2018)索引词"阿多尔诺29",应为"阿多诺29";再如刘芳的《明清时期湖广天主教的传播与发展》(中国社会科学出版社,2018),索引词"本地化2,180",应为"本地化(本土化)2,180"。

五、讨论与结论

本次抽查中发现了中国国内出版的图书内容索引还存在一些不容忽视、亟待解决的一些问题。

目前,中国国内出版的图书不但含有内容索引的不多,而且从本次抽查结果看,现有图书内容索引中还存在诸多需要解决的问题。中国出版界和索引界任重道远,需要普及、提高两手抓,两手都要硬。应当从基础做起,中国索引学会应发动全体会员,在大学生、研究生、出版界中普及索引知识,加强对现有图书馆内容索引的评价工作,利用多种宣传手段提高公众的索引意识,力争通过几代人的努力,使得中国图书内容索引不断适应广大读者的需要,逐步缩小与国外出版界的差距。

本文对中国国内出版的图书内容索引质量进行了初步抽查分析，由于所抽查的各年度和各学科图书的样本量相差悬殊，因此，抽查结果肯定会存在一些统计学上的偏差，只能大致提供中国图书内容索引的质量现状，今后还需要不断补充扩大抽查样本，力求更为全面地反映中文图书内容索引的现状。

鲍国海 男，上海大学图书馆副研究馆员。

Quality Sampling Analysis of Chinese Mainland Book Content Index Based On the Library of Shanghai University (1978 – 2020)

Bao Guohai

Abstract: By using the method of document content analysis, this paper makes a spot check on the quality of content index of 1102 kinds of liberal arts and science books published by 154 Chinese mainland publishing houses in the library of Shanghai University, obtains the information of index publishing house, subject, publishing year and index accuracy rate, and analyzes the types of index errors.

Keywords: Chinese Mainland Book; Content Index; Quality Evaluation; Index Accuracy Rate; Error Analysis

北京师范大学图书馆藏谢国桢《丛书子目类编》稿本述略
——兼谈谢国桢对于丛书索引编纂的贡献

马鸿雁

(北京师范大学图书馆 100875)

摘 要 谢国桢是当代著名的历史学家,北京师范大学图书馆藏有谢国桢主编的《丛书子目类编》稿本,已出版的《谢国桢全集》未收入。对其内容和编纂过程的考证,可以探求谢国桢对于丛书子目索引编纂的贡献,补充谢国桢学术成就研究内容。

关键词 谢国桢 丛书子目类编 索引 编纂

谢国桢(1901—1982),字刚主,晚号瓜蒂庵主,河南安阳人。1925年考入清华大学国学研究院,师从梁启超。作为当代著名的明清史学家、版本目录学家、金石学家、藏书家,在学术研究上成果卓著,有《晚明史籍考》《清开国史料考》《明清之际党社运动考》《明清笔记谈丛》《两汉社会生活概述》《南明史略》《江浙访书记》等著作。笔者在整理本馆古籍过程中,发现《丛书子目类编》仅著录为民国年间稿本,不知编者为何人。经过考察,始知此书为谢国桢先生主编,尚未收入2013年北京出版社出版的《谢国桢全集》中。结合谢国桢先生早年发表的论文《编纂〈丛书子目类编〉义例》和《丛书刊刻源流考》,笔者对《丛书子目类编》稿本的内容和编纂过程略作考述,从中探知谢国桢先生对于丛书子目索引编纂的贡献。[①]

---

① 《丛书刊刻源流考》有两版:一版1942年公开发表于《中和月刊》;二版是1957年重新改定稿,收录于《谢国桢全集》第五册《明清笔记谈丛》附录部分。因两版文字有不同之处,本文引用时一一标明出处。

一、谢国桢学术成就研究现状

学术界对于谢国桢的研究主要在生平治学、史学和文献学成就、个人藏书等方面。生平方面考察其年谱和学术活动；史学方面探究其对南明史、清代学术史、明清笔记史料等的贡献，挖掘其史学著作的学术价值，综述其史学成就和治学方法；文献学方面总结其目录学、文献学成就；个人藏书则考察其访书活动、藏书目录、收藏古籍和撰写题跋等。

在谢国桢的文献学成果中，学术界关注较多的是其编纂的史学目录及整理出版的专题史料，他对"丛书"这一图书分类的历史性考察及丛书索引的编纂则很少有人研究。《谢国桢文献学活动述略》一文中提及："1927年，谢国桢由梁启超推荐，进入北平图书馆编纂部，参加馆藏丛书目录的编辑。"[1] 谢国桢曾就职于国立北平图书馆，其《自述》中记载："梁先生逝世之后，我也因梁先生的关系，到北京图书馆担任编纂兼金石部收掌之事。"[2]《丛书子目类编》的编纂，属于谢国桢这一时期的工作内容。《编纂〈丛书子目类编〉义例》文末有落款："民国二十三年十一月三日草于国立北平图书馆编纂室，国桢记。"[3] 这也说明他任职于国立北平图书馆编纂室期间，承担了《丛书子目类编》的编纂工作。

二、《丛书子目类编》的内容编纂和出版

北京师范大学图书馆收藏有一部民国期间谢国桢主编的《丛书子目类编》稿本。毛装二册，223页。半叶十五行，行三十字，小字双行同。白口，四周单边，黄格纸，版心印有"丛书子目类编"。框高20.6厘米，长14.6厘米。目录页朱笔题"开明书店印行""看样""□装两面"。书中有原稿墨笔校补文字，也有编辑朱笔校对审改符号及文字。

此稿本为上海开明书店印刷前的看样，目录页题"丛书子目类编 汇编之部 目次"，分为汇刻类（古今著述之宋代、明代、清代上下、近代、辑佚）、

---

[1] 战晓雷.谢国桢文献学活动述略[J].图书情报工作，2006（2）：14.
[2] 谢国桢.谢国桢全集：第七册[M].北京：北京出版社，2013：2.
[3] 谢国桢.编纂《丛书子目类编》义例[J].金陵学报，1934（2）：311.

类刻类（经部、史部、子部、集部）、郡邑类、族姓类、自著类、总目书名通检、总目编者通检。正文卷端首行题"丛书子目类编 总目"，次行题"汇刻类"。每一条目著录丛书书名、著者、种数、卷数、版本、册数，每一小类标明馆藏地，每一大类统计出总种数以及本馆和外馆各自数量。

《丛书子目类编》全书成稿之前，谢国桢已经撰写相关论文。1934年，《金陵学报》公开发表其《编纂〈丛书子目类编〉义例》一文，编纂义例和整理丛书之法共有十三条，第一条说明此书取材于国立北平图书馆所藏丛书约一千四五百种，又以北京大学、清华大学、上海东方图书馆等高校图书馆和公共图书馆的公藏丛书作为补充。① 第三条说明全书编制共分四类：（一）丛书总目，分经部、史部、子部、集部（诗文、词曲等并分细目）。前代、近代、自著、郡邑、族望、辑佚、汇刊书目，体例仿照《丛书举要》；（二）子目分类，以四库分类为主，略加参考刘国钧分类方法，其大体则仿丁丙《八千卷楼书目》；（三）书名索引；（四）著者索引，卷首列丛书考原，卷末附丛书著者年代地舆分配等表。②

编纂义例和稿本内容实际上有所区别。在丛书总目分类上，义例仿照《丛书举要》分为十一类，去除释家和道家，增加族望和辑佚两类。稿本则分为汇刻、类刻、郡邑、族姓、自著五大类，经史子集四部皆入类刻，前代、近代、辑佚皆入汇刻。在全书内容编制上，义例分成四个部分：丛书总目、子目分类、书名索引、著者索引。稿本仅有《丛书子目类编》的总目部分，目录页列出的总目书名和编者通检，稿本并无相关通检部分。

《丛书子目类编》未见刊刻。初稿的编纂时间，《编纂〈丛书子目类编〉义例》中有记载："本书从事编辑已历四五年，中间虽旋作旋辍，然北平图书馆所藏丛书，一千四百余种，已整理完竣。现在正着手调查各大学图书馆所藏丛书，初稿约一年以后可以蒇事。"③ 论文发表于1934年，四五年前开始即1929年至1930年，一年以后完成即1935年。书稿大约编纂于1929年至1935年，在此期间谢国桢任职于北平图书馆编纂室。当时的编纂场面，顾颉刚在《〈丛书子目类编〉序》有所记录："一日，走访之于北平图书馆，见一室之中

---

① 谢国桢. 编纂《丛书子目类编》义例 [J]. 金陵学报，1934（2）：309.
② 谢国桢. 编纂《丛书子目类编》义例 [J]. 金陵学报，1934（2）：309.
③ 谢国桢. 编纂《丛书子目类编》义例 [J]. 金陵学报，1934（2）：311.

集六七人治其事，积片至数十百柜，析类之密远轶前人，而于一书之版本异同，卷帙多寡，并加考订以归一是，不禁拊掌曰：'是固予积想二十余年而未得为者也！'"①

根据《张元济年谱长编》，谢国桢致张元济的信函中曾提及此书，1935年1月14日书信中称："曾为平馆编《馆藏丛书子目类编》，月内即可蒇事，或拟稍事扩充，网罗现有丛书，分类编纂，但尚未敢预定。"②至4月11日，谢国桢已去函将总目部分寄送张元济，"兹附上《丛书子目类编总目》，所列种类、卷数均系按原书一一校对，且均有其书。如尊处所藏丛书校印时如有不足之处，可以代查商借也。桢意编丛书子目索引等项，非查原书不可。如借钞书目，必靠不住也。"③此时张元济参加编选《丛书集成初编》，托人向谢国桢查询几种丛书的序跋文字。谢国桢寄送总目部分，以资张元济参考。张谢二人交往已久，张元济曾托付谢国桢审核丛书、撰集丛书集成要略、撰写丛书考，谢国桢在《丛书刊刻源流考》一文中提及："桢以校书之役，识菊生先生于沪上，知有中表之戚，属在子侄之列，和色相接，每以读书砥行相勖，比读书盋山精舍，傍晚一灯，窗前芭蕉，高可隐人，读书其间，吟哦不绝。先生时移书往还，属校小字本《晋书》。及返旧部，羁于馆事，先生又命审核丛书，撰集丛书集成要略，并属撰丛书考，附于丛书集成之后。此业蓄之于怀十年未就，虽有成稿，仅可覆瓿，挥汗书此，展望乔梓，不胜有向往之感矣。"④

此书成稿之后的出版意向，在谢国桢的个人游记中有所记载。《两粤纪游》中称："到了上海……徐森玉先生、袁守和先生，均二十七八两日先后到沪上，住在八仙桥青年会。我于这两三天中访沪上旧友姚名达、朱右白诸兄，并赴开明书店商订印刷《丛书子目类编》的事情。"⑤《两粤纪游》记述时间是1935年，7月底谢国桢在上海和开明书店洽谈印刷事项。此稿本首页朱笔所题"开明书店印行""看样"，印证了洽谈的真实性，说明此书已经进入开明书店的印刷出版流程。近代报刊中，《食货》半月刊1936年10月1日第4卷第9期，《国立北平图书馆馆刊》1936年7至8月第10卷第4期、9至10

---

① 顾颉刚. 丛书子目类编序 [J]. 东方杂志, 1943.（5）：49.
② 张人凤，柳和城编著. 张元济年谱长编 [M]. 上海：上海交通大学出版社, 2011：974.
③ 张人凤，柳和城编著. 张元济年谱长编 [M]. 上海：上海交通大学出版社, 2011：982.
④ 谢国桢. 丛书刊刻源流考 [J]. 中和月刊, 1942（12）：16.
⑤ 谢国桢. 谢国桢全集 第七册 [M]. 北京：北京出版社, 2013：708.

月第 10 卷第 5 期,《北京图书馆月刊》1936 年第 10 卷第 4 期、第 5 期皆有出版预告。新书预告全文如下:

《丛书子目类编》出版预告①
谢国桢主编

1. 本编搜辑国立北平图书馆,及各大学图书馆所藏丛书,以目睹者为限,约在两千种以上。

2. 本编编制方法约分四类:(一)汇刻之部,(二)类编之部,(三)丛书子目著者通检之部,(四)丛书子目书名通检之部,分装四厚册。以期无论用何方法,皆可检明原书,供人考参。

3. 本编所收丛书截至民国二十五年八月为止,凡元明佳椠,及最近所出版之丛书,罗列无遗。

4. 本编在上海开明书店出版,其汇刻之部,业已付印,不久即可出书。

根据预告全文,此书最终收录丛书两千种以上,所收丛书的出版时间下限是 1936 年 8 月,由上海开明书店先行出版第一册汇刻之部。汇刻之部即丛书总目分类目录,稿本的目录页题为"汇编之部"。出版预告提到的四类编制方法:汇刻之部、类编之部、丛书子目著者通检之部、丛书子目书名通检之部,相对应于《编纂〈丛书子目类编〉义例》中的丛书总目、子目分类、著者索引、书名索引。这部《丛书子目类编》包括总目分类目录、子目分类目录、子目著者索引、子目书名索引。此书似乎并未正式出版,《开明书店图书目录 1926—1952》中没有收录该书。② 究其原因,可能和战事频发、时局动荡有关。1937 年,"八一三"淞沪会战爆发,开明书店的上海总店和专为其排印书刊的美成印刷厂全部毁于战火。

除了丛书总目部分的稿本以外,子目部分是否也有稿本留存?国家图书馆藏有一册毛装民国绿格抄本《丛书子目类编》,版框尺寸相同,每半叶行数字数相同,版心印有"通史"二字,卷端题"史部 地理类",其下又分:总志

---

① 佚名. 丛书子目类编出版预告 [J]. 食货半月刊, 1936. (9): 7.
② 佚名. 开明书店图书目录 1926—1952 [M]. 佚名: 内部印行, 1980: 1-86.

舆图、地理沿革、古地志、宋元明地志、清代地志、海洋、河渠、边防、山川、湖志、古迹、地理杂记、产物、游记等类。每一条目有书名、卷数、著者、所属丛书。此应为子目部分的残本。该抄本所属丛书皆用简称，如《四备》《昭代》《国丛》等。国家图书馆另有一册毛装民国抄本《丛书书名简称表》，卷端题"丛书子目类编·书名简称表"。此书名简称表与子目残本所用丛书书名简称——对应。

三、谢国桢对于丛书索引编纂的贡献

1. 梳理丛书发展史和整理现状，总结《丛书子目类编》编纂体例和整理丛书之法

在《编纂〈丛书子目类编〉义例》和《丛书刊刻源流考》两篇文章中，谢国桢皆论述丛书的定义和源流、梳理丛书在宋元明清至民国时期的历史发展脉络，重点提及清代和民国的丛书辑刻名家、代表性丛书及其特色。"要之，元明之际，所刊刻者，其丛书之萌芽也；乾隆之世，丛书之昌期也；清末民初丛书之硕果也。"①《丛书刊刻源流考》梳理丛书发展史更为详尽，乾隆以来的丛书刊刻分为四类：目录派、版本派、校雠派、综合派。②

丛书整理，始自清顾修所编丛书目录《汇刻书目》，子目附列其中。此后《丛书举要》《汇刻书目外集》《续汇刻书目》《丛书书目汇编》等书，收辑丛书子目，不胜枚举。丛书整理，以编制目录索引为主，以利于学者检索。《编纂〈丛书子目类编〉义例》总结了《丛书子目类编》的编纂体例及整理丛书之法。编纂体例，如：本书取材于哪些图书馆所藏丛书；本书编制以整理旧籍为主，新刊科学类丛书和佛藏道藏不入其中；本书编制分为丛书总目、子目分类、书名索引、著者索引四类；本书对丛书分类审定，避免子部杂家小说家与史部杂史混淆。整理丛书之法，如：整理丛书，注意其刊刻源流和版本异同，如书版几经修补易手改名者；审查有书存而实亡者，如《说郛》；审查丛书有非一人所编者；审查丛书子目有详略多少不同者；审查丛书有别行者；审查本非丛书而后人加以丛书之名者，以及初印与后印不同者；审查丛书有两名实一

---

① 谢国桢.编纂《丛书子目类编》义例[J].金陵学报，1934（02）：308.
② 谢国桢.丛书刊刻源流考[J].中和月刊，1942（12）：6-9.

书者；审查有一书而刊入数种丛书之内，其内容有详略之不同。《丛书刊刻源流考》在此基础上又有所补充，总结了下列事项：宜明丛书传刻之源流、宜明编者之主名、宜明丛书之版本、宜明丛书内容之缺落及原本之罕传、宜明丛书内容之谬误、选择丛书宜明去取。这些编纂体例以及整理方法，对于当时以及后世的丛书整理和目录索引编纂都是有借鉴意义的。

2. 提倡丛书分类，促进民国时期丛书子目索引编纂体例的完善

民国时期，索引事业兴起，1923年胡适在《〈国学季刊〉发刊宣言》中提倡索引式整理国学。索引运动中，图书馆界出现了丛书子目索引的编纂。1931年至1936年间，先后出版了《丛书子目索引》（浙江图书馆辑）、《丛书子目备检：著者之部》（金陵大学图书馆辑）、《丛书子目书名索引》（清华大学图书馆辑），这些索引以本馆馆藏丛书为编选范围，丛书名或著者进行子目检索，但忽略了子目分类和对丛书总目的检索。谢国桢认为旧法重在丛书举要和子目索引，缺少子目分类，三者实缺一不可。

《丛书子目类编》先后有黎锦熙、顾颉刚为其撰写序文并公开发表。顾颉刚称："此自有丛书目录以来所未尝有之盛业也。"① 黎锦熙认为："谢先生这部《丛书子目类编》的出版，真可算是彻底整理国故工作的开路先锋了。……在这书出版以前，整理丛书子目的书，可以分为四类：第一，综列丛书，各系子目；……第二，分析子目，编成书名笔画索引，各注明所在之丛书；……第三，分析著者，编成姓名笔画索引，各胪列其所著在某丛书中之书；……第四，如前所说，'分析子目，以类相从'，这就是谢先生这部书的主要体例。……总之，整理丛书子目的四种体例，谢先生这部书实集其大成。"②

谢国桢在丛书分类问题上数易其稿，可见其重视和审慎程度。

(1) 在《编纂〈丛书子目类编〉义例》一文中，丛书总目分为经部、史部、子部、集部、前代、近代、自著、郡邑、族望、辑佚、汇刊书目，共十一类；子目分类，以四库分类为主。

(2) 《丛书子目类编》稿本，丛书总目分为四级类目。一级目录：汇刻类、类刻类、郡邑类、族姓类、自著类，共五大类。二级目录：汇刻类又分为古今著述之宋代、明代、清代上、清代下、近代、辑佚；类刻类又分为经部、

---

① 顾颉刚. 丛书子目类编序 [J]. 东方杂志，1943. (5)：49.
② 黎锦熙. 谢国桢丛书子目类编序 [J]. 师大月刊，1936. (26)：368-369.

史部、子部、集部；郡邑类又分为省区、郡邑、乡贤；自著类又分为汉至宋元、明代、清代、近代。三级目录：经部分为群经正文、群经注疏、经解、经学自著、音韵训诂、石经；史部分为正史、史学史料、年谱传记、舆地丛钞、史学自著、政书、金石、目录；子部分为诸子汇刻、儒家、兵家、农家、医家、天文算学、阴阳五行、西学、艺术谱录、杂纂、小说、道家、类书；集部分为诗文集、词曲。四级目录：诗文集分为历朝总集、汉唐集部、宋代集部、金元集部、明代集部、清代集部、近代集部、诗文评、宫词、尺牍汇刻；词曲分为词集、词话、杂剧传奇汇刻、杂剧传奇自著、散曲小令、曲话。

（3）在1942年公开发表《丛书刊刻源流考》一文中，以图表绘制成《丛书分类表》，把丛书分为四级类目。一级目录：经部、史部、子部、集部、汇刻古今著述、自著丛书、郡邑丛书、族姓丛书，共八大类。二级目录：经部分为正文、注疏、经解、自著、音韵训诂、石经；史部分为正史、史料、传记年谱、政书、舆地、自著、金石、目录；子部分为汇刻、儒家、兵家、农家、道家、天算、西学、阴阳五行、医家、类书、艺术谱录、小说杂纂；集部分为总集、别集、诗文评、宫词、尺牍汇刻、词、杂剧传奇；古今著述分为宋元、明代、清代、近代、辑佚；自著分为汉至宋元、清代、近代；郡邑分为省区、郡县、掌故。三级目录：别集分为汉唐、宋辽金元、清、近代；词分为词集、词话；杂剧传奇分为汇刻、自著、散曲小令、曲话；古今著述的清代分为初叶、中叶、季叶。四级目录：古今著述的清代中叶分为目录、版本、校勘、综合。

（4）在《丛书刊刻源流考》1957年重新改定稿中①，把丛书分为四级类目。一级目录：汇刻（即古今著述）、类刻（又名专刊，即经史子集诸部）、辨伪辑佚、自著、郡邑、族姓，共六大类。二级目录：汇刻比1942年公开稿少了辑佚，辨伪辑佚升入一级目录；1942年公开稿一级分类的经史子集四类降为二级目录，属于类刻；辑佚辨伪分为辑佚、辨伪；自著和郡邑的二级分类不变；族姓分为本姓所编、后人所编。三级目录：汇刻清代分为初期、中期、末期；经史子集四部细分和1942年公开稿相同。四级目录：集部别集、词、杂剧传奇以及汇刻清代中期的分类和1942年公开稿相同。

3. 寄送《丛书考》，为《中国丛书综录》的编纂提供有益参考

1959年上海图书馆出版了《中国丛书总录》，分为总目分类目录、子目分

---

① 谢国桢. 谢国桢全集 第五册［M］. 北京：北京出版社，2013：448-453.

类目录和索引（子目著者索引、子目书名索引）三册，这是至今最为详尽的古籍丛书目录。它收录全国 41 家图书馆所藏古籍丛书 2 797 种，子目 38 891 种。顾廷龙在《回忆瓜蒂盦主谢国桢教授》中曾致谢："先生既撰《晚明史籍考》，继有《丛书考》之作，已成百数十种。南北迢递，初无知也。建国后我馆有《中国丛书综录》之辑。承以所著《丛书考》寄示，提供参考，俱见其热爱社会主义，事无大小，力所能及者，均予支持，其风义之高，令人钦敬。"①

谢国桢寄送顾廷龙的《丛书考》，为编辑《中国丛书综录》提供了参考。《丛书考》是谢国桢所撰丛书解题。他在《丛书刊刻源流考》中提及："余以研治乙部，兼嗜目录之学，爰为北京图书馆编《丛书子目类编》，分汇编、类编、书名索引、著者索引四类，取便学人，供诸检讨。复拟撰集丛书解题，置诸类编之首，间采叙跋，仿朱彝尊《经义考》成《丛书考》一书，书前并述丛书刊刻源流，以明其原委。原稿纂辑排比已逾千五百余种，徒以人事倥偬，弃置箧中，未遑整理，先为此编，以当发端云尔。"② 从这段文字中可知，《丛书考》包括丛书解题和丛书刊刻源流考。已经撰集一千五百余种丛书解题的《丛书考》未及出版，《丛书刊刻源流考》作为此书开篇之作先行发表。

《中国丛书综录》总目分为汇编（杂纂类、辑佚类、郡邑类、氏族类、独撰类）、类编（经类、史类、子类、集类）。与《丛书刊刻源流考》一文中的《丛书分类表》相比较，汇编相当于集合了谢国桢丛书分类中的汇刻、辑佚、自著、郡邑和族姓，将其六大类合并为两大类，总目分类层级更为清晰合理。《中国丛书综录》子目按照经史子集分类编排，这和谢国桢子目分类以四库分类为主的原则相一致。《中国丛书综录》对经史子集四部之下的类目做了增加、分化和合并，更适合丛书子目的科学归类。

总而观之，如何检验一部丛书目录的编纂水平？《中国丛书综录》前言曰："要便于使用者掌握丛书所包含的丰富数据，丛书目录，首应力求著录的正确和分类的恰当，并须做到下列三点：一、搜罗完备，尽可能反映丛书的全貌；二、便于检阅者无论从总目、分类、书名、作者等任何角度去检寻，都可

---

① 谢国桢著. 江浙访书记 [M]. 北京：生活·读书·新知三联书店，2008：1.
② 此段文字，1957 年重新改定稿中更为详尽，引文出自改定稿。参见：谢国桢. 谢国桢全集：第五册 [M]. 北京：北京出版社，2013：456－457.

一索即得；三、反映丛书收藏的情况，以便研究者以目求书，就近取阅。"①从以上标准来看，谢国桢编纂《丛书子目类编》时已经设计从总目、分类、书名、作者等角度检索条目，搜罗丛书的完备性和反映收藏机构的数量上则受限于当时的社会条件。谢国桢在《丛书子目类编》中的编撰方法、在《丛书考》中的解题和丛书分类体系，这些对于《中国丛书综录》等丛书目录的编纂是有参考意义的。

马鸿雁　女，1980年生人，古典文献学博士，北京师范大学图书馆馆员，研究方向：版本目录学、藏书史。

A Brief Introduction to Xie Guozhen's Series Bibliographic Catalogue in the Library of Beijing Normal University
— On Xie Guozhen's Contribution to Bibliographic Index Compilation of Series of Books

Ma Hongyan

Abstract: Xie Guozhen is a famous contemporary historian. The manuscript of "Series Bibliographic Catalogue" edited by Xie Guozhen in the library of Beijing Normal University is not included in the published "Complete works of Xie Guozhen". The textual research on its content and compilation process can explore Xie Guozhen's contributions to the compilation of Series Bibliography Index and supplement the existing research contents of his academic achievements.

Keywords: Xie Guozhen; Series Bibliographic Catalogue; Index; Compilation

---

① 上海图书馆编. 中国丛书综录 总目 [M]. 上海：上海古籍出版社，1982：2.

社会化媒体在跨语言信息检索中的应用研究*

刘伟成

（湖北省图书馆　武汉　430081）

摘　要　社会化媒体的迅速发展和用户为中心的网络模式，产生了大量的用户自己创造的网络资源，社会语义网络直接反映用户的动态词汇和语义关系，如社会化标签系统和大众分类法，通过网络连接和分类构成了一个大的多语言概念网络。本文主要探讨将社会化网络作为一个巨大并不断增长的语言学资源应用于跨语言信息检索，结合形式语义和社会语义的优点，解决多语言世界中的信息检索难题，如命名实体识别、词义消歧、查询扩展等。本文同时将目前存在的一些试验系统进行了梳理和比较，实践证明，将社会化媒体应用于跨语言信息检索，在理论上和实践上都具有更大的优势。

关键词　跨语言信息检索　社会化媒体　维基百科　本体　多语言大众分类法

一、引　言

自 1997 年 TREC 举行了第一次跨语言信息检索评测以来，跨语言信息检索的研究逐步活跃，NTCIR、CLEF 分别于 1999 年和 2000 年进行了首次跨语言信息检索的评测，每年举行一次，截至 2016 年 7 月，NTCIR 举行了 12 届，CLEF 举行了 16 届。其中 CLEF 的影响力和地位逐渐增强，不断推出新的测试

---

* 本文系国家社科基金项目"社会化媒体在跨语言信息检索中的应用研究"（编号：14BTQ058）的研究成果之一。（This article is an outcome of the project "The application of social media social network on cross language information retrieval", (No. 14BTQ058) supported by National Planning Office of Philosophy and Social Science in China.）通信作者：刘伟成，Email：liuweicheng@ wust. edu. cn，ORCID：0000 - 0001 - 9881 - 4288（Correspondence should be addressed to Liu Weicheng, Email：liuweicheng@ wust. edu. cn, ORCID：0000 - 0001 - 9881 - 4288）

项目和研究领域,2009 年新设知识产权检索、跨语言日志文件检索和网格检索,2012 年增加了跨语言相似性检索,从 2013 年开始社会化媒体在跨语言信息检索中的应用研究逐渐增多。2008 年印度 11 个机构成立了跨语言信息存取系统发展联盟（CLIA, Development of Cross Lingual Information Access system）。① 美国计算语言学会（The Association for Computational Linguistics, 简称 ACL）、美国计算机学会信息检索特别兴趣小组（the Special Interest Group on Information Retrieval of the Association for Computing Machinary, ACM SIGIR）等学术组织也举行专门会议研究和探讨跨语言信息检索。Google 也于 2008 年 12 月 19 日推出其基于在线翻译的跨语言搜索引擎,并不断优化。各学术团体和商业机构的广泛参与,以及大数据背景下的用户需求,使跨语言信息检索成为持续活跃的研究领域,也逐渐成为情报学的研究热点之一。

随着 web 2.0、社交网络和社会化媒体的不断发展,互联网上的数据内容和数据量呈现出爆发增长状态,进入了"大数据"时代,随着维基百科、Twitter 以及 Facebook 等的应用,网络上存在的语言类型也不断增长,因此对多语言的自然语言的处理需求不断增长。这些大量增加的内容,一方面为信息检索提出了新的要求,如最近发展迅速的社会化搜索和即时搜索系统;另一方面,也为信息检索提供了更为丰富的语义资源,包括跨语言语义资源。Diana 等人认为,社会化媒体用户通过网上合作共享语言信息,将通过以下几个方面促进跨语言信息检索的发展：创建多语言资源；用不同的语言对网络资源进行元数据标注；在查询语言和目标语言之间建立映射和地图；对相关的检索结果进行标注。② 本论文主要研究社会化媒体在跨语言信息检索中的应用,包括领域本体构建、命名实体识别、词义消歧、查询扩展等。

二、跨语言信息检索研究面临的主要问题

在跨语言信息检索信息系统中,目前主要的方法是采用查询翻译。翻译方

---

① Sharma, V. K., Mittal, N. Cross lingual information retrieval (CLIR): Review of tools, challenges and translation approaches. Advances in Intelligent Systems and Computing, 2016 (433), pp. 699 – 708.

② Tanase, D. I., Kapetanios, E. Improving cross-language information retrieval by harnessing the social Web. Handbook of Research on Web 2.0, 3.0, and X.0: Technologies, Business, and Social Applications, 2009 (1), pp. 277 – 295.

法又可以分为机器翻译和人工辅助翻译,机器翻译采用的主要语言工具是双语词表、词典、平行语料库、本体和中间语言索引等,这些方法简单易行,但是由于缺乏语义描述,在词义消歧方面存在许多缺陷,使检索效率受到很大影响。目前也有手工或者半自动构建的本体(包括通用本体和领域本体)用于词义消歧,将词汇之间的转换提高到语义层次,我们称之为形式语义,但是存在更新速度慢、对于新出现的术语和词汇不敏感等问题。我们认为,目前跨语言信息检索遇到的困难和挑战主要有:词义消歧、词典的覆盖度不够、高质量的语言学资源比较匮乏、词的切分和命名实体识别还存在一些困难。具体如表1所示。

表1 跨语言信息检索存在的主要问题

问题与挑战	同音异义(homonymy)	一词多义(polysemy)	词变形	短语翻译	缺少翻译资源	未登录词(OOV)
定义	具有相同发音或者拼写,但是含义完全不同	同一个词具有多个相互关联的含义	同一个词具有不同的语法形式	单词组成短语会形成与原单词完全不同的含义	特别对于一些少数民族语言,很难获得相关翻译资源	未被词典收录的词,如人名、地名、企业名、缩写词、新增词汇等
示例	"left"可以代表左边,也可以是动词"leave"的过去式	"ring"可以指结婚戒指,也可以指拳击台	good, better和best是单词"good"的不同语法形式	"couch potato"指电视迷	如词典、平行语料、机器翻译系统、字符编码方案等	"H1N1 Malaysia"是一种新型流感

三、社会化媒体的分类及其在跨语言信息检索研究中的优势分析

(一)社会化媒体的分类

Kevin Glasier(2008)认为,社会化媒体是一种通过人类语言进行有机的、复杂的、在线的对话,包括社交网络、网络书签、博客、微博、视频分享、照片分享、留言板、维基、虚拟现实、社交游戏等内容。社会化媒体类型及国内外代表性网站列表如表2所示。

表 2　社会化媒体类型及其典型代表

社会化媒体类型	子类型	国外代表	国内代表
群体智慧	百科	Wikipedia	百度百科
	问答	Answers	知乎
	评论	yelp	大众点评
	合作过滤推荐	Stumbleupon、Digg	无
社交网络	大众	Facebook、Google+	人人网
	商务	LinkedIn	优士
	移动社交	WhatsApp	微信
博客类	博客	Blogger	网易博客
	微博	Twitter、Tumblr	新浪微博、QQ空间
内容分享	视频	YouTube	优酷、土豆
	图片	Flickr、Instagram	花瓣网
	合作书签	Del.icio.us	OpenFav
虚拟游戏世界	社交游戏	魔兽世界	英雄联盟
虚拟社会世界	虚拟世界	Second life	大富翁

从网络的角度看，社会化媒体一般可分为社会关系层、功能平台层和应用层三个层面，且相互匹配。以国外主流社会化媒体为例，Facebook 是双向关系、社交型互动平台和社交型应用匹配融合的典型，而 Twitter 是单向关系、内容传播平台和内容型应用匹配融合的典型。

（二）社会化媒体在跨语言信息检索研究中的优势分析

前面我们论述了跨语言信息检索研究仍然面临的诸多问题，包括语义消歧、未登录词、命名实体识别和提问词切分等，而对以上几点进行深入的分析后，则发现所有问题的根源在于缺乏一个基础有效的多语言语料库。于是，构建一个完善的语料库将对跨语言信息检索研究中面临的各项难题有着非常重要的含义。社会化媒体的迅速发展，产生了大量的用户自己创造的网络资源，社会语义网络直接反映用户的动态词汇和关系，如社会化标签系统和大众分类法。表 3 分析了社会化媒体语料库与传统信息检索词库的特征对比以及优势所在。

表3 社会化媒体语料库与传统语料库之间的对比总结

	传统信息源	社会化媒体语料库
来源	统一的领域权威机构编写或者发布	所有社会化媒体用户均是信息的生产者、发布者和传播者
更新频率	低，按照基本固定的周期进行更新	高，每时每刻用户参与发布或传播的信息都在丰富和更新语料库
更新难度	大，信息的更新需要递经传统的流程审阅，通过后才能统一进行更新	小，社会化媒体具有公开的特点，所有用户均能轻松更新语料库内容
是否时效性	否，信息更新缓慢	是，随时都在将最新时效信息纳入数据库
对新语义接纳程度	低，传统信息源对新增词汇入库的流程非常严格且烦琐，接纳程度低	高，社会化媒体本身是一个活跃的新兴媒体，对新鲜词汇及语义有较高的包容度
与受众关系	面向大规模受众，但受众之间没有关系	用户之间及用户和媒体之间建立了社会关系
投入	高资源投入（人、网络、设备等）	个性化，成本低
安全性	高	低

四、社会化媒体在跨语言信息检索中的应用

本节将探讨从多语言的社会化媒体信息空间获取跨语言的信息表示，以实现词义消歧和跨语言文本相似度计量等多语言信息检索应用。

（一）在语言学资源构建方面的应用

语言学资源的质量对跨语言信息检索系统的性能至关重要。这里我们主要分析社会化媒体在多语言词典、双语语料库和多语言大众分类系统等构建方面的应用。

1. 在构建双语平行语料库方面的应用

大规模的多语言语料库是研究 CLIR 和机器翻译系统的基础，正所谓 "More data are better Data"。大规模双语平行或可比较语料库是构建高质量统

计机器翻译系统的重要基础资源。①

美国马里兰大学 Resnik 等人作为早期的研究者，将互联网作为挖掘平行语料库的巨大资源，他们开发的 STRAND（Structural Translation Recognition for Acquiring Natural Data）系统对基于 Web 的平行语料挖掘影响巨大。② 作为社会化媒体最成功的典范之一，维基百科收录的语言种类和词条数量日益增多，截止到 2015 年 11 月的统计，共收录 285 种语言编辑的 3 700 余万词条，注册用户超过 5 900 万，总编辑次数突破 21 亿。维基百科中存在大量的双语料资源，由于维基百科的特殊结构和链接关系，众多学者基本上将其定位为一个巨大的可比语料库（Comparable Corpus），特别适合平行语料库（Parallel Corpus）的自动构建和挖掘。

Smith 等人是较早的研究者，他们通过文献对齐的方式从维基百科中挖掘平行句子来构建平行语料库，并对英语、德语、比利时语和西班牙进行了测试，准确度和效率均有大幅提高，显示了维基百科作为可比语料的巨大潜力。③ Hoang 采用基于引导的方法（bootstrapping based method）来计算双语句子的相似性，从维基百科中抽取平行句子，提高了机器翻译系统的准确度，并在英语和越南语翻译的试验中得到证明。④ Zamani 运用局部和全局信息抽取平行句子，利用最大熵二元分类器（Maximum Entropy binary classifier）计算平行句子的相似性（局部信息），然后利用整数线性规划（integer linear programming）根据句子在文献或网页中位置对结果进行优化和反馈（全局信息），实验证明该方法抽取的平行句子准确度高，在机器翻译和跨语言信息检索中取得

---

① ZHANG Xi-lai. *Ponder over the pluralism of domestic Wiki development* [D]. Beijing: Tsinghua University, 2006.

② Resnik, P., Smith, N. A. The Web as a Parallel Corpus [J]. *Computational Linguistics*, 2003, 29 (3), pp. 349 – 380.

③ Smith, J. R., Quirk, C., Toutanova, K. Extracting parallel sentences from comparable corpora using document level alignment [C]. NAACL HLT 2010-Human Language Technologies: The 2010 Annual Conference of the North American Chapter of the Association for Computational Linguistics, Proceedings of the Main Conference, pp. 403 – 411.

④ Hoang, C., Le, A. -C., Nguyen, P. -T., Pham, S. B., Ho, T. B. An efficient framework for extracting parallel sentences from non-parallel corpora [J]. *Fundamenta Informaticae*, 2014, 130 (2), pp. 179 – 199.

了很好的效果,且该方法可以适用于多种语言。①

2. 构建多语词典

多语言词典的缺乏、同义词和多义词的消歧对跨语言信息检索的准确性意义重大。如何快速自动构建这些资源一直是学者们努力的目标。Calzolari 提出了语言学资源构建的 5 个基本原则：互操作性；合作建设（维基模式）；资源共享；自动构建和更新；分布式结构。即基于开放内容互操作标准，建设一种分布式的语言资源和服务，使用户可以通过网络自由存取。②

在社会化媒体快速发展的今天,人们把互联网和社会化网络用作一个巨大的多语言语料库,自动构建各种多语词典。如维基百科内容丰富,通过维基间的链接（interwiki links）将不同语言表示的同一内容连接在一起,可以用来自动构建双语或多语词典；通过重定向页面（redirect pages）,可以识别某概念的不同名称,从而构建某一种语言的同义词词典；维基百科的词义消歧页面（disambiguation pages）代表一个概念或术语的不同含义,以方便用户选择,我们可以通过这一功能构建多义词词典。这三个方面的词典结合在一起就可以实现跨语言信息检索的查询翻译、词义消歧和查询扩展。③ Ye 等人提出了一种自动构建跨语言联合词典（CLAD, cross language association dictionary）方法,主要利用维基百科中的概念链（concept link）和多语言链（multilingual link）,该方法的有效性在 TREC 和 NTCIR 试验中得到了验证。④

3. 创建多语言大众分类系统

社会化标签（social tagging）也称为合作化标签,是由用户为自己的文章、图片、音频、视频等一系列文件所定义的一个或多个描述（关键词）。不同的

---

① Zamani, H., Faili, H., Shakery, A. Sentence alignment using local and global information [J]. Computer Speech and Language, 2016, 39, pp. 88 – 107.

② Calzolari, N. Initiatives, tendencies and driving forces for a "lexical Web" as part of a language infrastructure [J]. Lecture Notes in Computer Science (including subseries Lecture Notes in Artificial Intelligence and Lecture Notes in Bioinformatics), 2008, 4938 LNAI, pp. 90 – 105.

③ Kim, S., Ko, Y., Oard, D. W. Combining lexical and statistical translation evidence for cross – language information retrieval [J]. Journal of the Association for Information Science & Technology, 2015, Vol. 66 Issue 1, pp. 23 – 39.

④ Ye, Z., Huang, J. X., He, B., Lin, H. Mining a multilingual association dictionary from Wikipedia for cross-language information retrieval [J]. Journal of the American Society for Information Science and Technology, 2012, 63 (12), pp. 2474 – 2487.

用户所创建的标签系统共同构成了一个轻量级的概念结构，被称为大众分类法（folksonomy）。与传统的分类法所不同的是，大众分类法没有清楚的定义和相互之间的等级关系。随着社会化媒体和网络的发展，用户不再是被动的信息使用者，而变成信息的创建者和组织者，在多元文化和多语言环境下，大众分类系统特别适合用来进行跨语言信息检索实践。

关于大众分类法在信息标引和分类以及在跨语言信息检索中的应用，许多学者做了大量的研究，我们认为其应用可以概括为以下几个方面：（1）建立标签匹配和分类系统。在社会化媒体中标签代表了用户语义，Overell（2009）利用维基百科和开放目录中的结构模式对社会化标签进行自动关联和分类，如首先将维基百科中的文章进行分类，然后将 Flickr 标签与维基百科中的文章进行关联，这样 Flickr 标签就有了相同的分类。Sigurbjornsson（2008）尝试过将 Flickr 标签与 WordNet 建立连接，并且发现 51.8% 的 Flickr 标签可以通过这种匹配获得语义类别。Jason（2011）通过用户和词汇的共现技术（co-occurrence）发现多语言标签之间的关系，组织多语言标签词对，从而自动构建多语言大众分类系统，即使是词典中没有出现的新词也可以通过这种方式进行有效的匹配。[①]（2）实现基于标签的跨语言信息检索。目前更多的是实现多媒体信息的检索，Melenhorst（2008）和 Huang（2010）分别研究了基于标签的视频和音乐检索，Jason（2011）则更进一步，通过多语言大众分类系统实现查询翻译的转换，实现跨语言信息检索。（3）支持基于社区的社会化合作。标签表达了用户的价值判断并与其他用户分享，多语言大众分类系统的构建也需要多语言用户的广泛合作，目前研究人员更多的是从图片分享网站 Flickr 和社会化书签分享网站 Del. icio. us 获取多语言大众分类资源，正是由于这两个网站跨语言用户多并且用户活跃度高。大众分类系统本质上是集体智慧的一种应用，未来在合作式信息检索和信息标引以及分类系统的自动构建方面将会发挥越来越大的作用。

（二）在构建多语言本体方面的应用

"消除机器翻译的歧义性"，始终是制约跨语言信息检索发展的难题。[②] 20

[①] Jason, J. J. Discovering community of lingual practice for matching multilingual tags from folksonomies [J]. Computer Journal, 2012, 55 (3), pp. 337–346.

[②] 刘伟成. 多语言本体构建及其在跨语言信息检索中的应用 [J]. 武汉科技大学学报：社会科学版，2006, 10 (4)：73~77.

世纪90年代初,语言信息工程领域在研究中,提出了一种建基于知识库的革命性的方法,即提出了一种构建本体(Ontologies)和本体工程(Ontology engineering)的思想。单语言本体是主要采用一种语言描述的本体;多语言本体(Multilingual Ontologies)是本体在不同语种中的具体表示形式,类似于不同语言的语义词典,并在同一概念上实现了跨语言间的链接和标注,是实现跨语言信息检索的一个重要工具,在跨语言信息检索、词义消歧、机器翻译、信息提取、概念检索等方面有重要应用。

目前多语言本体的构建还是一个非常具有挑战性的工作,从构建方法上可以分为自动构建和手工构建,从内容上可以分为通用本体和领域本体。维基百科由于具有语言间链结构和丰富的多语言文献资源,在自动构建多语言本体方面具有天然的优势,目前有几个多语言本体项目就是通过自动挖掘和抽取维基百科建立的,如Cyc(http://www.cyc.com/)、Dbpedia(http://wiki.dbpedia.org/)、YAGO(https://datahub.io/dataset/yago)和BabelNet(http://babelnet.org/)。如YAGO首先是利用维基百科中的信息框、分类、特色条目星标、跨维基链接和重定向等重要信息挖掘语义关系,再从地名数据库GeoNames获取多语言地名信息,然后与英语本体WordNet中概念间关系(如同义词、上下位关系等)建立链接来构筑多语言本体。BabelNet则更进一步,通过自动集成WordNet、Wikipedia、Wikidata等现有的十几种多语言本体资源来建设,目前已经涵盖了271种语言,并为用户提供基于SPARQL和关联数据标准的查询界面。①

此外,社会化网络也是一个巨大的多语言合作网络,人们愿意贡献自己的才智和内容,我们有理由相信可以像维基百科和其他社会化媒体一样,建设一个全球性的多语言词典。目前有三个全球性的项目正在进行当中,他们的共同特点都是采用合作建设的模式,即每个用户都可以添加、编辑和存取词汇。①Wiktionary,也称为维基词典,是维基百科的姊妹工程,2002年12月正式上线,维基词典的目的就是通过志愿者相互协作创建的方式,建立一个全球性的自由的多语言词典。用户在编辑词汇的时候要遵循事先定义好的模板,语言间链接(smart kinks)也需要用户来定义。截止到2015年8月,共有172种

---

① Ben Aouicha, M., Hadj Taieb, M. A., Ezzeddine, M. Derivation of "is a" taxonomy from Wikipedia Category Graph [J]. Engineering Applications of Artificial Intelligence, 2016, 50, pp. 265–286.

语言 1 500 万个词汇。②OmegaWiki 起步于 2004 年，其与维基词典的不同之处是会在用户的编辑页面嵌入"Babel template"，以便系统自动识别用户所熟悉的语言。此外，OmegaWiki 的编辑不是基于词汇而已基于定义好的概念（concept of defined meaning），概念由相应的定义和表示组成。截至目前，该词典包含 483 种语言和 48 865 个概念以及 510 931 个表达，并与维基百科和维基知识库（Wikidata）建立了相应的链接和关联。③Global WordNet Grid，也称为全球词网网格，该项目是 2006 年在韩国举行的第三届全球词网协会会议上提出来的，该项目与欧洲词网（EuroWordNet）一样，均起步于普林斯顿大学开发的 WordNet，目前全球存在大约 60 种不同语言的词网，全球词网网格期望将它们连接起来，形成一个免费的全球性的多语言词网。但区别是 Global WordNet Grid 采用独立于语言的形式本体作为其语言间索引（Interlingual Index，ILI），同时采用 SUMO（Suggested Upper Merged Ontology）和知识交换格式（Knowledge Interchange Format，KIF）等标准，在为概念增加新的实体和关系时更加清晰和准确。①

此外，多语言领域本体的构建也是众多学者研究的一个热点。基于维基百科构建领域本体的大体流程是：(1) 从维基百科网站下载相关领域数据到本地，并入库本地数据库。进行有效子分类提取，作为本体中类的概念集，设定"领域关键词"作为顶层分类。(2) 确定本体构建规模，设定本体树形结构层数最大值，进行有效条目提取，作为实例集。(3) 将关系表、类的概念集以及实例集按照映射表映射到 OWL 语言，形成本体的形式化表示，本体构建成功。② Carcia 等人提出了一种通过大众分类法和关联数据云（Linked Open Data cloud）自动构建领域本体的方法，该方法首先从书签分享网站 Delicious 进行术语提取，并与外部关联数据云中已经存在的概念和词的等级关系进行关联，有效地建立了一个金融领域的本体。③

---

① Fellbaum, C., Vossen, P. Challenges for a multilingual wordnet [J]. *Language Resources and Evaluation*, 2012, 46 (2), pp. 313 – 326.

② Fellbaum, C., Vossen, P. Challenges for a multilingual wordnet [J]. *Language Resources and Evaluation*, 2012, 46 (2), pp. 313 – 326.

③ García-Silva, A., García-Castro, L. J., García, A., Corcho, O. Building domain ontologies out of folksonomies and linked data [J]. *International Journal on Artificial Intelligence Tools*, 2015, 24 (2), art. no. 1540014 (22 pages).

(三) 在命名实体识别和语义消歧方面的应用

命名实体（Named Entity）不仅包括专有名词（即地名、人名和组织机构名称等），还包括时间、日期、数量等各种类型的短语和单位名称等。查询翻译有两大主要难题：即词的歧义性和未登录词。命名实体是未登录词中数量最多、识别难度最大、对跨语言信息检索效果影响最大的问题。据 Habash 等人（2008）的研究，40% 的未识别词都是专有名词。命名实体识别（Named Entity Recognition, NER）是自然语言处理的一个重要任务，在跨语言信息检索、机器翻译、指代识别、新闻聚合、剽窃检测等领域都有重要应用，20 世纪 90 年代就成为 MUC 会议（Message Understanding Conference）的重要议题。由于命名实体类型多样、数量众多，并不断有新的命名实体出现，如何识别、翻译（含音译）命名实体一直是跨语言信息检索的重要难题之一，特别是对于一些少数族群语言更是缺少必要的资源和工具。

命名实体识别主要有三种方法：基于规则的方法，基于机器学习的方法和混合方法。其中机器学习方法是最流行和最有效的方法，但是有两个主要的缺点，一是需要大量人工标注的多语言语料库，二是需要熟悉多种语言的专家来设计相关性参数，这些都需要大量的人工成本和时间。随着网上多语资源的不断丰富，学者们开始考虑通过挖掘社会化媒体进行命名实体的自动识别。Richman（2008）和 Nothman（2012）等人均研究了利用维基百科多语言特征和特殊的链接结构进行多语言命名实体的识别，可以利用的结构和元数据包括文章篇名、链接、分类、模板、信息框和消歧数据等，采用自动构建和识别的方式。上述方法需要对文献进行预处理，如词性标记、平行语料文本对齐等，Rami 等人[1]更进一步，采用独立于语言的方式，通过单词嵌入（word embedding）的方式来获得文本的语义和句法特征向量空间，该方法是发展多语言应用的一个基石，可以采用无监督学习的方式对所有的语言进行自动语义和句法标注[2]，然后通过维基链结构和知识库 Freebase（目前已全部转移到 Wikidata）自动构建 NER 标注器，实现多语言命名实体的自动识别，并在 40 种语言上面验证了其有效性

---

[1] Al-Rfou, R., Kulkarni, V., Perozzi, B., Skiena, S. POLYGLOT-NER: Massive Multilingual named entity recognition [C]. SIAM International Conference on Data Mining 2015, SDM 2015, pp. 586–594.

[2] Tomas Mikolov, Wen-tau Yih, and Geoffrey Zweig. Linguistic regularities in continuous space word representations [C]. In Proceedings of NAACL-HLT, pages 746–751, 2013.

和语言无关性。除维基百科外，众多学者也探讨了运用其他社会化媒体进行命名实体识别的研究，如 Wang 等人①通过检索和匹配合作标签系统提出了一种基于模式的命名实体翻译方法，并应用于多媒体检索；Holzmann 等人②探讨了 NER 技术在博客空间的应用，即命名实体演化识别（Named Entity Evolution Recognition, NEER）的方法和技术，由于社会化媒体用户同时又是内容的创作者，用户的用词千差万别并不断演进，如何识别同义词并消除歧义是跨语言信息检索的重要保障；Xuan 等人③运用关联开放数据（Linked Open Data, LOD）进行多语言命名实体的识别和匹配，并应用于视频和电影推荐系统，取得了很好的效果；Al-Qawasmeh 等人④运用维基百科和关联开放数据 LOD 进行命名实体的扩展和词义消歧，有效地解决了一词多义和一义多词的问题。

（四）在查询扩展方面的应用

一般来说，用户通常不能在搜索框中准确表达自己的检索意图，常用的查询优化方法有拼写检查、截词、缩写扩展、减词、查询切分、查询主题分类等。查询扩展是一种通过原始查询上下文信息来重构查询、增加有效检索词，从而提高信息检索的性能。常用查询扩展主要有两大种方案：伪相关反馈技术和挖掘外部资源。伪相关反馈技术是假设返回的文献都是相关的，然后从这些文档中抽取扩展词作为第二次检索的输入词。外部资源包括同义词典、平行语料库、维基百科等。随着网络资源的丰富，学者越来越多地采用外部资源进行查询扩展和词义消歧，如 Bendersky 等人（2012）通过互联网获得扩展词；Li 等人（2007）利用维基百科的页面结构和语言特性较好地解决未登录词、一词多义、同义词典的不足；Cui 等人（2002）通过挖掘搜索引擎查询日志来进行查询扩展；Pal 等人（2014）则利用 WordNet 作为查询扩展的资源，通过三

---

① Wang, Y. -C. , Chen, J. -T. , Tsai, R. T. -H. , Hsu, W. -L. Query and tag translation for Chinese-Korean cross-language social media retrieval [C]. Proceedings of the 2011 IEEE International Conference on Information Reuse and Integration, IRI 2011, art. no. 6009561, pp. 288 – 291.

② Holzmann, H. , Tahmasebi, N. , Risse, T. Named entity evolution recognition on the Blogosphere [J]. International Journal on Digital Libraries, 2015, 15 (2 – 4), pp. 209 – 235.

③ Pham, X. H. , Jung, J. J. Recommendation system based on multilingual entity matching on linked open data [J]. Journal of Intelligent and Fuzzy Systems, 2014, 27 (2), pp. 589 – 599.

④ Al-Qawasmeh, O. , Al-Smadi, M. , Fraihat, N. Arabic named entity disambiguation using linked open data [C]. 2016 7th International Conference on Information and Communication Systems, ICICS 2016, pp. 333 – 338.

种不同方法确定候选词的有效性,在 TREC 测试中较其他方法取得了显著的改善和提高。① 此外,裴飞等人②综合运用两种方法,尝试用基于搜索引擎 Google 的伪相关反馈技术和基于维基百科作为外部语料库相结合来查询扩展,采用 NTCIR 测试文本集,验证了维基百科在双语扩展中的优势。

据研究,含有命名实体的查询占据了查询总量的 70% (Guo, 2009)。Brandão 等人③利用维基百科丰富的链结构对命名实体进行扩展和消歧,采用有指导的学习方法,计算每个候选词与原查询词之间的相似度及其在不同文章区域、分类和信息框描述符中出现的频率,TREC 测试显示平均准确度(MAP)提高 23.32%。

随着社会化媒体的发展,网民自主创造内容(user generated content, UGC)不断增加。如视频分享网站 youtube 每分钟有 61 种语言 300 多小时的视频内容被上传分享(Youtube Press, 2015),Khwileh 等人④利用 UGC 内容的元数据字段(Metadata Fields)进行查询扩展,并应用于跨语言多媒体视频的检索,证明了不同元数据字段的有效性。

社会化标签系统是集体智慧的成果,也称为大众分类法,在多语用户环境中,逐渐形成了多语言大众分类法。在社会化媒体中用户会用不同语言创造一些新词和网络用语,通过标签共现技术和语义关系分析可以发现跨语言标签之间的关联,从而实现跨语言的用户查询扩展。Jason 以视频分享网站 Flickr 和书签分享网站 Del. icio. us 为例,研究了多语言大众分类法在跨语言信息检索查询扩展中的应用,取得了良好的效果。⑤ Aastrand 等人⑥则探讨了利用关联开

---

① Pal, D. , Mitra, M. , Datta, K. Improving query expansion using WordNet [J]. *Journal of the Association for Information Science and Technology*, 2014, 65 (12), pp. 2469 – 2478.

② 裴飞等. 基于 Web 的查询扩展 [J]. 电脑知识与技术, 2011 (6): 1217 – 1221.

③ Brandão, W. C. , Santos, R. L. T. , Ziviani, N. , De Moura, E. S. , Da Silva, A. S. Learning to expand queries using entities [J]. *Journal of the Association for Information Science and Technology*, 2014, 65 (9), pp. 1870 – 1883.

④ Khwileh, A. , Ganguly, D. , Jones, G. J. F. Utilisation of metadata fields and query expansion in cross-lingual search of user-generated internet video [J]. *Journal of Artificial Intelligence Research*, 2016, 55, pp. 249 – 281.

⑤ Jung, J. J. Cross-lingual query expansion in multilingual folksonomies: A case study on Flickr [J]. *Knowledge-Based Systems*, 2013, 42, pp. 60 – 67.

⑥ Aastrand, G. , Celebi, R. , Sauermann, L. Using linked open data to bootstrap corporate knowledge management in the OrganiK project [C]. I – SEMANTICS 2010 September 1 – 3, 2010 Graz, Austria.

放数据（LOD）自动构建和维护大众分类法，以实现对知识内容的标注、存储和检索时的查询扩展等应用。

四、应用效果分析（系统比较）

平均准确率 MAP（Mean Average Precision）是评价信息检索效率的一个重要指标，Sharma 等人[①]对 11 个跨语言信息检索系统进行过系统比较，其中 Sorg 等人利用维基百科、跨语言显语义分析和概念袋（bag of concept）技术效果显著，其 MAP 为 0.46。我们在其基础上增选了部分利用社会化媒体进行跨语言信息检索的试验系统，其检索效果如表 4 所示。虽然由于语言种类、测试集范围和检索方法各异，但均取得了非常好的检索效果，相对于其测试的基准系统均有大幅度的提高，揭示了社会化媒体在跨语言信息检索系统中的应用潜力。

表4 社会化媒体在跨语言信息检索应用效果

作者	语言	方法	测试集	结果（MAP）
Chen-Yu et al.[②]	汉语，日语，韩语	双语词典，维基百科，相关反馈	NTCIR-6	0.0992（C-CJK-T）0.0802（C-CJK-D）
Sorg et al.[③]	德语，英语，法语，西班牙语	维基百科，显语义分析	JRC-acquis 和 Multext	0.46
Sungho Kim, et al.[④]	韩语，英语	双语词典，维基百科，查询扩展	NTCIR-5	0.4834

---

① Sharma, V. K., Mittal, N. Cross lingual information retrieval (CLIR): Review of tools, challenges and translation approaches. *Advances in Intelligent Systems and Computing*, 2016 (433), pp. 699–708.

② Sharma, V. K., Mittal, N. Cross lingual information retrieval (CLIR): Review of tools, challenges and translation approaches. *Advances in Intelligent Systems and Computing*, 2016 (433), pp. 699–708.

③ Sharma, V. K., Mittal, N. Cross lingual information retrieval (CLIR): Review of tools, challenges and translation approaches. *Advances in Intelligent Systems and Computing*, 2016 (433), pp. 699–708.

④ Kim, S., Ko, Y., Oard, D. W. Combining lexical and statistical translation evidence for cross-language information retrieval [J]. *Journal of the Association for Information Science & Technology*, 2015, Vol. 66 Issue 1, pp. 23–39.

续表

作者	语言	方法	测试集	结果（MAP）
Zheng Ye, et al①	汉语，英语	维基百科，查询扩展	TREC5&6	0.3263
Yu-Chun Wang, et al②	汉语，韩语	维基百科，社会化标签，谷歌翻译	Youtube	0.39875

五、结　语

　　词典的覆盖度和质量、平行语料库的可获得性、短语翻译、同音异义和一词多义等问题依然是跨语言信息检索的主要障碍。社会化媒体由于其合作性、自组织性和多语言性等特点，使其在跨语言信息检索应用中具有理论上的优势，通过前面的分析我们知道其在实践和应用中同样具有先进性。目前学者们探讨最多的还是基于维基百科的应用，基于社会化标签和关联开放数据的跨语言信息检索系统正在不断增长，本文对目前社会化媒体在跨语言信息检索中的应用进行了系统的梳理和分析，期望能对学者的研究起到借鉴作用。在下一步的研究中，我们将分别对不同的方法进行试验系统的测试和比较，发现更多的潜在方法和应用价值。

　　刘伟成　男，1971年生，研究馆员，湖北省图书馆党委书记、馆长，湖北省古籍保护中心主任，伊利诺伊大学香槟分校访问学者。主要研究方向：信息检索与信息组织。公开发表学术论文80余篇，出版专著4部，主编教材3部。

---

① Ye, Z., Huang, J. X., He, B., Lin, H. Mining a multilingual association dictionary from Wikipedia for cross-language information retrieval [J]. Journal of the American Society for Information Science and Technology, 2012, 63 (12), pp. 2474–2487.

② Wang, Y.-C., Chen, J.-T., Tsai, R. T.-H., Hsu, W.-L. Query and tag translation for Chinese-Korean cross-language social media retrieval [C]. Proceedings of the 2011 IEEE International Conference on Information Reuse and Integration, IRI 2011, art. no. 6009561, pp. 288–291.

Application of Social Media in Cross-language Information Retrieval

Liu Weicheng

Abstract: The rapid development of social media and user-centered web paradigm has resulted in a large number of network resources that users created. Social semantic network consists of dynamic vocabulary and semantic relationships such as social tagging systems and folksonomy, which constitute a large multi-language concept network through semantic connection and classification. This paper discusses the possibility of applying social networks as a huge and growing linguistic resources into cross-language information retrieval, combined with the advantages of formal semantics and social semantics to solve multi-language information retrieval problems in the world, such as named entity recognition, WSD and query expansion. In this paper, we also take comparative analysis of the existing CLIR testing systems using social network approaches, and we have the conclusion that social media have a great advantage both in theory and in practice when used in CLIR. 4 tabs. 28 refs.

Keywords: Cross Language Information Retrieval; Social Media; Wikipedia; Ontology; Multilingual Folksonomy

基于文献计量与可视化呈现的意识形态领域研究热点分析

蒋耘中　赵呈刚

（清华大学图书馆　北京　100084）

摘　要　利用 CNKI 学术期刊数据库，采集本年度发表的关于"意识形态"领域的学术论文，重点对当前意识形态领域的研究热点进行了统计与分析，不仅可以为学术研究、政府决策提供参考，还可以为高校图书馆的信息资源建设尤其是文科资源的意识形态把关提供参考和借鉴。

关键词　意识形态　研究热点　文献计量　可视化分析

一、前　言

意识形态工作是我们党的一项极端重要的工作。习近平总书记指出："经济建设是党的中心工作，意识形态工作是党的一项极端重要的工作……历史和现实反复证明，能否做好意识形态工作，事关党的前途命运，事关国家长治久安，事关民族凝聚力和向心力。巩固党的群众基础和执政基础，不能说只要群众物质生活好就可以了……精神上丧失群众基础，最后也要出问题。"党的十九大报告指出："意识形态决定文化前进方向和发展道路。必须推进马克思主义中国化时代化大众化，建设具有强大凝聚力和引领力的社会主义意识形态，使全体人民在理想信念、价值理念、道德观念上紧紧团结在一起。要加强理论武装，推动新时代中国特色社会主义思想深入人心。"

"当前，世界百年未有之大变局加速演进，中华民族伟大复兴进入关键时期，我们面临的风险挑战明显增多"①，意识形态领域的斗争必将更加激烈。

---

① 习近平在中央党校（国家行政学院）中青年干部培训班开班式上发表重要讲话．2021 年 9 月 1 日。

"要增强风险意识,下好先手棋、打好主动仗,做好随时应对各种风险挑战的准备"①。要按照习近平总书记提出的要求,既要有防范风险的先手,也要有应对和化解风险挑战的高招;既要打好防范和抵御风险的有准备之战,也要打好化险为夷、转危为机的战略主动战。

要打好有准备之战,打好战略主动战,就必须对意识形态领域的研究态势有准确的把握。文献检索是了解意识形态领域研究态势的基本工具。本文通过国内 8 540 种学术期刊中当年内发表的关于意识形态的学术论文大数据中梳理出意识形态的各种表现方式,对当前意识形态的研究热点加以分析,不仅可以为学术研究、政府决策提供参考,还可以为高校图书馆的信息资源建设尤其是文科资源的意识形态把关提供参考和借鉴,同时也可以发挥高校图书馆在育人和培育文化自信方面的作用。

二、数据收集

利用 CNKI 学术期刊数据库,检索出在题名、关键词、摘要字段中含有"意识形态"、当年发表的学术论文 3 567 篇(检索式为:TKA = "意识形态" AND YE = "2021";检索时间为 9 月 9 日)。

将检索结果按照 EndNote 格式下载。

三、研究热点分析

(一) 词频分析

利用文献可视化分析工具 VOSviewer,选择共词分析模块,关键词提取的阈值选 1(即对所有关键词进行分析和网络呈现),算法选 full counting,最后聚出 641 个类,涉及关键词节点 8 042 个,词频在 20 以上的关键词如表 1 所示:

---

① 习近平在中央党校(国家行政学院)中青年干部培训班开班式上发表重要讲话. 2020 年 10 月 10 日.

表1 CNKI学术期刊数据库收录的意识形态领域论文（2021年1月1日—9月9日）关键词一览表

（词频>=20）（按照词频高低排序）

num	label	weight < Occurrences >
1	意识形态	516
2	新时代	151
3	马克思主义	150
4	中国共产党	137
5	高校	130
6	思想政治教育	113
7	大学生	100
8	主流意识形态	81
9	意识形态工作	76
10	网络意识形态	61
11	话语权	57
12	意识形态安全	50
13	课程思政	47
14	文化自信	45
15	社会主义核心价值观	42
16	新媒体	41
17	意识形态建设	40
18	路径	39
19	马克思	36
20	习近平	36
21	历史虚无主义	35
22	对策	32
23	思想政治理论课	32
24	意识形态领域	31
25	中美关系	30
26	思政教育	29
27	网络空间	29
28	红色文化	28
29	人类命运共同体	28
30	高职院校	26
31	立德树人	25
32	媒体融合	25
33	挑战	25

续表

num	label	weight < Occurrences >
34	《德意志意识形态》	24
35	高校思想政治教育	24
36	互联网	24
37	思政课	24
38	唯物史观	24
39	话语	23
40	社会思潮	22
41	社会主义	21
42	新冠肺炎疫情	21
43	领导权	20
44	意识形态教育	20

梳理出意识形态的表现形式322个：

词频在3以上的关键词共有50个，如表2所示：

表2 CNKI学术期刊数据库收录意识形态论文（2021年1月1日—9月9日）表现形式一览表

（词频>=3）（按照词频高低排序）

num	label	weight〈Occurrences〉
1	马克思主义	150
2	社会主义核心价值观	42
3	历史虚无主义	35
4	社会主义	21
5	社会主义意识形态	18
6	历史唯物主义	17
7	中国特色社会主义	17
8	习近平新时代中国特色社会主义思想	16
9	新自由主义	12
10	资本主义	12
11	爱国主义教育	11
12	民族主义	11
13	消费主义	10
14	马克思主义大众化	9
15	共产主义	8
16	马克思主义信仰	8

续表

num	label	weight〈Occurrences〉
17	马克思主义意识形态	8
18	西方马克思主义	8
19	现实主义	8
20	马克思主义哲学	7
21	民粹主义	7
22	马克思主义新闻观	6
23	马克思主义理论	5
24	马克思主义学院	5
25	人道主义	5
26	自由主义	5
27	爱国主义	4
28	保守主义	4
29	帝国主义	4
30	马克思主义基本原理	4
31	马克思主义中国化	4
32	女性主义	4
33	情境主义国际	4
34	社会主义核心价值体系	4
35	社会主义意识形态建设	4
36	网络爱国主义	4
37	新历史主义	4
38	虚无主义	4
39	法西斯主义	3
40	功能主义	3
41	国际主义	3
42	后现代主义	3
43	科学社会主义	3
44	历史制度主义	3
45	民主社会主义	3
46	人文主义	3
47	数字资本主义	3
48	现代主义	3
49	中国特色社会主义文化	3
50	中国特色社会主义制度	3

(二) 共词网络分析

利用文献可视化分析工具 VOSviewer，选择共词分析模块，关键词提取的阈值选 1（即对所有关键词进行分析和网络呈现），算法选 full counting，最后聚出 641 个类，涉及关键词节点 8 042 个，共词网络如图 1 所示：

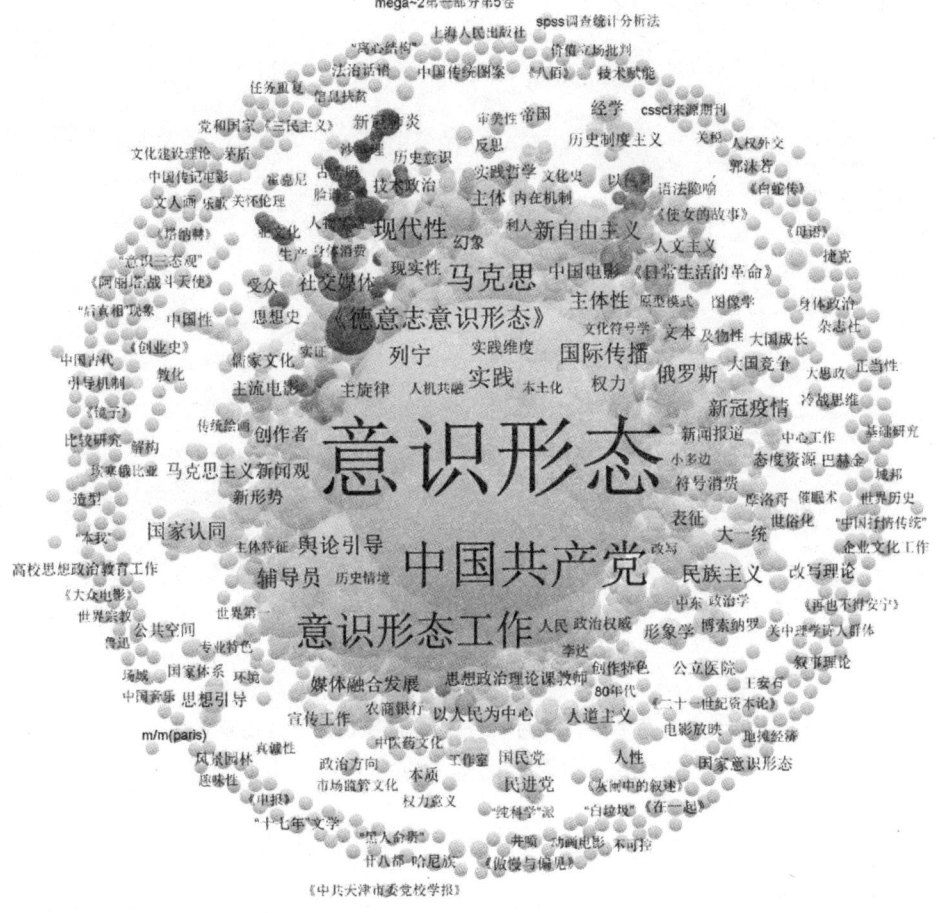

图 1　CNKI 学术期刊数据库收录的意识形态领域论文
(2021 年 1 月 1 日—9 月 9 日) 共词网络图
(8 042 个节点)

从对这些关键字中,我们大体可以将这些论文分为两大类。一类是对意识形态工作进行研究的,主要涉及意识形态工作的指导思想、基本原则、工作路径和经验总结等。意识形态工作研究的关键词主要包括:马克思主义、中国共产党、主流意识形态、话语权、意识形态安全、课程思政、文化自信、社会主义核心价值观、马克思、习近平、红色文化、人类命运共同体、社会主义、历史唯物主义、中国特色社会主义、毛泽东、习近平新时代中国特色社会主义思想等,共词网络图参见图2:

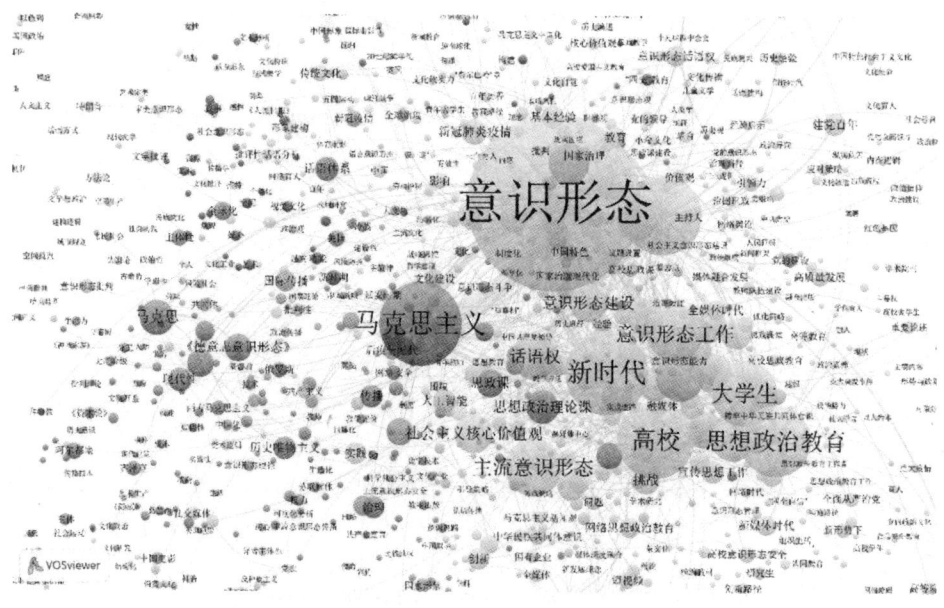

图2 CNKI 学术期刊数据库收录的意识形态领域论文
(2021年1月1日—10月28日) 主流意识形态共词网络图
(1 439 个节点、阈值为2)

另一类是对意识形态领域中主要社会思潮的分析和研究,关键词主要包括:历史虚无主义、民族主义、新自由主义、资本主义、消费主义、现实主义、民粹主义、女性主义、社会思潮、自由主义、"普世价值"、保守主义、数字资本主义、帝国主义、网络爱国主义、文化帝国主义、文化虚无主义、新历史主义、虚无主义等,共词网络图参见图3:

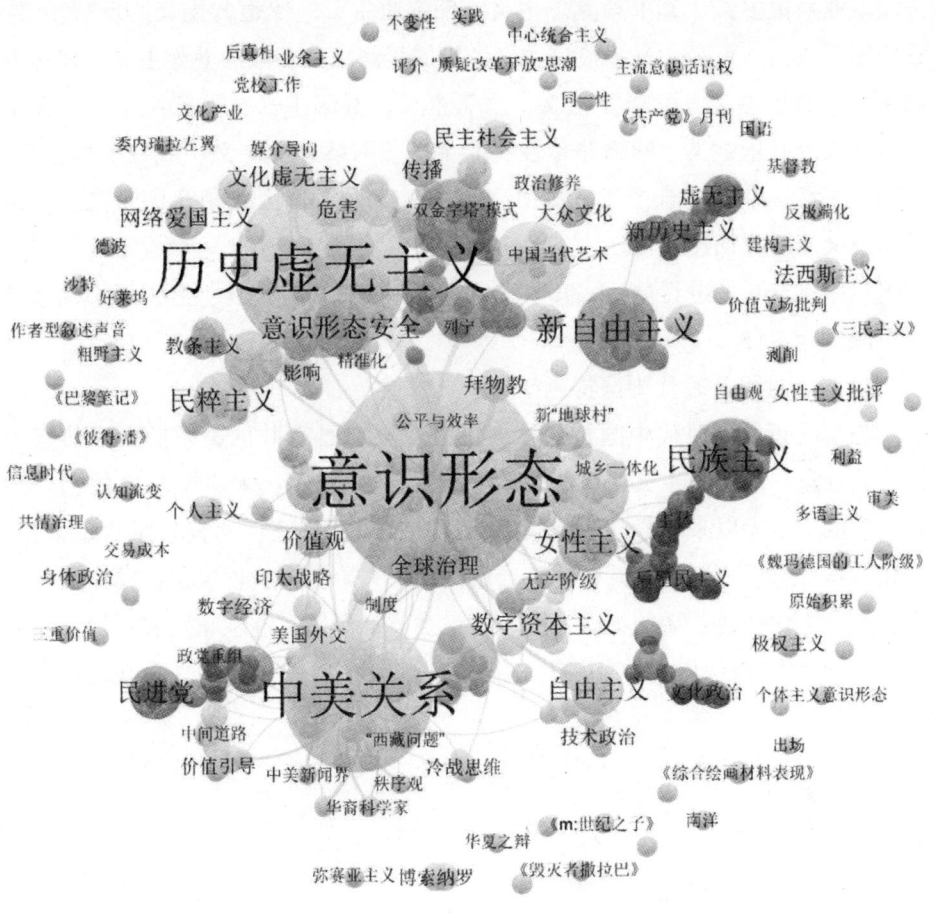

**图 3　CNKI 学术期刊数据库收录的意识形态领域论文
(2021 年 1 月 1 日—10 月 28 日) 非主流意识形态共词网络图**
(1157 个节点、阈值为 1)

(三) 研究热点选粹

通过人工筛选和分析，选取了 52 种意识形态，包括：社会主义核心价值观、历史虚无主义、习近平新时代中国特色社会主义思想、新自由主义、网络民族主义、消费主义、现实主义、民粹主义、帝国主义、女性主义、"普世价值"、网络爱国主义、历史制度主义、数字资本主义、后殖民主义、极权主义、特朗普主义、文化帝国主义、文化消费主义、文化虚无主义、右翼民粹主义、"精致"利己主义、爱国民族主义、本土恐怖主义、粗野主义、存在主义、东亚殖民主义、都市马克思主义、反本质主义、反道德主义、反智主义、泛伊斯兰主义、行为主义、痕迹主义、机械复制主义、激进平等主义、技术资本主义、禁欲主义、弥赛亚主义、欧亚主义、群氓主义、生态主义、天下主义、网络泛娱乐主义、网络非理性民族主义、网络恐怖主义、威权民粹主义、伊斯兰主义、中心统合主义、自由（激进）主义、自由贸易帝国主义、自由意志主义、左翼加速主义。

从中挑选9种进行分析。其中，意识形态工作研究2种，意识形态领域社会思潮研究7种：

（1）习近平新时代中国特色社会主义思想

与"习近平新时代中国特色社会主义思想"具有共词关系的研究热点包括：大众化；马克思主义；《共产党宣言》；把关作用；大学生；党的创新理论；党的十八大以来；党建工作；多维视角；风清气正；高校教学管理工作；高校意识形态教育；高职院校；工会组织；工人阶级；管理视角；国家文化安全；红色文化资源；活的灵魂；机制；纪委监督责任；继承和发展；加强党的建设；教育实践活动；两个维护；路径；履职尽责；马克思主义大众化；马克

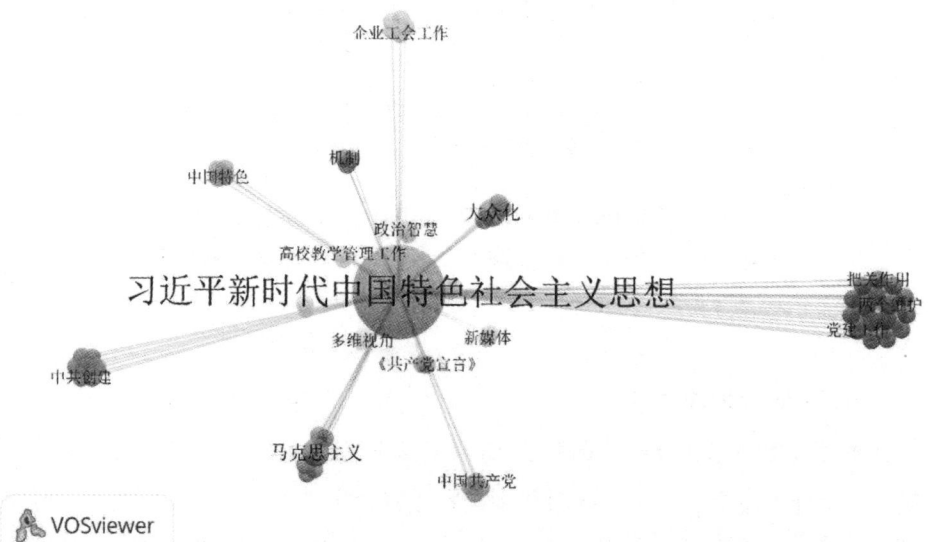

图4 与习近平新时代中国特色社会主义思想具有共词关系的研究热点网络图
（64个节点）（检索式：TKA = "意识形态" AND KY = "习近平新时代中国特色社会主义思想" AND YE = "2021"）

思主义经典作家；民族工作；旗帜鲜明讲政治；企业工会工作；全面从严治党；人民至上；认同教育；社会主义本质；社会主义核心价值观教育；双循环；思想政治理论课；亡党亡国；伟大斗争；问题导向；西方意识形态；习近平总书记；新的伟大工程；新格局；新媒体；新媒体时代；新形势下；宣传思想工作；意识形态领域；应对挑战；与时俱进；战斗堡垒作用；哲学底蕴；政治智慧；中共创建；中国共产党；中国共产党成立；中国共产党成立100周年；中国特色；中国特色社会主义本质；中国特色社会主义制度。

其共词网络如图4所示。

（2）社会主义核心价值观

与"社会主义核心价值观"具有共词关系的研究热点包括：意识形态、

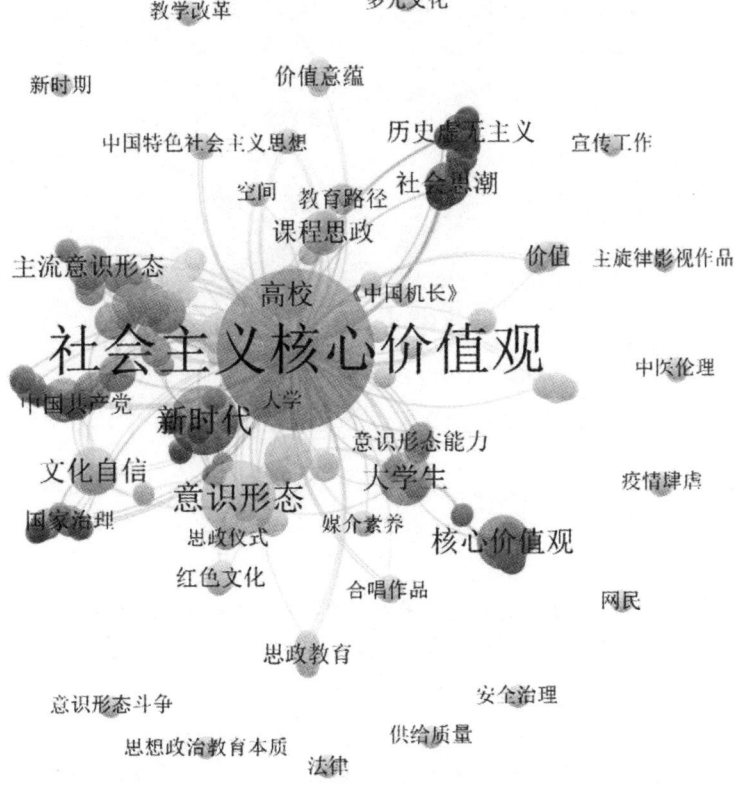

图5 与社会主义核心价值观具有共词关系的研究热点网络图
（273个节点）（检索式：TKA = "意识形态" AND KY = "社会主义核心价值观" AND YE = "2021"）

新时代、大学生、核心价值观、高校、思想政治教育、文化自信、课程思政、马克思主义、社会思潮、文化建设、习近平、意识形态领域、优秀传统文化、主流意识形态、历史虚无主义、唯物史观、文化强国、意识形态工作、中国特色社会主义等。

其共词网络如图5所示。

(3) 历史虚无主义

历史虚无主义是近年来比较流行的一种社会思潮，它以所谓"重新评价历史"为名，歪曲我们党的历史和中国革命的历史，丑化党的领袖，否定党的领导，否定中国走中国特色社会主义道路的历史必然性。旗帜鲜明地反对历史虚无主义是意识形态工作的一项重要内容。

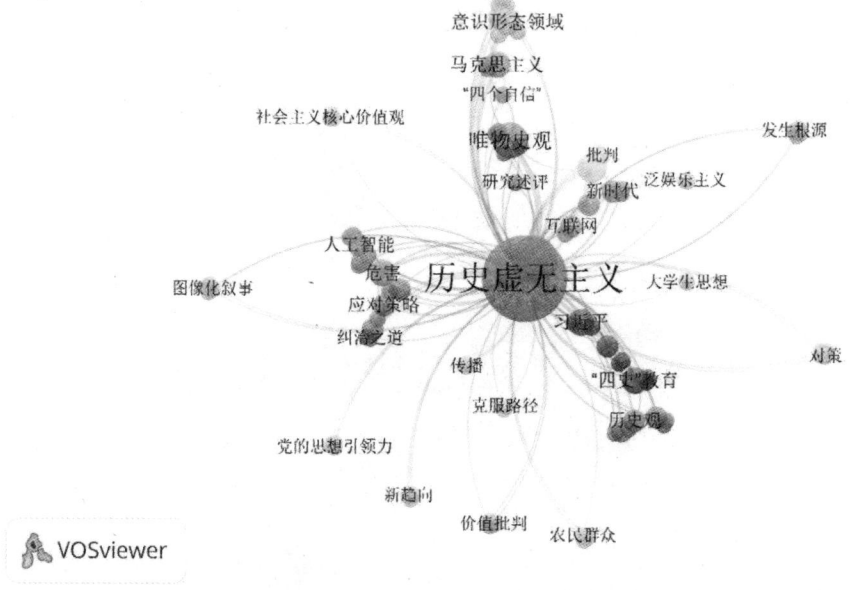

图6　与历史虚无主义具有共词关系的研究热点网络图
（117个节点）（检索式：TKA = "意识形态" AND KY = "历史虚无主义" AND YE = "2021"）

图6揭示了与"历史虚无主义"具有共词关系的研究热点，包括：意识形态、唯物史观、意识形态安全、"四史"教育、马克思主义、危害、习近平、意识形态领域、党史学习、红色文化、互联网、历史观、历史唯物主义、人工智能、社会思潮、思政教育、网络传播、现实危害、新时代、应对策略、治

理等。

（4）新自由主义

新自由主义是 20 世纪七八十年代流行于当代西方国家的一种经济思潮，因为它反对公有制，反对国家对经济的控制，因而成为以美国为首的西方国家和平演变社会主义国家的重要意识形态工具。美国向前社会主义国家和发展中国家推销新自由主义思潮，给这些国家带来了严重的恶果。2008 年世界金融危机以后，新自由主义逐渐式微，日益成为理论界批判的对象。

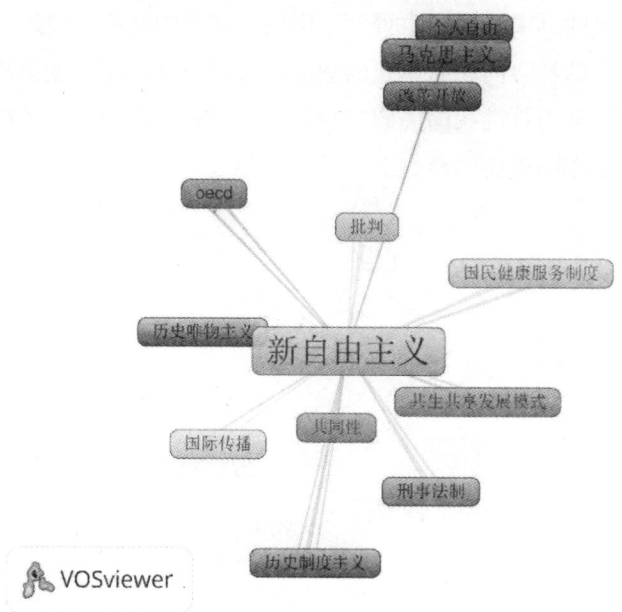

图 7　与新自由主义具有共词关系的研究热点网络图
（45 个节点）（检索式：TKA = "意识形态" AND KY = "新自由主义" AND YE = "2021"）

图 7 揭示了与"新自由主义"具有共词关系的研究热点，包括：马克思主义、OECD、本质属性、大学生、反霸权、改革开放、高等职业教育、个人自由、共生共享发展模式、共同性、沟通机制、国际传播、国民健康服务制度、哈特和奈格里、监狱人口、教育技术、经济理性、理论发展历程、历史唯物主义、历史制度主义、批判、批判话语分析、全球化、人类命运共同体、社会福利、社会团结经济、生命政治生产、市场机制、体制危机、未来教育、文化帝国主义、向下刑法、项目制、新"地球村"、新自由主义思维、刑事法

制、意识形态、英国、政治信仰、政治隐喻、治理模式、中国特色社会主义、资本逻辑、左翼加速主义。

(5) 民粹主义

民粹主义是一种近年来再度兴起的社会思潮。它的本意是强调平民群众的价值和理想，把平民化和大众化作为政治运动和政治制度合法性的最终来源。2008年世界金融危机以后，由于西方国家普遍陷入泥潭找不到出路，一些政客就以民意为武器来争取选票，从而助长了民粹主义的情绪。由于民粹主义具有反对资本主义的诉求，因而也得到了国内一些人的共鸣。但是，由于民粹主义本身有将复杂的社会问题简单化的倾向，如果任其泛滥，就会给社会稳定带来消极的影响，从而打乱我国民族复兴的伟大进程。因而，对民粹主义的研究也是意识形态工作的重要内容。

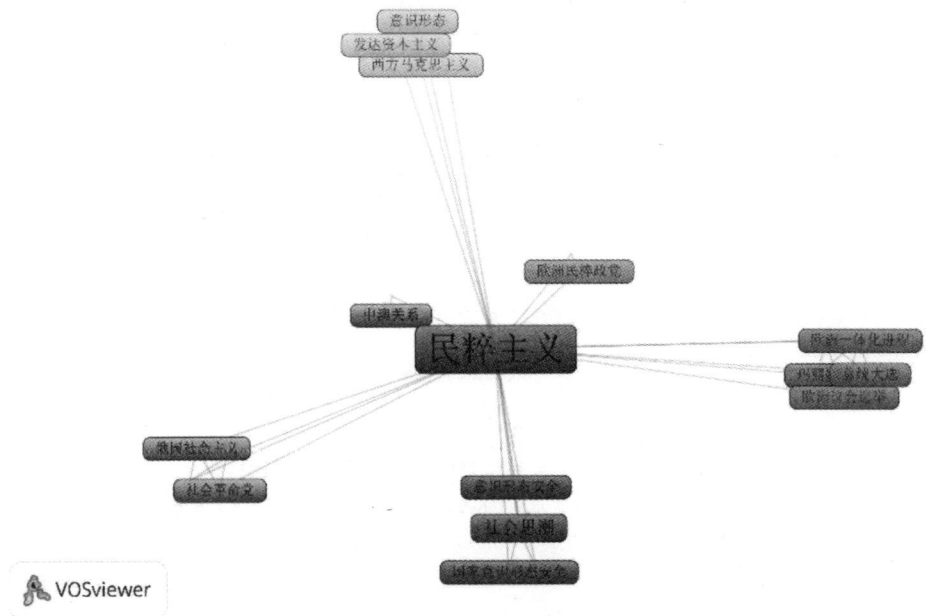

图8　与民粹主义具有共词关系的研究热点网络图
(37个节点)（检索式：TKA＝"意识形态"AND KY＝"民粹主义"AND YE＝"2021"）

图8揭示了与民粹主义具有共词关系的研究热点，包括：社会思潮、"特朗普革命"、澳大利亚、百年未有之大变局、布尔什维主义、俄国社会主义、

发达资本主义、国家威权、国家意识形态安全、拉丁美洲民粹主义、玛丽娜、贸易保护主义、美国政治、民粹逻辑、民族精神、民族主义、欧洲变局、欧洲民粹政党、欧洲一体化进程、欧洲议会党团、欧洲议会选举、强人政治、社会革命党、苏联社会主义、投票行为、威权民粹主义、委内瑞拉左翼、西方马克思主义、新民粹主义、选民偏好、意识形态、意识形态安全、政党重组、政治周期、中澳关系、总统大选等。

（6）网络民族主义

网络民族主义作为网络与民族主义的有机结合体，自然也包含了民族主义固有的这些内涵。有所不同的是，它需要以互联网作为手段和载体来表达并实现自身的内在诉求。① 从本质上来讲，当代中国的网络民族主义是一种以爱国主义面目出现的民粹主义。我们所讲的爱国主义是要凝聚全民族的力量，为实现中华民族伟大复兴而奋斗。而民族主义则强调民族利益、民族情绪和民族感情，煽动民族对立和民族仇恨。二者是没有共同之处的。

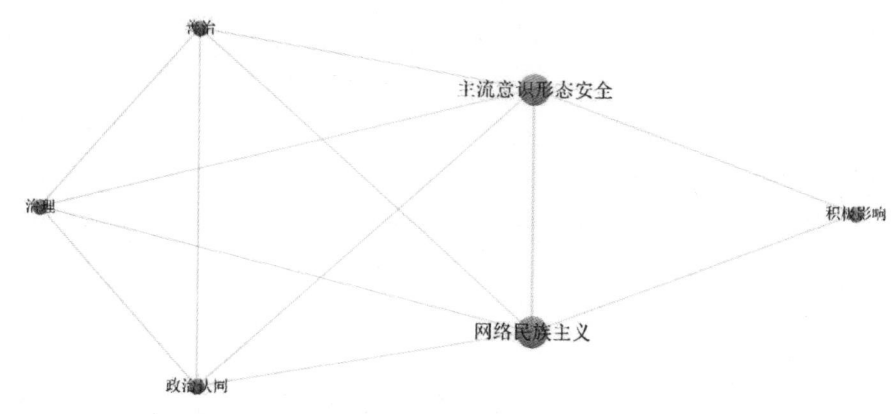

图9 与网络民族主义具有共词关系的研究热点网络图
（61个节点）（检索式：TKA = "意识形态" AND KY = "网络民族主义" AND YE = "2021"）

---

① 葛素华. 网络民族主义传播对主流意识形态安全的积极影响［J］. 行政科学论坛, 2021, 8 (7): 51-56.

图9揭示了与"网络民族主义"具有共词关系的研究热点,包括:主流意识形态安全;积极影响;善治;政治认同;治理。

(7)"普世价值"

"普世价值"本不是一个值得讨论的学术话题,而是被西方敌对势力利用后赋予特定政治含义的意识形态工具。① 它的基本特征是将西方的政治制度当成人类必须共同遵守的"普世价值"。我们主张各国应该有权力选择适合本国国情的社会制度和政治制度,不存在一个各国必须遵循的"普世价值",要划清全人类共同价值和"普世价值"之间的界限。

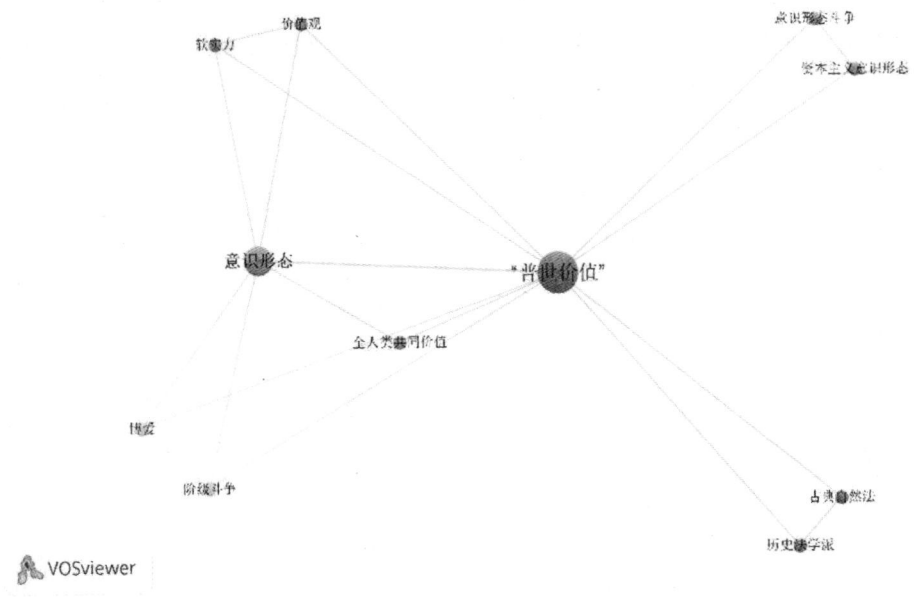

图10 与"普世价值"具有共词关系的研究热点网络图
(14个节点)(检索式:TKA = "意识形态" AND KY = "普世价值" AND YE = "2021")

图10揭示了与普世价值具有共词关系的研究热点包括:意识形态、博爱、古典自然法、互联网自由、价值观、阶级斗争、历史法学派、马克思主义自由观、全人类共同价值、软实力、意识形态安全、意识形态斗争、资本主义意识

---

① 汪亭友. 从对西方"普世价值"的批判看全人类共同价值[J]. 中国党政干部论坛,2021,(9):38-42.

形态等。

(8) 文化保守主义

文化保守主义，主张全盘肯定中国传统文化和政治哲学，反对引入西方的文化和政治思想。① 在当代中国的环境下，这种思潮本质上是反对以马克思列宁主义为指导思想。

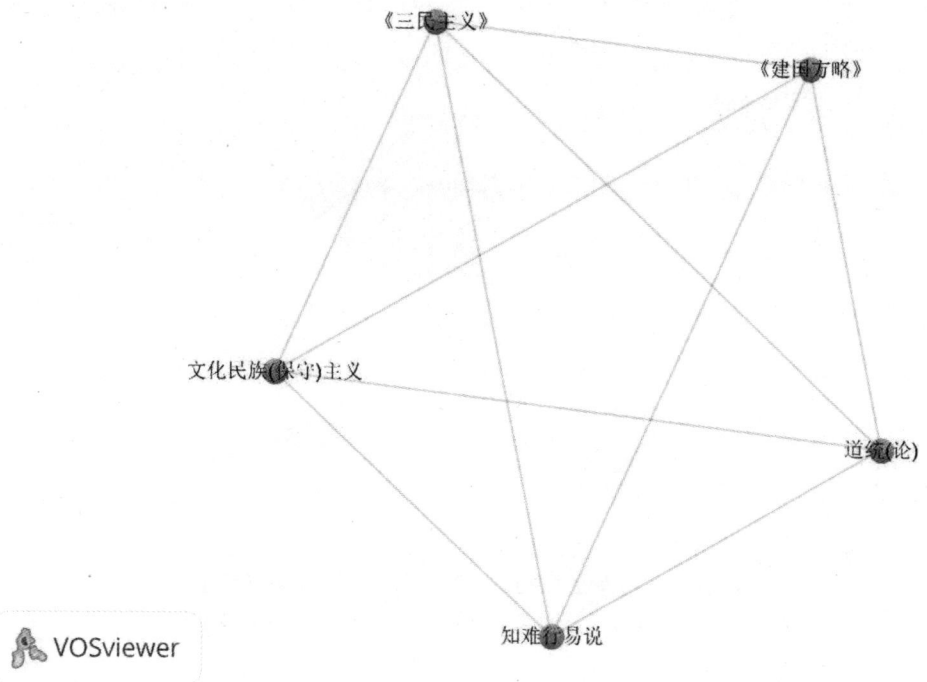

图11 与宪政具有共词关系的研究热点网络图
(9个节点)（检索式：TKA = "意识形态" AND KY = "文化保守主义" AND YE = "2021"）

图11揭示了与文化民族（保守）主义具有共词关系的研究热点，包括：《三民主义》、《建国方略》、价值引导、危害性影响、基本特征、知难行易说、网络非理性民族主义、道统（论）等。

(9) 女性主义

女性主义的理论千头万绪，归根结底就是一句话：在全人类实现男女平

---

① 程广云. 孙中山的道统论与知难行易说［J］. 阅江学刊，2021，13（2）：25－37

等。综观女性主义的理论，有些激烈如火，有些平静如水，有些主张做决死抗争，有些认可退让妥协。但是，所有的女性主义理论都有一个基本的前提，那就是：女性在全世界范围内是一个受压迫、受歧视的等级。[①]

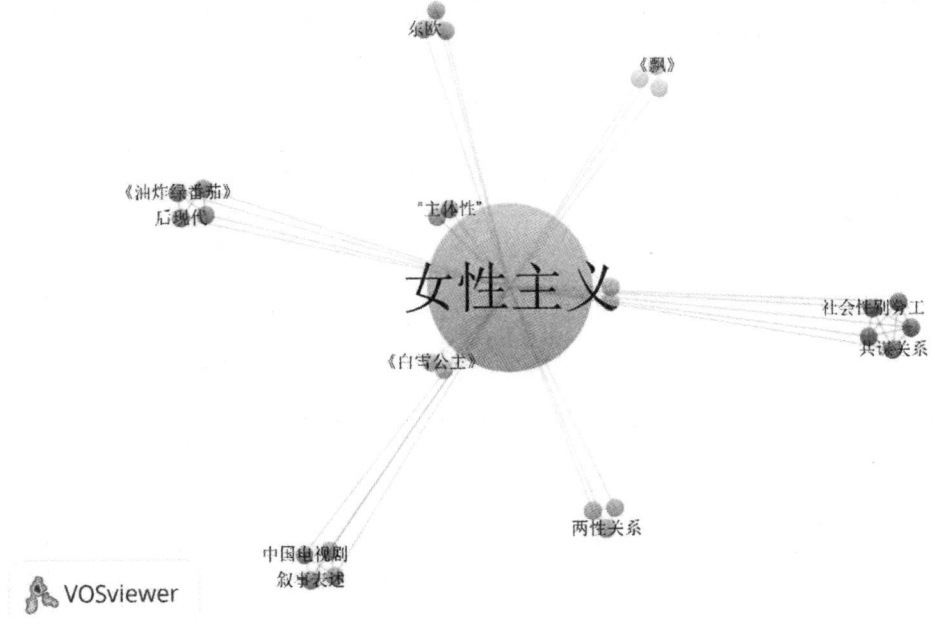

图 12 与女性主义具有共词关系的研究热点网络图
（51 个节点）（检索式：TKA = "意识形态" AND KY = "女性主义" AND YE = "2021"）

图 12 揭示了与"女性主义"具有共词关系的研究热点，包括："主体性"、《白雪公主》、《飘》、《油炸绿番茄》、东欧、共谋关系、后结构理论、后现代、两性关系、内在性、女性形象、女性意识、批评隐喻、社会分工、社会经济关系、社会性别分工、身体、他者、童话、现当代艺术、形象建构、性别意识、叙事表述、意识形态、中国电视剧、主体、主体性、资本主义制度。

---

① 引自百度百科：https：//baike.baidu.com/item/%E5%A5%B3%E6%80%A7%E4%B8%BB%E4%B9%89/3409482？fr = Aladdin.

四、结　语

研究表明：2021年前八个多月，马克思主义、社会主义核心价值观、历史唯物主义、中国特色社会主义、习近平新时代中国特色社会主义思想为目前意识形态领域的主要研究热点。党的十九大报告指出："马克思主义在意识形态领域的指导地位更加鲜明，中国特色社会主义和中国梦深入人心，社会主义核心价值观和中华优秀传统文化广泛弘扬。"习近平新时代中国特色社会主义思想为党必须长期坚持的指导思想。

同时，对于历史虚无主义、新自由主义、民粹主义、网络民族主义、普世价值、文化保守主义等意识形态和社会思潮，我们特别警醒并加以关注。对于网络民主主义、网络爱国主义等意识形态和社会思潮，我们要学会因势利导、为我所用、为社会主义现代化建设所用。

坚持把马克思主义基本原理同中国具体实际相结合、同中华优秀传统文化相结合，用马克思主义观察时代、把握时代、引领时代，继续发展当代中国马克思主义、21世纪马克思主义，这是我们牢牢把握意识形态领域主动权、不被西方非主流意识形态干扰的重要保证。

蒋耘中　男，清华大学图书馆党委书记。
赵呈刚　男，清华大学图书馆副研究馆员。

Research Fronts Analysis on Ideology Based on Bibliometrics and Visualization

Jiang Yunzhong　Zhao Chenggang

Abstract: Using CNKI academic journals database, collecting articles on ideology published in 2021, we made statistics and visual analysis on its research fronts to provide information reference not only for academic researches and decision-making by government, but also for academic libraries' information resources development, especially for ideological examining and verifying on humanities and social sciences information resources.

Keywords: Ideology; Research Fronts; Bibliometrics; Visual Analysis

二十世纪中共"一大"代表传记资料述略[*]

——以"20世纪中国人物传记资源整理与数据库建设研究"为中心

傅德华[1] 徐灵嘉[2]

(1 复旦大学历史系 上海 200433)

(2 复旦大学中文系 上海 200433)

摘 要 关于中共"一大"13位代表的传记资料,中外学术界迄今尚未有人做过系统的梳理,本文以作者承担的国家社科基金重大项目"20世纪中国人物传记资源整理与数据库建设研究"(10&ZD097)为中心,将历时8年整合与考量后的成果,分为"海内外学术界研究概况""文献资料的特点及学术价值""问题与展望"三个方面对其进行诠释,并通过11个表格将不同的数据介绍给学术界同仁。在对这些数据综合分析、评价后,我们发现上海的学术界对中共"一大"代表传记研究的成果最丰富,同时还发现对13位代表的研究还有很大的探究空间;尤其应对中国港澳台地区和海外学术界的研究动态及其成果多加关注,这对开拓视野裨益匪浅。

关键词 中共"一大"代表 传记研究

2021年是中国共产党诞辰100周年。我们根据所承担的"20世纪中国人物传记资源整理与数据库建设研究"(10&ZD097)项目以及本项目制作的"20世纪中国人物传记资源全文数据库"(以下简称"《世纪人物》数据库")提供的海内外中共"一大"代表传记资料文献目录,经整合与考量后,分"海内外学术界研究概况""文献资料的特点及学术价值""问题与展望"3个方面,通过11个表格将不同的数据介绍给学术界同仁,并进行适当的分析与

---

[*] 本文为姜义华为首席专家的"20世纪中国人物传记资源整理与数据库建设研究"(10&ZD097)成果之一。

评价。综合分析的结果,我们发现上海的学术界对中共"一大"代表研究的成果最丰富,同时还发现对这一领域的研究还有很大的空间,期待有更多更好的与中共"一大"代表有关的文献资料及研究成果问世。现对此作一简要概述,以飨中外学术界同仁。

一、海内外学术界研究概况

《世纪人物》数据库所收录的数据系以傅德华教授主编、上海辞书出版社2010年出版的《20世纪中国人物传记资料索引》(以下简称《世纪人物索引》)为依据。该索引前后用了28年,抄录卡片15万张,共收录了5.8万人,传记资料20余万条,尚不包含日本、美国、俄罗斯(含苏联)以及中国国内港澳台学术界的有关20世纪中国人物传记的研究成果。

1. 中国学术界的研究

《世纪人物》数据库所收录的与中共"一大"代表传记有关的文献资料,通过关键词"邓恩铭""王尽美""毛泽东""何叔衡""李达""李汉俊""陈谭秋""陈公博""张国焘""董必武"等进行搜索,再将相关资料按人物和时间顺序归并,共2 000多篇,涉及传主13人,即出席中共"一大"的代表13人,涉及各类专著、报纸、期刊、论文集(见表1)。

表1 传主、篇数、作者和文献类别统计一览(按姓氏笔画排序)

传主	篇数	作者	专著	报纸	期刊	论文集等
王尽美	52	32	14	14	14	10
毛泽东	1620	/	38	/	/	/
邓恩铭	45	33	11	9	16	9
包惠僧	18	15	1	0	10	7
刘仁静	3	2	1	0	0	2
李 达	128	112	35	21	52	20
李汉俊	30	21	7	1	9	10
何叔衡	47	32	15	7	17	8
陈公博	58	41	20	5	17	16
陈谭秋	69	64	16	14	26	13
张国焘	79	63	23	3	43	10
周佛海	27	19	8	1	12	6
董必武	159	126	31	39	69	20

必须指出的是，在这2 000多条资料中，毛泽东的研究资料高达1 620条，表1仅统计人民出版社、商务印书馆、上海人民出版社、中共党史出版社等出版社出版的专著数量，报纸、期刊、论文集等未作统计。

通过对这2 000多篇人物传记资料的整理，我们获知，第一篇涉及中共"一大"代表的传记文献资料是苏吉撰写、发表在《布尔什维克》1927年第1期上的《革命叛徒的写真（陈公博）》，最晚的文献资料是2000年李君如撰写、发表在《中共党史研究》第6期上的《谈谈张闻天和毛泽东建党思想的创立》。包括毛泽东、李达等在内的传记资料具体数据见表2。

表2 中共"一大"代表传记资料相关出版物及年份数量的统计

出版物及年份	1936—1949	1949—1978	1978—2000	总计
专著	23	16	156	195
报刊	4	24	401	429
论文集	0	0	131	131
总计	27	40	688	755

从作者的角度而言，从表1可以看出，除了毛泽东以外，写董必武和李达的作者最多，其中，写董必武的作者有126位，写李达的作者有112位。其次，在正面人物中，写邓恩铭、王尽美、何叔衡的作者均有30多位，而写陈潭秋的作者相对更多，共有64位，李汉俊则有21位作者写了文章。在反面人物中，张国焘资料最为丰富，共63位作者写了文章，而写周佛海和包惠僧的作者均只有10多位，刘仁静则只有2位作者有相关的论文。此外，作者中比较活跃的有：萧三、宋镜明、田子渝、李其驹等（见表3）。

表3 部分作者及其篇数统计

作者	篇数
萧 三	19
宋镜明	19
田子渝	15
李其驹	9
陈绍康	8
陈予欢	8
蔡德金	7

从出版社的角度而言，商务印书馆仅 1 种，中共党史出版社 4 种，上海人民出版社 14 种，中国青年出版社 15 种，人民出版社出版的相关研究专著不足 20 种，中央文献出版社有 30 种，且上述四家出版社主要集中于对毛泽东的研究。占据主流的反而是地方出版社，如陕西人民教育出版社有 17 种，湖北人民出版社 13 种，河北人民出版社 13 种，浙江人民出版社 12 种，福建人民出版社 10 种，广西人民出版社 7 种，贵州人民出版社 6 种。此外，解放军出版社有 5 种（见表 4）。

表 4 部分出版社及其篇数统计一览

出版社	篇数
中央文献出版社	30
人民出版社	19
中国青年出版社	15
上海人民出版社	14
湖北人民出版社	13
河北人民出版社	13
浙江人民出版社	12
福建人民出版社	10
广西人民出版社	7
贵州人民出版社	6
解放军出版社	5
中共党史出版社	4
商务印书馆	1

上述中共"一大"代表传记文献资料概括起来，主要有以下几种类型。

一是传记，共约 150 篇。其中，代表性的有：中共诸城县委、山东大学历史系著的《王尽美传》，姜国仁、张生力著的《四髯合传》（有关何叔衡一生的传记），宋镜明著的《李达传记》，关继廉等著的《陈潭秋烈士传》，张敏孝撰写的《邓恩铭（1901—1931）》等。最具代表性的是人民出版社 1993 年版的《毛泽东自述》，该书辑录了毛泽东 1936 年、1939 年、1965 年和 1970 年同斯诺的四次谈话以及有关背景材料。在这些谈话中，毛泽东讲述了自己的观点，并做出科学的预见，非常难得。这些文章公开发表后引起轰动，在海内外有轰动性影响，至今仍然是认识、研究这位伟大巨人的重要依据。此外，这本书还有其他有关毛泽东的重要自述史料，如关于"红军长征""第五次围剿"等，史料价值极为重要和丰富（见表5）。

表5　部分人物传记类文章篇目举要

篇　名	作　者	出　处
王尽美传	中共诸城县委、山东大学历史系	山东人民出版社1981年2月版第207页
四髯合传	姜国仁　张生力	湖南人民出版社1984年9月版第188页
李达传记	宋镜明	湖北人民出版社1986年4月版第206页
陈潭秋烈士传	关继廉等	《新疆大学学报》1981年第2、3期，《新疆中央党史研究资料》1981年第3期
邓恩铭（1901—1931）	张敏孝	《中国民主革命时期人物简介》第51页
毛泽东自述	人民出版社编辑	人民出版社1993年版第224页
李达自传（节录）		《党史研究资料》第2集第1页
李达（1890—1966）	关志昌	《传记文学》1981年第39卷第4期，《民国人物小传》第5册第106页
董必武传记	吴传章　哈经雄	湖北人民出版社1985年11月版第322页
周佛海评传	闻少华	武汉出版社1990年版第179页
张国焘传	姚金果　苏杭	陕西人民出版社2000年版第552页

二是回忆文章，约200篇。其中，代表性的有：刘天民遗稿《回忆恩人毛泽东主席》、李伯刚撰写的《回忆李汉俊》、杨锡光等人编写的《忆潭秋同志在新疆》、许涤新的《忆董老》等。从作者的角度来看，最具代表性的回忆性文章有以下几类。首先，是传主自己撰写的回忆性文章，如人民出版社1983年出版的《包惠僧回忆录》和《马日事变资料》中收录的张国焘《我的回忆（摘录）》等。以包惠僧本人撰写的《包惠僧回忆录》为例，其中回忆中共"一大"的部分就有《共产党第一次全国代表会议前后的回忆（一）》《共产党第一次全国代表会议前后的回忆（二）》《勘察上海历史革命博物馆的几点意见和回忆》《勘察上海革命纪念馆后的补充意见》《回忆党的创立时期》5

篇，此外还有回忆"二七大罢工"的《"二七"回忆录》和人物回忆等。这些均由包惠僧生前撰写，都是极为重要且有价值的一手史料。其次，非常具有代表性的还有由亲属朋友撰写的关于传主的回忆录，如王乃征撰写的《记父亲王尽美》、李声馥撰写的《我的父亲李汉俊》等。这些文章往往能揭示出传主不为人知的一些历史资料，其史料价值也是很高的（见表6）。

表6 部分回忆性文章篇目举要

篇 名	作 者	出 处
包惠僧回忆录	包惠僧	人民出版社1983年版第444页
我的回忆（摘录）	张国焘	《马日事变资料》第591页
记父亲王尽美	王乃征	《红旗飘飘》第28集第148页
我所知道的李达老师	紫 虹	《中国青年报》1980年10月7日
我的父亲李汉俊	李声馥	《武汉文史资料》第3辑第35页
回忆恩人毛泽东主席	刘天民遗稿	《湘潭文史资料》第1辑第3页
回忆李汉俊	李伯刚	《党史研究资料》1982年7期，《党史研究资料》第4集第283页
忆潭秋同志在新疆	杨锡光等	《教研参考资料》（新疆）1981年第19期
忆董老	许涤新	《历史研究》1977年第3期，《一生为革命丰功万古存》第251页
回忆我的伯父董老	董良润	《湖北日报》1979年4月8日，《华中师院学报》1979年第1期

三是纪念文章，约80篇。其中，具有代表性的有：李肇年撰写的《民族的楷模——纪念中共"一大"代表邓恩铭烈士》、刘国强撰写的《不惜唯我身先死 后继频频慰九泉——纪念中共"一大"代表邓恩铭烈士牺牲五十周年》、马保三撰写的《纪念邓恩铭、刘谦初等二十一位革命烈士殉难三十周年》、许涤新撰写的《到老犹磅礴——纪念董老诞辰九十五周年》等。其中，最具代表性的除了有关毛泽东的相关纪念性文章外，有陶德麟撰写的《李达同志是杰出的马克思主义理论家和教育家——纪念李达同志九十五周年诞辰》，刊登于《武汉大学学报（人文科学版）》1986年第3期。正如文章开头所言，李达同志是最早在中国传播马克思主义并立志用马克思主义改造中国社会的先驱者之一。他在中国社会变革最剧烈的年代里用笔和舌战斗了一生，直

到为坚持真理而献出了自己的生命。李达同志是一位满腔赤忱热爱人民的革命家，又富有开拓精神，同时他又是具有严谨态度的理论家。他在广阔的领域里进行了长达半个世纪的坚实工作，对哲学、经济学、科学社会主义、法学理论、史学理论等都作出了不可磨灭的贡献。除此之外，他还是一位卓有成就的教育家。他当之无愧地是中国现代革命史和思想史上的重要人物之一（见表7）。

表7　部分纪念性文章篇目举要

篇　名	作　者	出　处
民族的楷模——纪念中共"一大"代表邓恩铭烈士	李肇年	《光明日报》1979年7月2日
不惜唯我身先死　后继频频慰九泉——纪念中共"一大"代表邓恩铭烈士牺牲五十周年	刘国强	《中国青年报》1981年4月4日
纪念邓恩铭、刘谦初等二十一位革命烈士殉难三十周年	马保三	《大众日报》1961年4月15日
短暂而光辉的一生——纪念王尽美同志诞辰八十周年	李平年	《光明日报》1978年6月9日
新中国法律教育事业的引路人——纪念董必武同志诞辰一百周年	陈守一	《法学研究》1986年第2期
到老犹磅礴——纪念董老诞辰九十五周年	许涤新	《红旗》1980年第5期
李达同志是杰出的马克思主义理论家和教育家——纪念李达同志九十五周年诞辰	陶德麟	《武汉大学学报》1986年第3期
碧血洒天山　浩气万古存——纪念陈潭秋、毛泽民、林基路烈士英勇就义四十周年	高登榜 谢　良	《人民日报》1983年9月27日 《新华月报》1983年第9期

四是传主对中国共产党的贡献文章，共约100篇。其中，比较有代表性且除了写毛泽东对中国共产党的贡献以外的有：邹永贤撰写的《李达同志早期对传播马克思主义国家学说的贡献》、宋镜明撰写的《李达同志在建党时期对传播马克思主义的贡献》、金默生撰写的《健全革命法制　保护人民利益——

忆董老对政法工作的卓越贡献》和田子渝撰写的《李汉俊对传播马克思主义的贡献》等。最具代表性的有宋镜明撰写的《李达同志在建党时期对传播马克思主义的贡献》，该文章发表于《武汉大学学报（人文科学版）》1983年第3期。李达同志是马克思主义在中国最早的播火者之一。当年，在中国这块土地上，他同其他共产主义先驱者一道，传播了马克思主义的火种，促进了共产主义运动的兴起，为我党早期的思想理论建设，作出了宝贵贡献（见表8）。

表8　部分"一大"代表对中国共产党贡献的文章篇目举要

篇　名	作　者	出　处
李达对创建中国共产党的贡献	张静如等	《人民日报》1981年4月10日
李达同志早期对传播马克思主义国家学说的贡献	邹永贤	《学术月刊》1982年第3期
李达同志在建党时期对传播马克思主义的贡献	宋镜明	《武汉大学学报》1983年第3期
李达对创建中国共产党的重大贡献	范兆琪	《学习与研究》1983年第11期
五四前后李达对中国妇女解放运动的杰出贡献	唐春元	《零陵师专学报》1984年第2期
李达对翻译出版马列经典著作的贡献	曾勉之 段启咸	《马克思恩格斯著作在中国的传播》第19页
健全革命法制　保护人民利益——忆董老对政法工作的卓越贡献	金默生	《红旗》1980年第14期
董老对我国法制建设的卓越贡献——纪念董必武同志诞辰一百周年	金默生	《社会科学战线》1986年第1期
陈潭秋对第一次国共合作的贡献	向元芬	《湖北党史通讯》1986年第1期
试述李汉俊对创建中国共产党的贡献	金英豪	《党史研究与教学》1992年第3期
李汉俊对传播马克思主义的贡献	田子渝	《党史研究与教学》1998年第4期

五是传主人际交往方面的文章，约100篇。其中，代表性的有：纪实撰写的《毛主席与柳亚子的交往》、江明撰写的《展读遗篇泪满襟——记李达和吕振羽的交往》等。在这些篇目中，除了有关毛泽东与胡适、柳亚子、瞿秋白、于右任、李达等人的交往以外，最具代表性的有以下几类。首先是直接讲述与

传主之间的交往，如江明的《展读遗篇泪满襟——记李达和吕振羽的交往》，这篇文章发表在《文献》1980年4期。李达同志是最早在我国传播马克思主义的先驱者之一，是中国共产党的创始人之一，桃李满天下，我党不少骨干和著名学者都曾受过他的教诲，吕振羽同志就是他早期的学生之一。吕振羽青年时期曾师事李老，崇敬之情，终身不替。李老对吕振羽亦深为器重，二人相交甚笃。李达同志写给吕振羽的信，劫后幸存无几，后来其中有四封发表于《文献》丛刊。这篇文章就围绕这些重要的文献资料展开分析，不仅反映了他们之间的深挚情谊，也同时反映了他们二人对共产主义事业的积极探索与洞见。此外，还有不少回忆性文章也同样反映了传主之间的交往情况，如包惠僧在其生前撰写的《包惠僧回忆录》中就有两篇文章，一是《回忆陈潭秋》，另一篇是《董必武在党的"一大"》，这些一手的回忆性资料同样是后来学者追溯当时中共"一大"代表之间的交往情况的重要依据（见表9）。

表9　部分传主人际交往文章篇目举要

篇　名	作　者	出　处
展读遗篇泪满襟——记李达和吕振羽的交往	江　明	《文献》1980年4期
毛主席与柳亚子的交往	纪　实	《社会科学》（上海）1983年12期
瞿秋白和毛泽东交往述略	刘武生	《马克思主义研究》1986年2期
王尽美与一师		《山东教育》1980年3期
回忆王尽美与邓恩铭	王蔚明	《青岛文史资料》第4辑第1页，《青岛惨案史料》第349页
戴笠将军与张国焘	洋　溢	《自由谈》1980年31卷3期
毛泽东与李达	王国荣	《支部生活》（上海）1983年22期
冯玉祥与李达	王炯华	《团结报》1990年10月6日
董必武与詹大悲	祝和忠	《团结报》1986年3月22日
董必武与沈雁冰	武胜江	《春秋》1986年3期
回忆陈潭秋	包惠僧	《中国现代史教学参考资料》第41页，《包惠僧回忆录》第375页，《五四运动回忆录》（续）第388页，《全国文史资料选辑》第58辑第28页
董必武在党的"一大"	包惠僧	《包惠僧回忆录》第373页

2. 海外及中国港澳台学术界的研究

《世纪人物》数据库所收录的日本、美国、俄罗斯（含苏联）和中国港澳台地区《20世纪中国人物传记资料文献目录》与中共"一大"代表人物传记有关的文献资料，系通过已知的13位代表的人名，分别到这四个《资料文献目录》中进行搜索，结果显示有传记文献资料的只有毛泽东、陈公博、周佛海和张国焘四个人（见表10）。

表10 日本、美国、英国、俄罗斯（含苏联）与中国港澳台地区相关研究篇目数量一览

中国港澳台地区	日本	美国	英国	俄罗斯（含苏联）	澳大利亚
毛泽东（5）	毛泽东（4）	毛泽东（16）	毛泽东（5）	毛泽东（1）	毛泽东（2）
陈公博（2）		陈公博（1）			
周佛海（2）					
张国焘（3）					
总计：12篇	4篇	17篇	5篇	1篇	2篇

据表10可知，41篇海内外学术界的研究成果中，日本、美国、英国、俄罗斯（含苏联）和中国港澳台地区都关注的中共"一大"代表只有毛泽东一人，陈公博在港澳台学术界有两本与他相关的研究专著，美国有一本研究他的专著。而周佛海在港澳台学术界有两本编纂的回忆录，张国焘有三本相关的研究专著。下面以毛泽东研究论著篇目（含海外作者撰写且被译成中文出版的）为例（详见表11）。

表11 日本、美国、俄罗斯（含苏联）毛泽东研究论著篇目举要

篇　名	作　者	出　处
毛主席传记	解放军文艺编辑部	（香港）中文书刊社1968年6月版第48页
毛主席的光辉事迹（1—6辑）	颂东写作组	（香港）《周末报》1968年1辑第69页、2辑第62页、3辑第37页、4辑第48页、5辑第84页、6辑第37页
毛泽东自传		（香港）现代出版公司1969年版第130页

续表

篇　名	作　者	出　处
毛泽东生平资料简编（1893—1969）	黄雨川	（香港）友联研究所 1970 年版第 644 页
毛泽东与周恩来同志	司马长风	（香港）南青艺社 1976 年 2 版第 241 页
怀念毛泽东	（英）韩素音等	（香港）万源图书公司 1977 年 1 月版第 227 页，1977 年 5 月 2 版第 227 页
毛泽东生平	（美）史诺著 萧三等译	太岳新华书店 1936 年版第 67 页，1947 年 7 月再版
毛泽东自传	（美）史诺著 张洛甫译	陕西延安书店 1937 年版第 89 页
毛泽东印象	（美）爱泼斯坦著 文齐译	人民出版社 1943 年 10 月版第 70 页，新华书店南通分店 1949 年版第 59 页
毛泽东在重庆	（美）爱泼斯坦等	合众出版社 1945 年 11 月版第 68 页
毛泽东的思想	（美）史特朗著 孟展译	光华书屋 1947 年版第 34 页
毛泽东	（美）施拉姆著 中共中央文献研究室编辑组编译	红旗出版社 1987 年版第 330 页
毛泽东传	（美）特里尔著 刘路新等译	河北人民出版社 1988 年版第 569 页
毛泽东	（美）迪克·威尔逊著 中共中央文献研究室国外研究毛泽东思想资料选辑编辑组编	中央文献出版社 2000 年版第 537 页

续表

篇　名	作　者	出　处
访问毛泽东	（美）T. A. 彼森著 乐刻译	《文献和研究》1986 年第 2 期
毛泽东政治思想基础与中国政治	（美）布兰德里·沃马克著　毕岚译	《毛泽东思想研究》1989 年第 2 期
毛泽东政治思想的基础	（美）B. 沃马克著 孙向晨摘译	《毛泽东哲学思想研究》1989 年第 6 期
论毛泽东的政治道德观	（美）约翰·布赖恩斯·塔尔著 曹志为译	《毛泽东思想研究》1990 年第 1 期
毛泽东、斯大林和抗日民族统一战线的形成：1935—1937	（美）迈克尔·M. 申	《毛泽东思想研究》1992 年第 4 期
遵义会议与毛泽东领导地位的加强	（美）托马斯·凯姆佩恩	《档案史料与研究》1993 年第 2 期
毛泽东和知识青年	（美）马丁·辛格著 徐有威译	《当代青年研究》1989 年第 2 期
北伐时期的毛泽东——毛泽东路线形成考	（日）永野英身著 韩凤琴译	《党史资料通讯》1982 年第 10 期
毛泽东：人类智慧的遗产	（日）野村浩一著 张惠才　张占斌译	时代文艺出版社 1993 年版第 300 页
离开与返回：一九二九年的毛泽东	（日）林田忠喜著 陈本亮整理	《福建党史月刊》1988 年第 12 期
毛泽东的信仰和传统	（日）新岛谅良著 张晓峰译	《毛泽东思想研究》1989 年第 1 期
西方毛泽东研究：分析及评价	（澳）尼克·赖特著 张晶燕译	《毛泽东思想研究》1989 年第 2 期
西方毛泽东研究：分析及评介（二）	（澳）尼克·赖特著 张晶燕译	《毛泽东思想研究》1989 年第 3 期

续表

篇　名	作　者	出　处
毛泽东和他的分歧者	（英）霍林沃恩著 高湘泽等译	河南人民出版社 1989 年版第 319 页
赤潮：毛泽东与中国革命	（英）韩素音著 李鹏等译	山西人民出版社 1993 年版第 556 页
毛泽东同志在遵义会议前后	（英）哈里森·索尔兹伯里著	《党的生活》1986 年第 16 期、17 期
中国二十世纪历史中的毛泽东	（英）斯图尔特·施拉姆著 张惠才译	《党史通讯》1987 年第 9 期
毛泽东与反对他的人	（英）克莱尔·霍林沃恩著 傅敏等译	《春秋》1989 年第 2 期
米高扬与毛泽东的秘密谈判（1949 年 1—2 月）	（俄）安·列多夫斯基	《党的文献》1995 年第 6 期，1996 年第 1、3 期

二、文献资料的特点及其学术价值

中国及海外学术界有关中共"一大"代表的研究成果，各具特色，为学术界进一步开展对他们的研究，提供了不可多得的有价值文献资料，其特点同中有异、异中有同，主要表现在以下几个方面。

第一，从传主的角度分析，毛泽东的篇数毋庸置疑是最多的。这和毛泽东作为中国共产党中央委员会主席以及其在中国共产党建立、发展等历程中做出的不可磨灭的贡献是有密切关系的。其次，董必武和李达的资料居多，董必武有 159 条传记资料，而李达有 128 条相关传记资料，这当然也跟他们对中国共产党做出的贡献密切相关。其他如陈潭秋、邓恩铭、王尽美、何叔衡和李汉俊等人的相关传记资料在 30—60 条之间不等。而作为反面人物的包惠僧、刘仁静和周佛海的相关人物传记资料非常少，其中周佛海仅有 27 条、包惠僧 18 条、刘仁静更是仅有 3 条。此外，就内容上来说，作为反面人物的张国焘和陈公博，尽管相关的人物传记资料数量不少，张国焘高达 79 条，陈公博高达 58

条，但是，这些资料一律是出于批驳这些反面人物，很少全方位地还原当时的历史。以张国焘为例，相关的人物传记资料有：《叛徒张国焘的罪行材料（手抄本）》《张国焘对知识分子干部的迫害》等。

第二，从这些人物传记资料发表的年份来看，很明显，1949年以前和1949—1978年（十一届三中全会）年间的传记文献资料都是非常少的。1949年以前的文献仅有27篇，而1949—1978年间的文献也仅有40篇，1978年以后的文献大幅上升，达到688篇，占到总数的91.12%，可见改革开放以后，研究者的思想越来越开放。

第三，从出版的中共"一大"代表的传记形式看，有研究者撰写的"传""传略""一生"等，如中共诸城县委、山东大学历史系著的《王尽美传》，姜国仁、张生力著的《四髯合传》（有关何叔衡的一生传记），宋镜明著《李达传记》，关继廉等著的《陈潭秋烈士传》，张敏孝撰写的《邓恩铭（1901—1931）》等；有记述"一大"代表为中国共产党的建立与发展在理论与实践等多方面所做出的贡献的文章，如邹永贤撰写的《李达同志早期对传播马克思主义国家学说的贡献》、宋镜明撰写的《李达同志在建党时期对传播马克思主义的贡献》、金默生撰写的《健全革命法制　保护人民利益——忆董老对政法工作的卓越贡献》和田子渝撰写的《李汉俊对传播马克思主义的贡献》等；有关于他们的人际交往方面的研究成果，如纪实撰写的《毛主席与柳亚子的交往》、江明撰写的《展读遗篇泪满襟——记李达和吕振羽的交往》等；有相关的回忆性文章，如刘天民遗稿《回忆恩人毛泽东主席》、李伯刚撰写的《回忆李汉俊》、杨锡光等人编写的《忆潭秋同志在新疆》、许涤新的《忆董老》等。还有考证文章，如李肇年撰写的《关于邓恩铭同志的身世考证》（载《贵州文史丛刊》1980年创刊号）。

第四，从作者的队伍及出版机构方面的分析，关注中共"一大"代表研究的学者、出版社、报纸杂志及学术团体越来越多，这些数据同样具有很高的文献价值和学术价值。据《世纪人物》数据库显示，1949年前的刊载中共"一大"代表传记的报刊仅4种（实际肯定远不止于此）、专著23种，且无论文集。1949年至1978年，共有专著16部，报刊24种，也无论文集。但是在1978年以后，专著有100多种，报刊有400多种，而论文集也有100多种，数量比以前多了数几十倍。改革开放后随着发表及研究出版有关他们的专著及文章数量的增多，研究者的队伍、出版机构、报刊数量的种类，也相应随之增长不少。

上述2 000多篇有关中共"一大"代表的传记文献资料的学术价值,具体表现在以下几个方面。

第一,如此之多的相关中共"一大"代表的传记文献资料,为学术界开展对这批党史人物的研究提供了不可多得的丰富文献资源。尤其是与这十三位代表的同时代人及他的亲朋好友撰写的文章更是有很高的学术价值,对推动他们的研究将起到积极作用。

第二,上述已刊的中共"一大"代表传记文献资料,为研究中国共产党的发展史,为研究中国共产党人在中国民主革命时期和社会主义建设时期发挥的先锋模范作用,为研究中国近代法制史、工人运动史、马克思主义理论传播史以及外交史等方面,尤其是为研究中华人民共和国成立后以及改革开放后的历史,了解国内学术界已取得的研究,积累有不少有价值的第一手资料。对中国学术界和海外学术界进一步开展对他们的研究,无不具有很高的学术参考价值。尤其为当今如何践行党的核心价值观,提供了非常生动的好教材和好资料。

第三,已发表的几十篇海内外学术界撰写的研究中共"一大"代表的文献资料,尤其是中国港澳台地区、美国、英国、日本、澳大利亚及俄罗斯(含苏联)学术界关于毛泽东、陈公博、周佛海和张国焘这4位中共一大代表的41篇中共"一大"代表传记的研究文献资料,为中国学术界的专家学者提供了进一步研究中共"一大"代表的新信息和新思路。其特殊之处在于,海外学术界相对于中国学术界而言,对反面人物的关注度相对较高,可以有效帮助我们抛开偏见,还原一个更为鲜活的历史人物。就海外学术界最为关注的毛泽东人物资料研究而言,他们对于毛泽东的外交和政治理论等各方面研究的视角很大程度上也不同于国内的学者,因此这些也都是非常有价值的研究文献。

三、问题与展望

从1936年至2000年,中外学术界在中共"一大"代表传记研究上,取得不少的成果,可喜可贺,但也存在有待进一步研究的几个问题。

第一,本文收录的中共一大代表传记文献资料的数据来源于《世纪人物索引》。

该索引由于历史的原因,所收录的人物传记资料的时限截至2000年,所以有很大的局限性。因而对中共"一大"代表传记文献资料的分析，也一定存在不少局限，有待补充 2001 年以来的新发表的研究成果，方能对上述几个方面作出符合实际的更科学的判断。

第二，中共"一大"代表传记文献资料有待进一步挖掘。

比如，《申报》中转载的中共"一大"代表资料传记仅有两条，《大公报》则一篇也没有。而就出版社而言，人民出版社出版的相关研究专著也仅有不足 20 条，商务印书馆仅 1 条，上海人民出版社仅 14 条。此外，海外学术界的相关文献也仅有 40 多篇，且仅收录了译本，一些西方学者，如史景迁（Jonathan D. Spence）编写的 *Mao Zedong* 的原本就未收录在内，这也是值得现在的学者去进一步研究的。尽管《世纪人物索引》的体例所限，不包含海外学术界关于中共"一大"代表传记研究的学术研究成果，但本文第一作者在撰写此文时，已将参与的国家社科基金重大项目的英文、日文、俄文以及中国港澳台地区的《世纪人物》子项目中与中共"一大"代表传记文献资料有关的资料进行梳理考量后写在文章中了。笔者同时坚信，外文报纸中如《字林西报》（*North China Daily News*）、《泰晤士报》（*The Times*）、《纽约时报》（*New York Times*）等，一定会有与中共"一大"代表相关的资料，也有待作进一步搜索与挖掘。

第三，虽然有关中共一大代表的传记已发表数千篇研究文章，并已出版了数十本专著，但还有很多人没有专著，已有专著的仍有遗漏需要补缺。

如现有的研究专著主要集中在毛泽东、李达等具有较大影响力的中共"一大"代表上，而对于其他如邓恩铭、王尽美等人却并没有出版的专著，甚至都没有足够的人物传记资料。此外，与第二点类似，海外有关中共"一大"代表的传记还有待将它们译成中文，与已有的中文资料文献加以比对，相信一定能从中发现许多新资料和新的研究突破点。他们中的绝大多数人至今未出版过《年谱》及《年谱资料长编》，都期待国内外有志于中共"一大"代表研究的专家学者来撰写，并由相关出版社正式出版，以推动中外学术界对他们的研究上一个新台阶，尽早尽快填补这一方面的空白。

第五，鉴于中共"一大"代表的地位及其影响，《世纪人物索引》中仅收录了 2 000 多篇的文献资料，肯定还有很多的遗漏，有待增补。

他们中很多人物的事迹及坎坷的经历，包括对中国共产党的建立与发展和社会建设事业的丰功伟绩，还没有得到充分的挖掘、给予应有的肯定，更谈不上很好的弘扬和传承。比如邓恩铭、王尽美等人资料很有限，而一些反面人物如周佛海、陈公博等人不但资料有限且内容单一，也值得我们进一步挖掘和探索。

由此可见，对中共"一大"代表的研究还有很大的空间，有待研究的问题还有很多。其研究前景，方兴未艾。期待有更多更好有学术价值的文献资料及研究成果问世。

傅德华　复旦大学历史系教授。
徐灵嘉　复旦大学中文系2020级硕士研究生。

A Brief Introduction to Biographical Materials of the Representatives of the "First National Congress of the Chinese Communist Party" in the 20th Century
— Based on "Research on the Compilation of Chinese Biographical Resources and Database Construction in the 20th Century"

Fu Dehua　Xu Lingjia

Abstract: The biographical materials of 13 representatives of the First National Congress of the Communist Party of China has not been systematically sorted out in academia at home and abroad. This article is based on the major project, Research on the compilation of biographical resources and database construction of Chinese figures in the 20th century (10&ZD097), which was sponsored by The National Social Science Fund of China. Our work under eight years of integration and consideration was divided into three parts: an overview of the state of the art in China and abroad, characteristics and academic value of our archival sources, and existing questions and future directions. The data were presented into 11 tables. After comprehensively analyzing and evaluating these data, we found that the Shanghai academia produces the most fruitful work in the respect of biographical research of the representative figures of the First National Congress of the Communist Party of China. Meanwhile, there still exists a huge research gap of the 13 representatives. In particular, scholars should pay more attention to the research developments and works of academia overseas, as well as those of Hong Kong, Macao, Taiwan. This would be of great benefit to broaden our horizons.

Keywords: Representatives of the First National Congress of the Communist Party of China; Biographical Research

索引编纂丛谈

索引书稿的排版格式处理技巧

张 丽

(北京印刷学院新闻出版学院　102600)

摘　要　基于索引书稿排版存在的现实问题，索引排版也应有规可循。本文首先介绍索引书稿排版之前的三点内容要求，继而论述索引书稿的五种基本版式并做示例，最后给出索引排版的七种实用技巧。

关键词　索引排版　排版格式　索引编纂

一、索引书稿排版也有规范可循

编纂完成后的索引书稿即可进入排版环节。在出版界，"前有目录、后有索引"是学术著作出版的标配。虽然目录和索引都属于一部书稿的"检索性辅文"，但二者的排版格式和技术要求却相差甚远。

目录处于一部书稿的正文之前，概略性反映图书内容结构及行文脉络，每条目录均来自图书内的各级标题，以图书内容的先后次序排列。目录排版格式是书籍版式设计的重要组成部分，强调自由式的现代设计，也就是可以不拘泥于传统的"标题……页码"的格式编排，可以标新立异，自由发挥，由此当代图书的目录被设计得形形色色，以吸引读者眼球。

但是，书后索引与目录设计截然不同，强调的是规范和实用。索引纳入书稿之中，其款目格式要遵从国家标准或者国际标准的相关规定，不能随意改动。同时，整个索引的排版还须符合出版设计的技术要求，如索引部分的版心要与正文相同。索引正文的字号不得大于书稿正文字号，索引使用说明（凡例）和助检标识要单独设计，等等。

现实情况是，我国出版界的编辑和设计人员几乎没有懂索引知识和索引编排技巧的，导致索引排版错误五花八门，最为典型的就是把索引当作目录来排版，不仅破坏了索引的规范性，读者使用效率也大为降低。

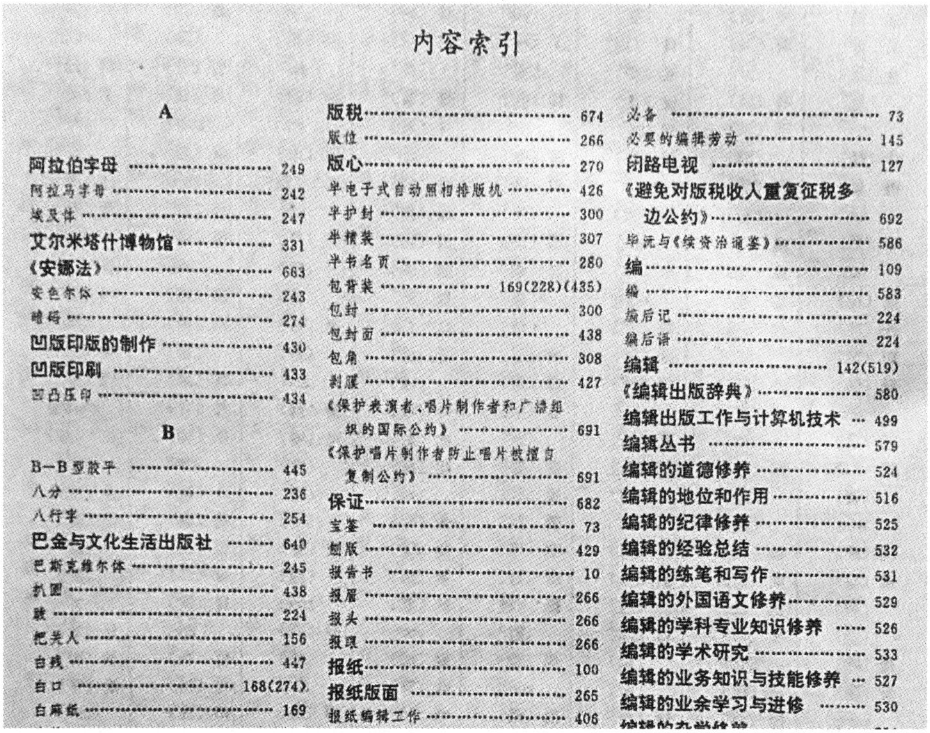
内容索引

图1　索引错误排版示例

同样，索引界了解编辑出版流程及排版知识的索引员少之又少，索引编纂完成一交了事，索引定稿文件有诸多的排版问题，对索引排版也提不出具体要求和建议，更没有检查索引排版结果的习惯，致使索引排版错误有持续蔓延之势。这说明，出版界与索引界衔接不够，互不了解，索引排版似乎成了老大难问题。笔者希冀借此将这一问题摆上桌面，探讨索引排版知识和索引排版格式处理的具体编排技巧。

二、索引书稿排版前的基本要求

1. 索引书稿要件须齐全

索引编纂完成的定稿，不能仅仅是索引款目大集合，按照编辑出版和排版要求，还应该包括索引大标题、使用说明、助检标识、索引编纂者署名等内容，这就是要件齐全的具体表现。通常情况下，索引书稿的所有要件列在一个电子文档里面，以避免混淆或者内容丢失。

2. 索引内容达到"齐、清、定"

"齐、清、定"是出版界一个著名的专业术语，意指经过审查修改和编辑加工的书稿要达到"齐全、清晰、确定"这三项要求。

那么书后索引书稿既然作为整个书稿的有机部分，也必须做到"齐、清、定"要求，这一点务必请索引员周知和牢记。

3. 索引电子文件或打印稿格式清晰正确

前已有述，编纂完成的索引必须是要件齐全，达到"齐、清、定"的完整书稿，这两点要具体体现在提交给出版单位的索引电子文件或打印稿上。一般索引内容由索引员负责校对，出版单位拿到索引文件直接进行排版，这就要求索引书稿必须内容准确，格式清晰，符合排版要求。

如果是第一次给某出版单位编纂书后索引，建议索引员书面提出排版建议，并随索引书稿附上索引的正确排版样例。这样做能体现索引员认真负责的工匠精神，也有利于索引的快速顺利出版。

三、索引书稿的基本版式和示例

书后索引以单一类型的综合性主题分析索引为主，即书后只有一个索引出现。但是，也有几个索引共同构成索引检索系统的情况，如《消费者行为学》就在书后附有"公司索引""人名索引""主题索引"三个索引。[①]

不管是书后编纂一个还是多个索引，都要执行同样的排版操作，不同的内容要件进行相同的版式设置，如助检标识设置为黑体字、居中排、放大字号，则几个索引都应该照此设置，以使索引书稿部分达到统一规范的要求。

索引排版之前，须综合考虑相关的出版格式因素，如图书开本、图书厚度、版式结构、字形字号、索引规模（即索引字数）等。考虑这些因素，是为了让索引款目尽可能独占一行，版面紧凑美观，减少索引页数等。索引书稿的基本版式可分为以下几种情况。

1. 小开本、短款目索引版式

这种版式一般以 32 开、大 32 开、小 16 开为主，因索引书稿的款目均短

---

① L.G. 希夫曼，L.L. 卡纽克著；俞文钊译. 消费者行为学（第七版）[M]. 上海：华东师范大学出版社，2002.

小，如专题索引中的人名、地名、职官、产品等索引，故此采用双栏排版式，字间距、行间距的设置达到美观易读即可。工具书等编纂的字词索引，还可以利用版面宽度，设置为三栏排或四栏排版。

Consumption	消费
characteristics of consumer innovator, 459	率先消费者的特征
compulsive, 104, 107, 108	强迫
fixated, 104, 106, 107	固着的
process of, 460	过程
Consumption Vision, 455	消费想像
Content analysis, 332	内容分析

图 2　英汉对照的小开本、短款目索引版式示例

2. 小开本、长款目索引版式

这种版式因索引款目过长，图书本身又不需要严控页码数量，以篇目索引、主题索引为主进行版式设置，故此以单栏排为好，显得舒朗大气，读者使用起来也比较方便。

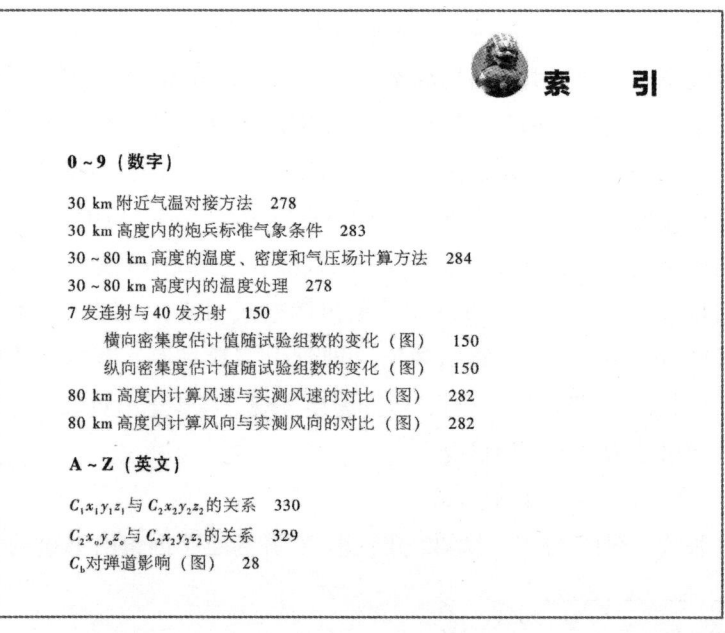

图 3　小开本、长款目、单栏排索引版式示例

3. 大开本索引版式

这种版式以16开、大16开、国际大16开图书为主，因版面扩大更加便利索引书稿的排版，由此可根据图书版面的具体宽度，考虑进行索引内容的双栏排，甚至三栏、四栏排。

索　引

使用说明

一、本索引采用综合性主题索引法编制。正文中有实质检索意义的内容均予以标引，以供检索使用。

二、本索引基本上按汉语拼音音序排列。具体排列规律如下：以数字开头的标目，排在最前面；以英文字母打头的，列于其次；汉字标目按首字的音序、音调依次排列；首字相同时，则以第二个字排序，并依此类推。

三、索引标目后的数字，表示检索内容所在的正文页码。正文中以表格、图形形式反映的内容，则在索引标目后用括号注明（表）（图）字样，以区别于文字标目。

四、为反映索引款目间的逻辑关系，对于二级和三级标目，采取二级标目在一级标目下缩二格、三级标目在二级标目下再缩二格的形式编排，之后仍然按数字和字母顺序、汉语拼音音序音调排列。

0～9

图4　大开本、双栏排索引版式示例

原则上主题索引、长款目的专题索引宜采用双栏排，短小款目的专题索引可以采取三栏排，甚至四栏排版。

4. 特殊内容的索引版式

相对特殊的索引书稿，依据特殊问题特殊处理原则，可参考图书开本、版面宽度、页码限制等因素，采取较为灵活的索引版式。

全外文、全数字符号、含有特殊符号的索引内容，还有双语对照的语词索引等，在设置索引版式时可考虑双栏排、四栏排，甚至还可以采用跨越版面的合和版式。如图5所示，因为是双语对照主题索引，为合理利用版面宽度，区别各双语对照索引词，采用了四栏排、双语索引词之间空行处理的特殊版式。

A	Adult attachment style 成人依恋风格，503	Amygdala 杏仁核，56，356	Asch effect 阿施效应，484~486
A.B.A design A.B.A 设计，24	Aesthetic needs 审美需要，348	Anagrams 倒序词，208	Asch, S. 阿施，484，527
Abnormal psychology 变态心理学，417	Ageism 年龄歧视，315	Analogical problem solving 类比问题解决，248	Assimilation 同化，294

图5 特殊的四栏排语词索引版式示例

5．"索引表"版式

即根据特殊的索引书稿内容，奇妙利用表格可累加、可对比的特性而设置的一种表格式索引版式。

在编纂《上海府县旧志》人名索引时，北京印刷学院王彦祥教授为此创编了一个"索引之索引"，即快捷检索重要人物信息的"索引表"，具体如图6所示。其实，"索引表"版式主要用于为多卷集、整套图书编纂的人名、地名、物产、职官等信息可比的专题索引，有兴趣的索引员不妨一试。

上海府县旧志 人名索引表

名	字	号	松江府卷	松江县卷	上海县卷	宝山县卷	嘉定县卷	川沙县卷	南汇县卷	金山县卷	青浦县卷	奉贤县卷	崇明县卷
							B						
白居易	乐天	香山居士	[崇]1、[康]3	3	2	1	2	3	3	1	1	1	2
包尔庚	长明	宜斋	[康]2、[续]1	2	3	2	4	2	2	1	1	2	2
包节	元达	蒙泉	[嘉]3、[康]3	2	1	3	3	2	2	2	2	3	3
包孝	元爱	吴石	[康]2	3	2	3	3	3	4	5	1	2	4
贝琼	廷琚	清江	[正]2、[嘉]5	3	3	4	5	4	4	4	2	3	5
伯颜	近仁		[正]3、[康]5	5	5	5	2	5	3	6	5	4	5

图6 "索引表"版式示例

四、索引书稿排版的若干技巧

以上论述的主要是通用索引书稿排版规则和版式要求，在具体进行排版操作时，针对索引内容特性和款目结构，还可以采取如下技巧使索引书稿排得更加美观、实用。

1. 选择小字号并密排

毕竟索引属于一部书稿的辅文，加之索引所占书稿篇幅要尽量少，为此在排版方面尽可能使每条索引款目只占一行。技术处理上可选择小于书稿正文的字号，但是不能小于小五号字；与此同时，采取缩小字间距、行间距的内容"密排"手法，也可以减少款目占行，达到压缩篇幅的目的。

2. 尽量选用多栏排版

多栏排与单栏排相比，明显使索引篇幅成倍压缩，比如两栏排自然比单栏排理论上会减少一半篇幅，再考虑索引长款目会占据两行的因素，两栏排自然会比单栏排节省70%的版面篇幅。基于版式美观度考量，多栏排也比单栏排要强，因此索引排版还是要首选多栏排，而不是单栏排。

3. 索引标题、使用说明须通栏排版

书后索引作为整体书稿的一个大部分，自然需要列出"索引"标题，而大标题是需要通栏排版的，尽管标题可以居左、居中、居右，但都属于通栏排版。那么索引的使用说明（凡例），要位于索引大标题之下，索引正文书稿之前，自然也需要通栏排版才美观实用，典型案例可参看上文所列的图4示例。

4. 助检标识突出显示

既然是助检标识，理所应当要醒目大气，以区别相邻的索引正文，并吸引读者检索时引起注意。对于助检标识的排版处理，可以采取居中排式、增大字号、变换字形、字体加粗等版式设计手法来实现。如音序排序的A、B、C，笔画排序的一画、二画、三画等助检标识，均可以放大一倍字号，选择黑体字或者楷体字并加粗，以区别于索引正文的宋体字，再加上排版位置居中，反白艺术处理，其显示度自然就提升了。具体可参看图3、图4之示例。

5. 多级款目采取特殊版式

对于多级款目的排版处理，主要依照分级款目已经设置的格式，并进行规范化处理。标准的分级款目采取带上下级关系的缩格版式进行编排，以体现款目内容之间的逻辑关系，具体如下所示：

  一级标目 页码出处项
    二级标目 页码出处项
    二级标目 页码出处项

三级标目　　页码出处项
　　三级标目　　页码出处项

　　需要注意的是，上下级款目之间用缩后4个字节即两个汉字方式进行版式处理，形成阶梯型排列。在此基础上，还可以对多级款目排式作进一步处理，如一级款目文字加粗处理，二级款目再缩小半级字号，三级款目继续缩小半级字号，以彰显款目间逻辑清晰，这些都属于合理的版式处理技巧。

　6. 长款目折行缩格处理

　　为了减少索引款目误读，还要与分级款目的缩两个版式处理形成版式区别，对于文字过长的索引款目一行排不下需要折行时，以缩后两个字节即1个汉字来做版式技术处理。观察西方书后索引中的分级款目，绝大多数是缩两个字节处理，这其实为长款目的折行缩格处理限制了空间，相反我们中国通行的长款目折行后缩两个字节版式，更显得科学合理，且实用美观。

　7. 索引编纂者署名作为收尾

　　索引编纂是一项创造性较强的脑力劳动，其索引成果不同于目录制作，具有典型性的著作权，因此为索引编纂者署名是理所当然的事情。作为不同于索引正文的署名落款，通常做法是将索引编纂者姓名以楷体字或者仿宋体字编排，再用括号围起来，置于索引正文最后居右排版。当然，出版界把与图书编辑出版相关责任人放在"版权页"上一并列出也是惯例，这时的排版处理按照版权页排版规范和要求去做即可。

　　总之，索引排版既要遵守规范，也要考虑索引款目特性和排版规律，还要考虑尽量压缩篇幅但又不失美观实用的实际功能。做到这几点也实属不易，故此索引书稿的排版格式应不断发展进步，具体操作时还应不断去摸索和寻找排版技巧。

　　张　丽　北京印刷学院副教授，传播学和出版专硕研究生导师，中国索引学会会员。

Processing Skills of Typesetting Format of Index Manuscripts

Zhang Li

Abstract: Based on the practical problems in the typesetting of index manuscripts, the author proposes that the index typesetting can also have rules to follow. Firstly, three requirements before typesetting of index manuscripts are proposed. Secondly, five basic formats of index manuscripts are discussed and exampled. Finally, seven practical skills of index typesetting are presented.

Keywords: Index Typesetting; Typesetting Format; Index Compilation

书后索引编纂已成学术著作出版大趋势

闫 淼

(北京印刷学院新闻出版学院 102600)

摘 要 书后索引编纂并非可有可无。本文通过调查数据剖析我国学术著作书后索引编纂现状，并以北京理工大学出版社书后索引编纂为典型案例，指出其借鉴意义。目前索引编纂大趋势喜人，索引人需抓住时机，苦练内功，乘势奋进。

关键词 书后索引 索引编纂 学术出版

一、书后索引编纂并非可有可无

1. 从《关于进一步加强学术著作出版规范的通知》谈起

本文开篇就提到《关于进一步加强学术著作出版规范的通知》，是因为这一文件明确地提出了新的出版要求，即我国学术著作出版须编纂书后索引。

2012年9月，新闻出版总署发文〔政发2012年11号〕《关于进一步加强学术著作出版规范的通知》中提道："学术著作出版规范的执行情况将作为中国出版政府奖评奖、国家级优秀图书推荐、国家重大出版项目和国家出版基金申报与验收，以及出版单位年检、等级评估等工作的重要条件。"这就是说，做好中国化的学术出版，必须要编纂书后索引，使之成为遵守学术著作出版规范的典范。

学术著作书后索引是否编纂，应该作为学术出版是否符合要求的重要条件；而书后索引编纂的好坏，可作为评判图书质量的重要指标之一。新的文件强调学术著作、重要工具书的出版基金申报以及验收、年检、评奖等工作中符合国际化出版规范，亦即要求书后附有索引，这是学术著作出版结构规范化和标准化的基本表现。

2. 编纂书后索引的重要性

美国律师、政治家霍勒斯·宾尼曾说过："一本好的书籍，假使没有一个好的索引，要失掉它一半的价值。"① 这句话形象地说明了索引编纂的重要性。当今高速发展的信息时代，索引会使无序奔流的文献纳入优化控制的轨道，充分发挥有价值信息的情报检索和宣传作用，对各学科、各行业的渗透作用，对时间的节约作用，等等。

譬如，新地方志作为学术著作的一大类型，编纂书后索引有助于提升方志出版质量。王彦祥教授曾提出志书书后索引具有"指误功能"，编纂索引的过程可成为志书出版前完善书稿的最后流程。这恰恰可以在索引编纂的关键环节，即分析书稿——标引索引词的操作中，通过相当于一字一句"通读"书稿过程，将有实质检索意义的索引词标引出来，同时也能起到发现书稿错谬，及时改正完善的指误作用，客观上也形成了一道保障志书内容质量的最后屏障。②

知识诚可贵，索引价亦高。编纂索引，符合出版规范化要求；提供索引，是出版"走出去"的标配；透过索引，体现学术规范和引文依据；利用索引，实现节省时间、服务读者的目标。

二、我国学术著作书后索引编纂现状

编纂书后索引很重要。但是，并非所有图书都需要编纂书后索引。一般来说，从某一图书正文中任意抽取一部分，都能向读者提供某种有实际意义的信息，那么，此类书籍应配有书后索引。而诸如小说、剧本、诗歌等文学作品，当人们从中任意抽取一部分时，往往会觉得空洞而没有实际意义，与其编书后索引不如编词语索引。③

一直以来，我国学者对书后索引编纂情况都在密切关注中，还有人不断进行调查统计。当然，调查对象有的会针对专门类别的图书展开，如学术著作、大专教材、工具书等，使用的调查方式以抽样调查居多，并且一般

---

① 葛永庆. 采取积极措施，促进图书索引编纂 [J]. 出版参考，2000（2）：4.
② 王彦祥. 论志书索引对方志文化的有效揭示 [C] //2019年中国索引学会年会暨学术研讨会. 成都：中国索引学会，2019.
③ 纪晓萍. 我国书后索引的现状调查与分析 [J]. 图书馆建设，1994（5）：42.

会在某一指定区域如图书馆内进行,以摸清图书是否编纂书后索引。笔者通过搜索知网数据进行统计,获知我国书后索引编纂情况的调查结果如下所示。

1994年,纪晓萍对长春市图书馆基藏书库6个大类我国作者的1454种图书进行调查,结果有书后索引17种,占总数的1.2%;1996年,曲静涛对6类846种文献进行调查统计,编有书后索引的有142种,所占比例为16.8%;① 1998年,邓亚文则对2356种工具书展开调查,得知编纂书后索引的工具书为852种,索引编纂比例为36.2%;②

迎来新世纪后,2004年,周柏康对上海海事大学图书馆入藏的1064种图书进行调查统计,其中编纂书后索引数量为33种,占总数的3.1%;③ 2008年,佟兆俊抽取1990年以后出版的自然科学、社会科学和国外译著各100本,经调查得知书后索引编纂率为8.4%;④ 曹树金则在2009年中国索引学会年会上讲到,通过其对中山大学图书馆馆藏教材进行调查,766种国内教材中编有索引的51种,索引编纂占比为6.66%;⑤ 最近一次调查统计是复旦大学研究生在上海书店的调查数据,抽取的60种文学类图书中10.0%编制有索引,各60种社会科学和哲学类图书中7.0%编制有索引,60种自然科学类图书中5.0%编制有索引,综合计算的索引编纂比例为7.67%。⑥

以上具体描述了各位调查者进行的调查情况和统计数据,为了更清晰地看到我国书后索引实际编纂比例的变化情况,笔者制作了一个书后索引编纂调查统计汇总表,如下所示。

---

① 曲静涛. 书后索引在我国的编纂现状及问题探究 [J]. 中国图书馆学报, 1996 (2): 34-36.
② 邓亚文. 我国工具书书后索引的统计与分析 [J]. 辞书研究, 1998 (6): 102-108.
③ 周柏康. 对书后索引现状的一次调查 [J]. 中国索引, 2004 (4): 13-15.
④ 佟兆俊. 从中英文书后索引比较看中文学术著作的一个常见结构缺陷 [J]. 湖北师范学院学报 (哲学社会科学版), 2008 (4): 142-144.
⑤ 曹树金. 国内外高校教材书后索引浅析 [C] //2009年中国索引学会年会暨学术研讨会论文集. 兰州: 中国索引学会, 2009.
⑥ 许睦烯. 对索引人才培养与能力提升的探讨 [C] // 2016年中国索引学会学术研讨会论文集. 贵阳: 中国索引学会, 2016.

表1 我国书后索引编纂情况调查汇总表

年份	作者	索引占比	引用信息源
1994年	纪晓萍	1.20%	我国书后索引的现状调查与分析
1996年	曲静涛	16.80%	书后索引在我国的编纂现状及问题探究
1998年	邓亚文	36.20%	我国工具书书后索引的统计与分析
2004年	周柏康	3.10%	对书后索引现状的一次调查
2008年	佟兆俊	8.40%	从中英文书后索引比较看中文学术著作的一个常见结构缺陷
2009年	曹树金	6.66%	国内外高校教材书后索引浅析
2016年	许睦烯	7.67%	对索引人才培养与能力提升的探讨

通过上述调查结果及其汇总比较，我们对于国内学术著作书后索引的编纂状况可略见一斑。由于各位调查者所调查对象、调查范围不同，统计出来的索引编纂比例各有差异，但总的趋势不难看出：我国学术著作书后索引编纂目前仍然处于一种较低的编纂比例阶段，尽管工具书的书后索引编纂比例超过了三分之一，索引编纂整体状况也呈上升趋势，但仍处于个位数的索引编纂比率，且由于近些年来图书出版数量增加，书后索引的实际编纂数量有所下降。

这样的索引编纂现状需要我们反思和警醒，大环境已经有利于书后索引的大量编纂，以索引编纂促进学术著作的规范发展也成为出版界和索引界的共识，索引编纂的空间非常大，但要走的路还很长，希望索引界、索引编纂者认清形势，发挥优势，促进索引编纂的快速发展和繁荣。

三、北理工出版社书后索引编纂的借鉴意义

通过以上论述可知，我国学术著作书后索引编纂整体呈上升趋势，但具体到某一出版单位，情况自然是千差万别。笔者以北京理工大学出版社为例进行分析，原因有二：一是北京理工大学出版社不久前有16部著作荣获"2019年国家出版百种科技新书"荣誉，这一比例实属罕见，也充分说明了该社高度重视学术著作书后索引编纂工作；二是北京理工大学出版社编纂的索引均由王彦祥索引编纂团队完成，笔者作为团队一员，对该社学术著作书后索引的编纂情况了解较多，可作为分析介绍的重点对象。

1. 书后索引编纂情况调查统计

在出版规范化方面,北京理工大学出版社一方面深耕国内科技出版领域,提出了"做国家需要的学术出版"发展目标,另一方面致力于学术著作书后索引的出版规范化,与王彦祥教授带领的专业索引编纂团队展开了长期密切的合作,并取得了良好的成效。

截止到 2020 年 8 月,北京理工大学出版社年度出版图书情况如下图所示。可以看出,随着我国对图书质量的重视以及书号审核趋严,倒逼图书内容质量提升,出版工作进一步规范。从 2016 年开始,国内每年新书发行数量呈下降趋势。但是,北京理工大学出版社新书发行情况受影响较小,呈平稳波动趋势,这说明北京理工大学出版社重视图书出版质量收到了良好效果。

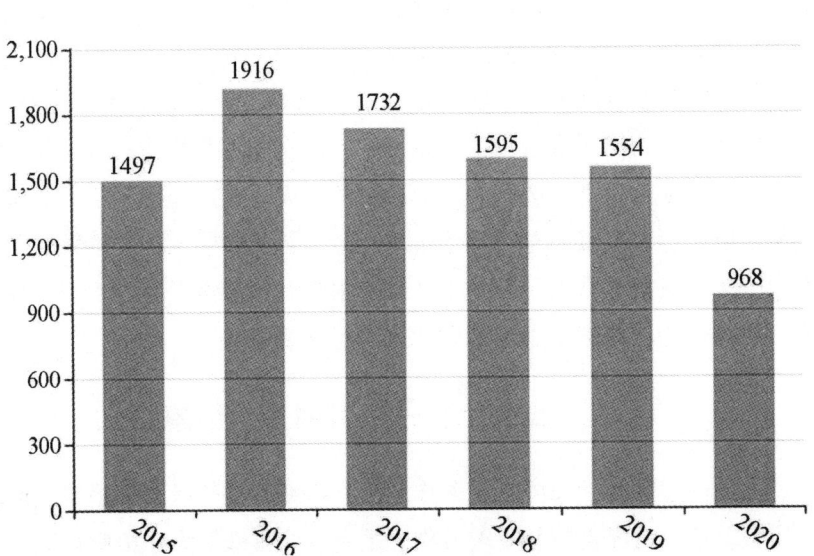

图 1　北京理工大学出版社图书出版年度统计

透过统计调查数据和学术著作内容检索可以发现,北京理工大学出版社 2019 年出版的 1 554 本新书中,有 51 本图书编纂了书后索引,占比为 3.2%。这一索引编纂比例似乎较低,远不及前述的学术著作索引编纂率。但经过调查问题就真相大白了,原来该社 2019 年出版的 1 554 本新书,既包括所有的学术著作，也有更多的非学术著作，如大量的教材教辅图书、科普图书。

再深入探究得知，编纂书后索引的学术著作，几乎为清一色的该社重点出版项目。换句话说，按照新的学术出版规范要求，该社是有重点地实施了索引编纂工作，重点学术著作几乎100%编纂有书后索引。当然，还有一些图书从学术规范考虑也编有索引，如翻译图书《发现宇宙》《威廉·福克纳种族观研究及其他》，同样编纂了书后索引。

其实，经过近几年的努力，北京理工大学出版社编纂书后索引逐渐实现规范化、标准化。笔者在调查中发现，编纂书后索引的图书都是"国之重器出版工程""国家出版基金项目""十三五"国家重点出版物出版规划项目等重点出版图书，或者是国家出版基金项目图书，这恰恰符合《关于进一步加强学术著作出版规范的通知》的具体要求，既遵守了国家学术著作出版的新规范，同时也具备了学术著作申报国家项目、申请国家奖项的必要条件。

2. 索引编纂荣誉带来的启示

目前北京理工大学出版社新书出版编纂的书后索引，由王彦祥索引编纂团队负责编纂，总量已超过200多种，索引编纂质量也获得一致认可。例如，在2019年"中华人民共和国成立70周年科技出版十件大事暨2019年出版百种科技新书"中，该社推出的《空间科学与技术研究丛书》《航空航天科技出版工程》《近感探测与毁伤控制技术丛书》三套新书中的16部著作，荣获"2019年国家出版百种科技新书"荣誉。北京理工大学出版社此次获奖图书数量占到获奖总数的近六分之一，这在国内科技出版领域实属罕见，也充分说明了学术著作编纂书后索引的必要性和重要性。

北京理工大学出版社十分重视书后索引编纂工作，并与索引编纂经验丰富的王彦祥团队进行密切合作，强强联合，推出的重点出版项目学术著作自然成为图书出版精品，也逐渐树立起新的学术出版品牌，还可以作为国家学术著作出版规范的典范。

这种索引编纂和学术著作出版及获奖模式，起到了引领学术出版书后索引编纂新风尚的示范作用，值得其他出版单位学习和借鉴。

四、结 论

1. 学术著作书后索引编纂趋势喜人

通过以上论述，了解我国学术著作书后索引编纂整体状况，以及北京理工大学出版社编纂书后索引带来的荣誉与启示，我们应该认识到，规范和完善书后索引，不仅决定着我国学术著作的出版质量，而且对学术出版规范甚至我国学术成果的对外交流与传播，都会起到积极而广泛的推动作用。

随着《关于进一步加强学术著作出版规范的通知》在出版界的落地落实，我国学术著作书后索引编纂受到更多人更广泛的重视，书后索引数量也在逐渐增多。编纂书后索引，提升出版物规范化，助推出版工作"走出去"，促进阅读和学习，这样的大趋势已经形成，需要出版界与索引界联动起来，把索引编纂事业做大增强。

2. 索引人需乘势奋进

书后索引编纂环境利好，需要我们的索引人发扬工匠精神，打造一支快速反应、能打硬仗的索引编纂队伍，把每一本学术著作书后的索引编好，只有这样，才能无愧于时代的需要。我们需要冷静分析，目前国内胜任学术著作书后索引编纂的人并不多，索引编纂质量也需要大幅提升。我们的索引人必须抓住时机，苦练内功，乘势奋进，这样才能开创我国学术著作索引编纂的新局面。

闫 森 北京印刷学院2018级新闻传播学硕士研究生。研究方向：索引编纂与研究。

The Compilation of Back-of-the-book Indexes has become a General Trend of Academic Publications

Yan Sen

Abstract: The index compilation is necessary. Based on the investigation, this paper analyzes the current situation of the back-of-the-book index compilation of academic works in China, and points out its reference significance by taking the index compilation of Beijing Institute of Technology Press as a typical case. At present, index compilation is becoming a general trend and indexers must seize the opportunity to work hard.

Keywords: Back-of-book-index; Index Compilation; Academic Publishing

《海峡两岸中华古籍保护论著提要》简评

陈东辉

(浙江大学汉语史研究中心 杭州 310058)

摘 要 本文从以下四个方面论述《海峡两岸中华古籍保护论著提要》的优点和特色：(1) 收录较为完备，乃迄今为止收录最为全面而系统的古籍保护领域的论文、著作提要和索引；(2) 著录了一批稀见论文篇目，为研究者查找相关文献提供了重要线索；(3) 收录了大量发表在台湾的论文篇目，涉及报刊甚多；(4) 编排合理，著录规范，附录详备，充分发挥了图书馆工作者编纂提要和索引的优势。在充分肯定其价值的同时，实事求是地指出该提要还存在若干可以改进之处。

关键词 古籍保护 论著提要 索引 目录学 海峡两岸

近年来尤其是台湾古籍保护学会于2014年6月成立以来，海峡两岸在古籍保护领域有过不少交流。海峡两岸图书馆界、学术界合作编纂的《海峡两岸中华古籍保护论著提要 (2011—2015)》和《海峡两岸中华古籍保护论著提要 (2000—2010)》，已由国家图书馆出版社分别于2017年、2021年刊行。这一堪称两岸交流的重要事项，意义十分重大。

该提要对于系统总结海峡两岸在古籍保护领域的研究成果具有重要价值。就总体而言，该提要收录较为完备，著录规范，明显的错字较少，值得充分肯定。析而言之，该书至少在以下四个方面具有优点和特色。

一、收录较为完备，乃迄今为止收录最为全面而系统的古籍保护领域的论文、著作提要和索引。 该提要的收录范围包括古籍修复、古籍普查、古籍编目、古籍存藏环境（包括古籍书库温湿度、防火防盗、防虫防霉等），乃至版本鉴定、古籍整理、古籍再生性保护（包括古籍影印出版、古籍缩微复制、古籍数字化建设等）等，可以说涵盖了古籍保护的方方面面。该提要的编纂者，通过查阅大量的研究资料以及相关的网络资源，系统整理了2000—2015

年发表在中国内地、台湾、香港、澳门的期刊（包括网刊）、报纸、论文集、个人专集、不定期连续出版物、学位论文等文献中与古籍保护研究相关的论文、著作篇目 9 100 多条（其中 2000—2010 年 5 200 多条、2011—2015 年 3 900多条），内容丰富，对相关研究者以及古籍保护主管部门、图书馆等具有重要参考价值。

二、著录了一批稀见论文篇目，为研究者查找相关文献提供了重要线索。 编纂者除了一般的文史类刊物之外，还注重收录科技等类别的刊物上所发表的相关论文，如发表在《数字与缩微影像》上的《古籍资源数字化建设初探》，发表在《计算机应用》上的《基于 WordSpotting 技术的蒙古文古籍图像检索中的特征选择》，发表在《科技创新与应用》上的《黑龙江省社会科学院馆藏清刻本三种评介》，发表在《环球市场信息导报》上的《古籍修复装裱书画中糨糊的制作和使用》，等等。

三、收录了大量发表在台湾的论文篇目，涉及报刊甚多。 如发表在《全国新书资讯月刊》上的《从〈修复心中净土〉一书之出版略论古籍装潢与修补工作》《读宋版书如见东坡翁——"千古风流人物苏东坡"展品中有关宋椠元刻善本略述》《古籍文献保存整理与利用》，发表在《东海大学图书馆馆讯》上的《传统古籍整理与数字化在华人社会与文化的意义与价值》《〈傅斯年图书馆善本书志·经部〉评介》，发表在《书目季刊》上的《佛光大学王云五纪念图书室古籍整理纪要》，发表在《故宫文物月刊》上的《观海堂医药古籍中所见小岛家宝素堂本》，发表在《古今论衡》上的《傅图馆藏古籍〈板桥杂记〉版本初探》，发表在《中华科技史学会学刊》上的《从迷思概念研究的观点探讨中国古籍中的影与像》，发表在《科技学刊．人文社会类》上的《大藏经古籍版面调查研究——以嘉兴藏与弘教藏行款为例》，发表在《有凤初鸣年刊》上的《陆心源古籍版本鉴定方式分析——以中华书局整理本〈仪顾堂书目题跋汇编〉为例》，等等。此外，该提要还收录了香港三联书店出版的《澳门古籍藏书》，发表在《澳门文献信息学刊》上的《〈中国古籍总目·丛书部〉的收录与古籍丛书目录的后续整理》《〈中国古籍总目·丛书部〉〈中国丛书综录〉比较研究》，等等。这些资料对于我国内地相关研究者全面了解港澳台地区的学术信息十分有用。

四、编排合理，著录规范，附录详备，充分发挥了图书馆工作者编纂提要和索引的优势。 就总体而言，该提要中的论文篇目所采集的信息完备，包括文章题名、著者姓名、刊名及刊物卷次、出版者、出版地、出版年、版次、页码等，既规范又节省篇幅，并使读者一目了然。同时，绝大部分摘要也言简意赅，条理清晰。论文、著作之摘要，既方便了广大读者，又增强了该提要的学术价值。书末附有详细的题名拼音索引和著者拼音索引，为读者提供了极大便利。

当然，从求全责备的角度而言，笔者认为该提要还存在如下可以改进之处：（1）最大的问题是有大量并不属于古籍保护范畴的论著被收入，如《巴蜀书法理论选粹》《标点古籍引发的汉语言文字改革提醒》等，至少有一半条目可以删除。古籍保护并不等同于古典文献学研究或国学研究、古籍整理研究。李玉娥的《"古籍保护"研究文献索引》（《中国索引》2015年第1期）的收录范围相对较为合理，可以参考。（2）著作、学位论文、论文应该分开排列。同时，应该关注著作中的相关部分。部分著作并非专门关于古籍保护的，但其中的某一章、节是关于古籍保护的，可以将该著作收录，并在"摘要"部分说明某一章、节的内容。（3）部分著作、文集未注明出版者。（4）部分论文内容丰富，但摘要过于简单。（5）一些与古籍保护直接相关的论文、著作漏收，如李亚的《中国古代典籍载体保护实践初探》（载《浙江大学中文系本科生优秀毕业论文选》，浙江大学出版社2012年版）、苏全有主编的《图书馆史沉思录》（中州古籍出版社2015年版）等。

应该说明的是，上述不足之处，有的也不能过于苛求编者，毕竟该提要成于众手，编纂时间有限。并且，《海峡两岸中华古籍保护论著提要（2000—2010）》较之《海峡两岸中华古籍保护论著提要（2011—2015）》，在不少方面已有改进和提高。根据《海峡两岸中华古籍保护论著提要（2000—2010）》之"后记"，《海峡两岸中华古籍保护论著提要（1949—1999）》的编纂工作业已启动，相信其在各方面会越来越完善。

总之，瑕不掩瑜，《海峡两岸中华古籍保护论著提要》为相关学术研究和实际工作提供了重要参考，必将为进一步促进中华古籍保护事业的发展以及海峡两岸的交流起到积极的作用！

陈东辉　博士，浙江大学汉语史研究中心副教授，主要从事古典文献学研究，已出版专著7种，发表论文270多篇。

A Brief Review of the *Summary of Works on the Protection of Chinese Ancient Books on Both Sides of the Taiwan Strait*

Chen Donghui

Abstract: This paper discusses the advantages and characteristics of the *Summary of works on the protection of Chinese ancient books on both sides of the Taiwan Strait* from the following four aspects: Firstly the collection is relatively complete, which is the most comprehensive and systematic summary and index in the field of ancient book protection so far. Secondly, a number of rare articles are described, which provides important clues for researchers to find relevant literature. Thirdly, it has collected a large number of papers published in Taiwan, involving many newspapers and periodicals. Lastly, reasonable arrangement, standardized description and detailed appendix give full play to the advantages of librarians in compiling abstracts and indexes. While fully affirming its value, this paper also points out that there are still some improvements in these works.

Keywords: Protection of Ancient Books; Abstracts; Indexes; Bibliography; Both Sides of the Taiwan Strait

专题索引

《孟继埙藏金石拓片闻见录》索引

王丽华　张　华　任欣欣

(吉林大学图书馆　长春　130012)

摘　要　依据索引编制规则和规范，编制《孟继埙藏金石拓片闻见录》拓片题名索引和人名索引，以供读者便捷地检索和使用该书。

关键词　《孟继埙藏金石拓片闻见录》　拓片题名索引　人名索引

说　明　《孟继埙藏金石拓片闻见录》，禹平、王丽华著，2018年吉林大学出版社出版。由于出版时未做书后索引，给使用者带来诸多不便。为了弥补这一缺憾，依据索引编制规则①和规范②，我们编制了该书的"拓片题名索引"和"人名索引"，以期在便利读者的同时加强索引编制实践，积累索引编制经验，进一步探索古籍索引编制方法。

本索引按拼音音序排列。唯僧人法号前加"释"字，用括号围起，不参加排序，检索时径从第二字检起（法号只有一字时，"释"字参与排序，如"释进"）；首字无法辨识的，则排最后。

由于本索引为纯手工编制，编制人员的经验有限，存在诸多不足之处，还望专家批评指正。

---

① 中国索引学会. GB/T 36070－2018. 地方志索引编制规则［S］. 北京：中国标准出版社，2018.

② 温国强. GB/T 22466—2008《索引编制规则（总则）》应用指南［M］. 北京：国家图书馆出版社，2012.

一、拓片题名索引

A

阿郍氏墓志铭　88
安国寺和尚残碑二段　121

B

白鹿泉神君祠碑并阴及两侧　98
百门陂碑铭　77
北岳恒祠碑　95
本愿寺佛顶尊胜陀罗尼经幢　88
本愿寺造舍利塔碑并额　85
比丘僧道略共邑义三百余人等造像铭　22
比丘圆照圆光姊妹为亡妣亡兄造双弥勒像颂并两侧　22、23
毕游江墓志铭　127
标惠乡义慈惠石柱颂附石柱颂写本释文　21
卜璀墓志铭　136

C

曹全碑　4
曹氏墓志铭　89
常来墓志铭　103
畅君墓志铭盖　165
陈国通塔文　38
陈黑囡等造释迦像　28
陈护墓志铭　66
陈令望心经碑　104、105
陈士拣墓志铭　147
陈宪墓志铭　93
陈志清墓志铭　132
成公墓志盖　34
成君墓志铭　107
成君信墓志铭　161
成淑墓志铭　47
程氏塔铭　63
程修已墓志铭　155
程玄景墓志铭　70
程哲碑　15
敕藏御服碑　179
重书临济正传虎丘隆禅师碑　179
淳化阁帖　172、181
淳于俭墓志铭　26
慈润寺员照律师灰身塔记　48
赐卢正道敕　78
赐蜀州青城山常道观勒　92
赐张九龄命撰裴光庭碑勒文　99
崔蕃墓志铭　142
崔公夫人郑氏墓志铭　81
崔郇等题名　148
崔君妻独孤氏墓志铭　105
崔氏墓志铭　172
崔文修改葬墓志铭　117
崔载墓志铭　135

D

大乘同性经楞伽　36

大乘同性经叹佛偈　36

大德法玩禅师塔铭　124

大集第六□□天王叹佛偈　35

大唐蜀王故西□祭酒萧公（胜）墓志铭　41

大云寺弥勒重阁碑附造像题字　69

大智禅师塔铭　98

岱岳观题名　42

道安禅师塔记　50

道润等造像题名　19

道兴合邑人等造释迦像并古验方　23

翟君夫人高婉墓志铭　150

定州北岳恒山灵庙碑并碑阴　85

定州刺史段憎祈雨颂　99

定州中山法果寺碑并额及阴　65

董穆墓志铭　30

董惟靖墓志铭　151

豆卢逊墓志铭　45

杜君夫人朱氏墓志铭　62

杜氏夫人墓志铭　145

杜锡题名　118

杜行方墓志铭　142

段常省塔铭　111

E

尔朱逵墓志铭　164

F

法藏禅师塔铭　82

法澄塔铭　95

法灯墓志铭　59

法憩禅师塔铭　19

樊兴碑　40

范阿九墓志铭并盖　136

房怀亮墓志铭　70

房山雷音洞石柱佛像　35

封生墓志铭盖　183

冯宿神道碑　146

夫人袁氏墓志铭　73

佛垂般涅槃略说教戒经　35

佛顶尊胜陀罗尼经幢　148

佛说弥勒成佛经　35

G

改修吴延陵季子墓碑　121

高承金合祔墓志铭　131

高翻碑并额　15

高福墓志铭　90

高感墓志铭　110

高丽五冠山灵通寺大觉国师碑铭并额　176、177

高庆碑并额　6

高彦墓志铭并盖　128

高应墓志铭　83

耿大用墓志铭　161

龚澄枢造西涂塔文　171

巩宾墓志铭 27
古衍禅师墓志铭 116
鼓山佛名摩崖 23
鼓山诸行无常残经字 23
观海堂苏帖 182
管妃为亡夫郭遵道造释迦像 26
管真墓志铭 57
广惠塔铭 154
郭思谟墓志铭 88

H

韩宝才墓志铭 51
韩昶自为墓志铭 152
韩公墓志铭盖 166
韩恺墓志铭 172
韩文公题名 136
韩显宗墓志铭并额 4
韩夐夫人韦氏墓志铭 127
汉孝子董黯残碑 120、121
郝贵兴兄弟二人造像 70
郝质妻朱氏墓志铭 173
何叔平妻刘氏墓志铭 165
何玮神道碑 179
和钱墓志铭 69
贺屯植墓志铭 24
鹤鸣等字残碑 183
花塔寺等残造像 167
花塔寺惠敬迁建佛顶尊胜陀罗尼经残幢 167
华严经摩崖石刻 34

华严经赞佛偈 34
华岳朝议郎刘承构题名 177
华岳庙郑县尉李憺题名等 98
滑州明福寺新修浮图记 139
桓武兴等造像 24
皇甫琳墓志铭 19
皇甫驎墓志铭 8
黄帝祠宇四字 115
黄撝妻刘氏㡣铭 111
惠隐禅师塔铭 101
慧化寺陀罗尼经并禅房颂 79
霍夫人墓志铭 152

J

济州谷城黄石公祠碑并阴及额 117
冀州刺史关胜碑并前后碑 18
坚行禅师塔铭 96
姜行本纪功碑并侧 37
蒋氏墓志铭 148
交龙残碑 28
焦璀墓志铭 115
解慧寺三门楼赞 120
金刚经残碑 168
进法师塔铭 99
晋昌郡公唐邕写经碑 22
泾王妃韦氏墓志铭 122
景贤身塔石记 100
净藏禅师身塔铭 107
净业法师灵塔铭 92
敬节法师塔铭 95

敬史君碑并阴 16
敬延祚墓志铭 163
敬元长墓碣铭 180
鞠彦云墓志铭 10

K

康叔卿妻傅氏墓志铭 153
孔君墓志铭 163
孔庙后宰门画像 182
孔颖达碑 40

L

来佐本及夫人常氏郭氏墓志铭 160
兰陵忠武王高肃碑并额 23
兰师墓志铭 60
雷询墓志铭 107
李宝臣纪功载政颂 182
李从证墓志铭并盖 151
李琮墓志铭 143
李辅光墓志铭 132
李公妻慎氏墓志铭 164
李继墓志铭 133
李继妻崔氏墓志铭 146
李嘉珍墓志铭 121
李君夫人贾嫔墓志铭 122
李君及夫人韩氏墓志铭残字 164
李君妻宇文氏墓志铭 157
李良金墓志铭 116
李明显为亡女阿地孙女赵长妃造释迦像 24

李谋墓志铭并额 12、14
李仁德墓志铭 96
李神佑等造像 10
李氏残墓志铭 161
李文墓志铭 47
李宪墓志铭 14
李秀碑残石 104
李元素墓志铭 141
李远墓志铭 176
梁嘉运墓志铭 78
梁师亮墓志铭（残石） 72
梁师亮墓志铭（初断本） 72
梁师亮墓志铭（旧拓未断本） 71
梁师亮墓志铭（三断本） 72
梁师亮墓志铭（再断本附残石） 72
梁寺并夫人唐氏墓志 67
灵琛禅师塔铭 36
灵觉龛铭 103
灵严寺修方山证明功德记 151
灵运禅师功德塔碑铭 108
令狐绹墓志铭 157
刘碑等造像铭 18
刘奉芝墓志铭 53
刘公夫人辛氏墓志铭 145
刘建墓志铭 127
刘举墓志铭 149
刘梁残碑 3
刘士弘墓志铭 150
刘仕俌墓志铭 157
刘守忠墓志铭并序 52

刘通墓志铭并盖　131

刘忻墓志铭　22

刘逸墓志铭　143

刘崟墓志铭　144

刘溇润夫人杨氏墓志铭　140

刘元尚墓志铭　111

刘智墓志铭　113

刘遵礼墓志铭　158

龙龛道场铭　73

龙门山金刚经并六门经及心经　77

龙门山廿五祖传法录　77

龙山公（臧质）墓志铭　28

卢士琼墓志铭　139

路君墓志铭盖　183

潞州长子县白鹤观碑　65

罗宾奴为亡父绍及亡姊阿贰造北堪弥院像题记　27、28

M

马楚贝祖母造塔象记　80

马举墓志铭　74

马君起造石浮图　55

马琼石香炉题字　178

马寿墓志铭　42

马惟良夫人王氏合祔墓志铭　154

马元礼墓志铭　106

马珍墓志铭　57

孟邦雄墓志铭　177

孟善王墓志铭　50

孟友直女墓志铭　81

孟贞墓志铭　53

秘戏方镜　167

妙法莲华经碑　36

妙法莲华经观世音普门品　27

穆君弘改葬合墓志铭　168

N

牛氏像龛碑　104

P

潘智昭墓志铭　108

判官堂尊像记石幢　170

庞德威墓志铭　65、66

庞怀伯等造像记　52

裴承章墓志铭　129

裴度等题名　136

裴公妻贺兰氏墓志铭　83

裴可久墓志铭　51

裴稹墓志铭　103

普贤寺铁香炉款识　177

Q

乞伏保达墓志铭并盖　21

钱俶墓志铭　17

乾陵述圣纪　63

乔进臣买地牒　132

秦望山法华碑　98

青州默曹残碑阴　35

轻车都尉司马残石　164

仇道朗墓志铭　71

R

任铉墓志铭　184

如愿律师墓志铭　118、119、120

润州仁静观魏法师碑并阴及额　55

S

三藏圣教序并记　46

三藏圣教序记并心经　51

三乘墓志铭　129

散氏盘铭　1

桑棻墓志铭并盖　124

沙弥尼清真塔铭　165

沙陀公夫人阿史那氏墓志铭　85

上柱国庞怀金刚般若经颂　64

尚真砖坟铭　75

邵才志墓志铭　134

沈朝墓志铭（砖刻）　138

圣母寺合邑二百五十人造像四面像碑　24

施昭墓志铭　130

石经山中台石浮图碑　110

石暎墓志铭　170

石忠政墓志铭　137

时珍墓志铭　24

史公石像铭　80

守忠窀茔记　106

舜庙碑　121

司马晒墓志铭　9

司马景和妻孟敬训墓志铭　8

司马绍墓志铭　7

司马升墓志铭　14

思道墓志铭　114

肆州永安郡定襄县高岭以东诸村道俗等造像　17

松雪斋法书　181

宋君夫人王氏墓志铭　63

宋秀买地券　181

宋俨墓志铭　122

宋永贵墓志铭并盖　34

宋运夫人王氏墓志铭　90

苏济政绩纪　180

苏昱德政碑并额　41

孙公墓志铭　130

孙坚静墓志铭　135

孙孙墓石记　127

孙义普墓志铭并盖　62

T

太宗赐少林寺柏谷坞庄碑额　89

汤君妻伤大妃墓志铭　41

唐初残碑　164

唐大荐福寺故大德思恒律师志文　93

唐蒲台尉过纳墓志铭铭　157

唐氏女端墓志铭　91

田佚墓志铭　123

田佚墓志铭并盖　125

听松　166

同光禅师塔铭　116

W

亡妻李氏墓志铭　130
王才及妻毛氏墓志铭　48
王晟妻张氏墓志铭　156
王从政墓志铭　146
王公晟夫人张氏合祔墓志铭　159
王娇娇墓志铭　156
王晋妻刘氏等合葬墓志铭　94
王景秀墓志铭　120
王居士砖塔之铭　43
王君夫人墓志铭　53
王君墓志铭　162
王君墓志铭盖　183
王留生墓志铭　56
王美畅妻长孙氏墓志铭并盖　76
王郊墓志铭　128
王庆墓志铭　87
王镕墓志铭　163
王善来墓志铭　30
王善相夫人禄氏墓志铭并盖　59
王氏墓铭　160
王守琦墓志铭　150
王无兢墓志铭　91
王行威墓志铭　65
王行淹墓志铭　64
王修福墓志铭　87
王训墓志铭　115
王偃墓志铭并盖　16
王赞墓志铭并盖　49
王珍之等造大像碑　10
王仲建墓志铭　156
王仲堪墓志铭　126
韦端玄堂志　135
韦端口夫人王氏墓志铭　124
韦敏妻李氏墓志铭　149
韦契义墓志铭　134
韦琼墓志铭　112
韦希损墓志铭　84
韦元倩墓志铭　105
魏公先庙碑　151
魏邈及妻赵氏墓志铭　149
温彦博墓志铭　37
文安县主墓志铭　39
文彦若墓志铭　172
无量义经德行品叹佛偈　34
无畏不空法师塔记　100
吴达墓志铭　140
吴高黎墓志铭　12
吴善墓志铭　92
吴文碑　86
梧州云盖山感报寺吴怀恩造钟铭　171
五铢泉拼奏龙头像　182
武德于府君等义桥石像碑并阴及两侧　17
舞剑台李从简题字　167

X

西门珍墓志铭　133

夏尉二州刺史张保洛等造石碑像题记 18

显达塔铭 176

宪超塔铭 134

乡老举孝义隽敬碑 19

逍遥山会仙友题字 3

萧令臣墓志铭 97

萧思亮墓志铭并盖 79

晓方灵塔记 159

辛幼昌墓志铭 142

辛仲方墓志铭 158

辛仲连妻卢八娘墓刻 75

行钧塔铭 169

荥阳夫人毛氏墓记 80

徐浩神道碑铭 126

徐怀隐墓志铭 114

许公夫人杨氏墓志铭（残石） 78

许洛仁妻宋善主墓志铭 54

玄教太宗师领道教事张留孙碑 180

玄教宗传碑 180

玄奘塔铭 147

薛刚及夫人戴氏墓志铭 73

薛君夫人柳口墓志铭 84

薛君夫人裴氏墓志铭 93

薛氏未曾有功德塔铭 101

薛瑶华墓志铭 45

雪浪石盆铭 173

阎好问墓志铭 159

颜永墓志铭 137

阳瑾墓志铭 29

杨迥墓志铭 143

杨君夫人裴氏墓志铭 123

杨君夫人韦檀特墓志铭 60

杨君妻杜氏墓志铭 76

杨思默等造弥勒碑 70

杨智积墓志铭 48

姚夫人权葬石表 153

姚君夫人李氏墓志铭 141

邺县修定寺记并额 84

殷履直夫人颜氏碑 102

尹贞墓志铭 39

游勒封院题记 174

游师雄墓志铭 174

于光庭移置唐兴寺碑 84

于士恭墓志铭 94

宇文琬墓志铭 105

元公夫人姬氏墓志铭 32

元公墓志铭 31

袁公夫人王氏墓志铭 154

圆测塔铭 175

源君残碑合阴侧凡三段 25

远公和尚塔铭 178

愿力寺赡法师影塔铭 68

Y

延庆寺碑 49

Z

张安生墓志铭 112

张点墓志铭 97

张对之铭　49
张胐墓志铭　109
张夫人墓志铭　129
张孚墓志铭　103
张公夫人王氏墓志铭并盖　125
张嘉墓志铭并盖　75
张璬墓志铭　109
张景略墓志铭　27
张景之墓志铭　68
张敬之墓志并盖　69
张君妻田氏墓志铭　68
张毗罗墓志铭　112
张起墓志铭　21
张庆之墓志铭　69
张庆之墓志铭并盖　60
张仁墓志铭并盖　58
张锐墓志铭　118
张诜夫人樊氏墓志铭　129
张师儒墓志铭　162
张氏墓志铭　127
张思道墓志铭　86
张威德墓志铭　125
张希古墓志铭　113
张兴墓志铭　46
张曛墓志铭　144
张曛墓志铭并盖　131
张晔墓志铭并盖　56
张义琬墓志铭　116
张懿墓志铭　61
张元忠妻令狐氏墓志铭　110
张轸及夫人邵氏墓志铭　107

张轸墓志铭　97
张纂妻赵夫人墓志铭　37
赵君妻夏侯氏墓志铭　147、148
赵君妻张氏墓志铭　148
赵虔章墓志铭　161
赵全泰墓志铭　141
赵全泰妻武氏墓记　138
赵群臣上醻石刻　2
赵韶墓志铭　29
赵智侃墓志铭　75
赵州刺史何公德政碑并碑阴题名　118
赵宗道墓志铭　173
贞和上塔铭　102
郑晃墓志铭　124
郑少雅及夫人孙氏墓志铭　158
郑恕已墓志铭　153
郑玄果墓志铭　81
郑准墓志铭　140
治平铁镬铭　172
智力禅师遗德碑　126
智通塔铭　111
智悟律上人墓志铭　117
钟公墓志铭　169
朱公夫人赵氏墓志铭　144
朱君妻范氏墓志铭　174
朱氏并邑人等造玉石像题记　18
朱远墓志铭　51
诸葛明恝夫人韩氏墓志铭　106
祖君夫人杨氏墓志铭　162
尊胜经幢残字　167

口空和上塔铭　142

口口禅师残塔铭　166

二、人名索引

A

阿贰　27、28

阿林保　1

阿郍氏　88

阿史那氏　85

安禄山　110、114

安子　148

B

班浔　147

包世臣　88、123

鲍怀坦　42

鲍康　59

鲍印亭　128

毕彦孙　85

毕彦雄　92

毕游江　127、128

毕沅，字湘衡、秋帆，小字潮生，号灵岩山人　90、113

边笠泽　139

边拙存　4

（释）晉空　142

卜璀　136

C

采思伦　159

蔡德章　162

蔡守仙　93

曹全　14

曹惟良　106

曹星槎　49

常来　103

陈宝琛，字伯潜，号弢庵、陶庵　89、96

陈光　99

陈国通　38

陈黑闼　28

陈护　66

陈怀志　85

陈集原　73

陈介祺　44、176

陈兰茂　42

陈励清　23、104

陈令望　105

陈齐之　140

陈士拣　147

陈宪，字令将　93、94

陈瑶圃　115、120

陈志清　132

陈子受　44
成君信　161
成青微　135
成淑　47
程进思　155
程钜夫　179、180
程洛　17
程修己　155
程玄景　70
程用之　119、120
程哲　15
崇恩　1
储彦琛　123
楚封　157
褚遂良　41、46
淳于俭　26
崔玼叙　117
崔锷　144
崔蕃　142、143
崔荷泉　25
崔炳炎　25
崔郁　148
崔季梁　105
崔敬邕　7、8、22
崔琪　108
崔世雅　132
崔文修　117
崔英　106
崔元略　132
崔筠　158
崔载　135

D

（释）大雅　86
（释）大智　98、99
戴杰　16、17
（释）道安　50
（释）道略　22
（释）道润　19
（释）道兴　23
邓石如　88
邓又同　1
翟云升，字舜堂，号文泉　87
刁遵　8、22
丁凤　107、184
董黯　120、121
董方立　91
董穆　30
董惟靖　151
董文涣，字尧章，号研秋、研樵　87
豆卢逊　45、46
窦瑞臣　135
窦忻　111
杜宝符　145
杜黄裳　145
杜梦麟　5、6
杜尉　142
杜锡　118
杜遑　98
杜行方　142
杜荀　155

杜昱　98、99、101

端方，字午桥，号陶斋，谥忠愍　8、9、12、14、19、20、22、25、27、42、43、48、52、86、90、93、109、132、138、140、142、154

段常省　111

段嘉谟　27

段憎　99

E

尔朱逮　163

F

（释）法藏　82

（释）法澄　95

（释）法灯　59

（释）法抚　6

（释）法乐　59

（释）法懃　19

（释）法玩　124、125

（释）法愿　59

樊彬，字质夫，号文卿、问青　59、67、74、87、88、106、164

樊兴　40

樊增祥　50、52

范阿九　136、137

范朝　112

范鄡　137

芳茂山人　153

房怀亮　70

（释）飞锡　119、120

费古　174、175

冯龙官　73

冯敏昌　3、7、8、9、10、14、157

冯宿　146

苻载　130、131

（释）复珪　111

傅山，字青竹，改字青主　15

G

甘道荣　93

甘荣　93

甘遗荣　93

高岑　109

高承金　131、132

高法援　6

高翻，字飞雀　15、16

高福，字延福　90

高感　110

高力士　90

高洛周　24

高庆　6

高仁敬　42

高盛　16

高肃　16

高婉　150

高演　21

高彦　128

高翌　90

高殷　21

高应 83
高湛 21
葛蒙 115
艮成 131、132、143–149、151–163、165、166
耿大用 161、165
耿光 152
耿启昌 17
龚澄枢 171
巩宾 27
(释)古衍 116
顾南雅 63
顾子山 4
关胜 18
管真 57
(释)广惠 154
桂馥 88
郭恩裕 128、158、176
郭凤翔 40
郭洪 126
郭萌之,字槐堂 176
郭湜 116
郭思谟 88
郭遵道 26

H

韩宝才 51
韩昶 152
韩谏忠 70
韩恺 172

韩麟阁 181
韩琦 172、173
韩绾 152
韩显宗 4、5
韩秀实 121
韩弇 127
韩愈,世称韩昌黎、韩文公 136、146
韩云卿 121
郝贵兴 70
郝质 173
何绍基,字子贞 88、98
何叔平 165
何玮 179
和钱 69
贺屯植 24
贺学礼 23
侯建 169
胡不干 138
胡光甫 29、121
胡松年 176
华金寿,字竹轩 77、84
华世奎 83
(释)怀仁 51
桓武兴 24
皇甫琳 19
皇甫驎 8
黄巢 162
黄彭年 96
黄清发 58
黄庭坚,字鲁直,号山谷道人 8、

174

黄庭玲　111

黄易　14

黄子寿　96

（释）惠敬　167

（释）惠隐　101

J

贾嫔　122

贾中立　135

（释）坚行　96、97

（释）建初　147

姜行本　37

蒋敬臣　90

蒋敬仁　113

焦瓘　115

金富轼　176、177

金钺　9、22

景贤　1、100

景琛　144

（释）净藏　107

（释）净业　92

（释）敬节　95

敬客　43、45、47、48、63

敬延祚　163

敬元长　180

鞠彦云　10

K

康叔卿　153

康有为　9

孔颖达　40

L

来佐本　160

兰师　60

雷询　107

李宝臣　182

李彪　6

李郴　157、158

李充　124

李从简　167

李从证　151

李琮　143

李憯　98

李德芳　137

李殿淳　108、154

李藩　127

李辅光　132

李昊卿　177

李翰臣　173

李衡　123

李宏庆　147

李鸿章　16

李化南　28

李惠宽　36

李继　133、146

李嘉珍　121

李靖　167

李钧　106

李克嗣　85

李坤　153

李良金　116

李明显　24

李谋　12、14

李勤伯　8、9、50、52、53、60、66、67、68、69、80、81、84、87、92、96、97、99、103、106、107、109、111、127、129、131、312、135、136、144、147、152、156、157、162

李仁德　96

李绅　133、146

李神佑　10

李盛铎　33

李时用　110

李说复　131

李嗣玄　85

李菘安　108

李肃　177

李为仁　78

李文　45、47

李文则　122

李西华　118

李宪　14、15

李香陔　37

李秀　104

李玄机　130

李玄中　156

李洵　9

李阳冰　90、115、166

李婴　173

李邕，李北海　98、104、182

李宥　120

李玗　143

李元素　141

李远　176

李约　140

李稹　173

李震　110

李正封　155

李志暕　96

李中师　173

李仲文　150

李僎　108

李卓　117

李自良　80

梁嘉运　78

梁启超　14

梁师暕　44

梁师亮　71、72

梁寺　67

（释）了性　178

林方　151

林岘　174

麟庆，字伯余，号见亭　1

（释）灵琛　36

（释）灵觉　103

（释）灵迅　116

（释）灵运　108、109

令狐澄　157

令狐绲　157

令狐德棻　135
令狐滴　154
令狐熙　135
令狐洞　157
令狐专　154
刘碑　18
刘承干　54
刘础　141
刘定兴　5
刘鹗，字铁云　14、32
刘奉芝　53、114
刘感　110
刘建　126
刘健之　63
刘景夫　150
刘举　149
刘轲　147
刘可记　146
刘客　21、103
刘梁　3
刘青困　167
刘铨福，字子重，号白云吟客　3、71、159
刘士弘　150
刘仕俌　157
刘守忠　52
刘通　129、131
刘蜕　153、154
刘希文　130
刘喜海，字燕庭、燕亭、砚庭、吉甫，别号三巴子　12、33、56、71、74、89、141
刘忻　22
刘玄尚　111
刘逸　143、165
刘崟　144、145
刘渼润　140
刘玉　14
刘元尚　111
刘瞻　158
刘震　124
刘智　113、184
刘遵礼　158
柳公权　146、151
柳绍先　78
（释）六舟　55
龙山公　28
篓灵曜　126
卢八娘　75
卢从运　85、88
卢士琼　139
卢挚　180
卢子政　136
陆耀遹　33
陆增祥　42、49、53、56、79、142、146
鹿继宗　152
罗宾奴　27、28
罗振玉　7、9、33、44、138
间玄亮　94
吕岩说　97、184
吕贞俭　148

吕志睐 95

M

马楚贝 80

马楚贞 80

马怀素 81

马举 74

马里征 56

马琼 178

马士瞻 124

马寿 42

马书奎，字娄左，号砚珊，别号远郊 88

马惟良 154、155

马孝须 56

马元礼 106

马珍 57

毛凤清，字子静 132

毛文方 151

梅震 180

梅植之 123、126

孟邦达 177、178

孟广慧，字定生，号白云山人、君子泉 83

孟继尊 83

孟敬训 8

孟善王 50

孟友直 81、184

孟贞 53

牟珰 152

穆洛 17

穆征君 169

O

欧阳溪 139

P

潘曾绶 160

潘世恩 160

潘骧 140

潘锡恩，字纯夫，一字芸阁 128

潘智昭 108

潘祖荫，字在钟，小字凤笙，号伯寅、少棠、郑盫 44、116、126、135、143、146、160

庞德威 65、66

庞怀伯 52

裴承章 129

裴度 136

裴胐 103

裴光庭 99

裴澣 145

裴杭 98

裴可久 51

裴平 117

裴适 117

裴同亮 127

裴积 103

皮日休 166

（释）普明 178

Q

齐论 118
齐嵩 117
綦执礼 176
乞伏保达 9、21、22
钱俶 171
钱大昕 100
钱宫詹 102
钱庭筱 118
钱湘思 44
钱泳 45、63
乔进臣 132
钦缘 169
秦昊 119、120
仇道朗 71
屈贲 131、144
屈集臣 116
全泰 139

R

任铉 184
（释）如愿 98、118－120

S

桑棻 124
桑叔文 123
上官灵芝 43、45
（释）尚真 75
邵伯英，字伯英，号息盦 105、112、113
邵才志 134、135
邵瓜畴 40
邵亨豫，字汴生，又字子立，号雪泥鸿爪 76、105
邵建初 158
邵松年 76
邵仲方 134
劭文耀 32
沈朝 138
沈淮，字均甫，号胎簪、台簪 74
沈橹 148
沈涛，字西雍，号匏庐 2、128
沈兴宗 102
沈兆霖 40
施昭 130
（释）师陀 84
石暎 170
石镇文 106
石忠政 137、138
时文 59
时珍 24
史思明 114
史维则 99
释进 99
（释）思道 114、115
（释）思恒 93
司马眪 9、14
司马景和 7、8、9
司马绍 7、9
司马昇，字进宗 7、9、14

司马元兴　7

嵩犊山　1

宋复　175

宋宏度　147

宋荦　91

宋善主　54

宋世荦　55

宋舜民　174

宋秀　181

宋俨　122

宋永贵　34

宋筠　91

宋运　90、91

宋知礼　171

（释）守忠　106

苏济　180

苏灵芝　114

苏轼　182

苏昱德　41

眭畚　142

孙承泽　99

孙春山　12、153

孙淳　127

孙坚静　135、136

孙景裴　141、162

孙去烦　77

孙溶　161

孙孙　127

孙文奭　178

孙星衍，字渊如，号伯渊，别署芳茂
　山人、微隐　35、63、67、153

孙义普　62

孙翌　88

孙幼轩　58

T

（释）昙无识　23

谭去龙　161

汤令名　7

唐邕　22

唐正辞　147

陶九成　182

陶湘　8、19

陶濬宣　8

田复　142

田佚　123、125、126

田休光　82

田颖　111、113

田赞　49

（释）同光　116、117

W

汪砚山　137

王才　48

王昶　8、44、155

王晟　156

王楚　176

王从政　146

王阁　48

王公晟　159

王国维　1

《孟继埙藏金石拓片闻见录》索引

王和群　3
王弘泰　156
王宏度　146
王灅　115
王戟门　7
王娇娇　156
王晋　94
王晋贤　24
王景秀　120
王镜逸　18、55、136
王留生　56
王美畅　76
王孟诸　154
王虔穆　93
王庆　87
王镕　163
王润　128
王善来　30
王善相　59
王申伯　142
王士则　182
王守琦　150
王叔平　126
王澍　45
王菘畦　11
王无兢　91
王羲之，亦称王右军　51、86
王行威　65
王行淹　64
王修福　87
王旭庄　121

王绪祖　14、25
王续　17
王训　115、128
王偃　16
王以慜　52
王懿荣　22
王佑　182
王渊　176
王赞　49、50
王珍之　10
王仲建　156、157
王仲堪　126
韦端　124、135
韦济　98
韦敏　149
韦璞玉　84
韦契义　134
韦琼　112
韦纾　135
韦涗　118
韦檀特　60
韦希损　84
韦虚心　85
韦元倩　105
魏邈　149
魏琼　134
魏则之　140
（释）温古　100
温庭筠　155
温宪　155
温彦博　37

文彦若 172

翁大年，字叔钧、叔均，号陶斋 63、71、123、133、143、144、145、153、154

翁方纲 3、88、161

吴达 140

吴大澂，初名大淳，字止敬、清卿，号恒轩，晚号愙斋 10、39、40、42

吴高黎 12

吴广彦 176、177

吴湖帆 89

吴怀恩 171

吴君涵 104

吴荣光 27

吴善 92

吴式芬 78、79

吴文 86

吴峋，字庚生，号绣峰 64、146

武次夔 23

X

西门豹 3

西门光佐 133

西门珍 133、134

昔耘 143

锡眷臣 136、147

席彬 110

宪超 134

萧定 121

萧令臣 97

萧胜 41

萧思亮 79、80

萧瑀 59

谢道隆 174

谢希曾 40

辛怡谏 77

辛幼昌 142

辛仲方 158

辛仲连 75

（释）行钧 169

（释）虚受 169

徐浩 120、121、126

徐怀隐 114

徐季海 121

徐胶 162

徐珂 59

徐兰阶 180

徐林 179

徐叔鸿 21、103、121

徐岘书 126

徐彦回 158

徐友梅 27、28

许潮 163

许景先 84

许景元，误为评景元 84

许洛仁 54

许舟 159

旭庄 121

（释）宣道 94

（释）玄应 134

薛刚 73

薛良 93

薛瑶华 45

Y

严炌 141

严挺之 99

严修 83

阎好问 159

颜惟贞 79、80

颜永 137

颜真卿，亦称颜鲁公 80、98、102

彦琮 65

羊愉 100

阳瑾 29

杨宾，号大瓢 40、44

杨国忠 114

杨翰，字海琴，号息柯 42

杨坚 94

杨杰 177

杨迥 143、144

杨君建 156

杨守敬，号惺吾 7、8、22、32、54、55

杨思默 70

杨逍 143

杨修龄 92

杨用修 146

杨元泗 89

杨兆璜 2

杨智积 48

姚华 8、12

姚璹 65

姚紃 161

姚元景 167

叶志诜 7

仪克中 73

宜郎 148

（释）义福 98

（释）义婉 116

殷履直 102

殷铁庵 22

尹秉绶 88

尹鼐 25

尹彭寿 25

尹贞 39

尹震铎 151

游师雄 174

于方 129

于光庭 84

于觐臣 152

于士恭 94

于秀山 132

于宣道，字元明 94

于宣敏 94

于玉立 23

于志宁 40、94

俞樾 32

虞集 180

宇文琬 105

禹封 16

元绛 173
（释）员照 48
（释）圆测 175
（释）圆光 22、23
（释）圆照 22、23
源彪 25
源贺 25
苑可长 145
岳小琴 99、136
恽毓嘉 33

Z

臧质 28
张安生 112
张保洛 18
张宾 163
张丙炎 126、129、131、137、149
张伯英 14
张禅 103
张琛 170
张刍 172
张从申 182
张大士 7、8、9
张点 97
张对 49
张钫 91
张朏 85、109
张孚 103
张伽 111
张遘 113、114

张寡悔 85
张吉甫 172
张嘉 75
张嘉贞 95
张璥 109
张锦芳 3
张景略 27
张景之 68
张敬之 69
张敬忠 92
张九龄 99、104
张留孙 180
张毗罗 112
张溥 162
张起 21
张乾爱 101
张峭 168
张庆之 60、69
张人申 121
张仁 58
张仁蠡 12
张锐 118
张少悌 90
张诜 129
张师儒 162
张式 126
张叔未 90、167
张思道 86
张思玄 168
张廷济 113
张威德 125

张魏宾　156

张文凑　124

张希崇，字德峰　148

张希古　111、112、113

张兴　46

张曛　131、144

张彦生　3、4、14、44

张晏　109

张曜　172

张晔　56

张义琬，字思靖　116

张懿　61

张元夕　157

张元琮　77

张元忠　110

张元口　42

张轸　97、107、184

张周　122

张子恂　102

张纂　37

章钰　56、141

长孙无忌　81

赵博齐　143

赵次闲　74

赵孟頫，谥号文敏　179、180、181

赵明诚　25

赵杞　130

赵虔章　161

赵乾生　27、136、138

赵全泰　138、139、141

赵商　143

赵韶　29

赵世骏　40

赵世延　179

赵文烈　15

赵希璜，字子璞、渭川　3

赵玄本　167

赵元礼　83

赵之谦　2、59

赵智偘　75

赵宗道　173

郑放　85

郑晃　124

郑仁泰　81

郑少雅　158

郑蓍莱　106

郑恕已　153

郑廷锡　44

郑瀚　142

郑玄果　81

郑庄　67

郑准　140、184

（释）智力　126

（释）智通　111

（释）智悟　117

（释）智详　99

（释）智秀　85、88

（释）至咸　129

周昉　155

周荟生　24

周洵　8、9

周彦　159

周赢金 120
周遇 152
周贞木 40
周珍 106
朱粥 140
朱宾 67
朱苇卿 138
朱景元 155
朱全忠 170
朱善卤 163
朱善旗，字大章，号建卿 163
朱善楹 163

朱士端 6
朱为粥 163
朱曜 96
朱曜光 95
朱翼庵 39
朱远 51
朱仲武 170
诸葛甸之 16
诸葛明惎 106
邹敦愿 151
祖从白 162
左仇 138

王丽华 女，吉林大学图书馆研究馆员。
张 华 女，吉林大学图书馆馆员。
任欣欣 女，吉林大学图书馆馆员。

The Index of *Meng Jixun Collection of Rubbings Records*

Wang Lihua　Zhang Hua　Ren Xinxin

Abstract: For easily retrieving and using the *Meng Jixun Collection of Rubbings Records*, we compiled "rubbing title index" and "personal name index" of the book according to the rules and guidelines of index compilation.

Keywords: *Meng Jixun Collection of Rubbings Records*; Rubbing Title Index; Personal Name Index

会计类历史文献索引编制与探析

连心宜

(上海对外经贸大学会计学院　201620)

摘　要　晚清以降，随着西学东渐的深入，会计类文献不断涌现，会计学开始体系化发展，现存至少有110种计186部相关历史文献。本文从著者、出版者、出版时间、版本类别和馆藏地等角度进行梳理和分析，并编制索引，以期对会计类专题文献的整理有所帮助，对整体了解会计类历史文献的产生、发展和出版有所裨益。

关键词　会计　历史文献　索引

会计类历史文献，是历史文献中数量虽然不多，但特色较为明显的一类专题文献，在图书分类中，归于史部政书类邦计之属，反映了当时的经济活动，也体现了中国近代商业化的发展趋势。经初步统计，现存至少有110种计186部会计类历史文献，分布于各图书馆。谨从著者、出版者、出版时间、版本类别、馆藏地等五个方面进行浅析，并编制索引附录于文末。

一、著　者

由于早期的会计类文献具有明显的官方属性，因此相关部司编纂出版的会计类文献较多。同时，随着近代商业化的不断发展，会计类文献的商业属性日趋增强，因此出现了各种商业类的会计类文献。

据初步统计，财政部至少编纂了8种，铁道部至少编纂了6种，同时还有经济部、司法行政部等部司亦编纂有相关文献。而且，随着会计活动的日益增多，会计学的总结、汇编、法规类文献也开始出现。其中，尤以刘岳云、李希圣、杨汝梅、谢霖四人较为典型。

刘岳云（1849—1917），字佛卿，江苏扬州人。光绪十二年（1886）进士。官户部主事、绍兴知府等职。光绪二十二年（1896）任尊经书院山长。

工算。著有《算学丛话》等。①

李希圣（1864—1905），字亦元，一字亦园，号卧公，湖南湘乡（今属长沙）人。光绪十八年（1892）进士。官刑部主事、编译书局总纂等职。②

杨汝梅（1882—1966），字予戒，一字玉阶，湖北随县人。早年留学日本东京商科大学。历任国民政府财政部赋税司科长、审计院审计官兼第一厅厅长、主计处审计局局长等职。③

谢霖（1885—1969），字霖甫，一字麟甫，江苏常州人。日本早稻田大学商学学士。中国注册会计师事业的奠基人，中国第一位会计师，中式簿记改良的先驱，正则会计师事务所（中国第一个会计师事务所、民国时期中国四大会计师事务所之一）创办者。曾任复旦大学教授。④

以上四人，不仅编纂出版了重要的会计学论著，而且奠定了中国近代会计学的发展基础，为中国会计学的发展作出了改良式贡献。

二、出版者

会计类历史文献的出版者，由于时代的原因，既有传统的文献类型——稿本、抄本、刻本，也有大量的铅印本、油印本、石印本。

稿本中，现存有刘岳云的《光绪会计表》四卷，山东省都督府的《山东省办理中华民国第一会计年度拟征国家岁入岁出预算总分册》，以及佚名的《浙中会计见闻录》。

抄本中，较为典型的有清光绪七年（1881）五十麝斋抄本《光绪七年户部岁计簿》，系樊增祥以红格纸所抄。按：樊增祥（1846—1931），字云门，湖北恩施人。光绪三年（1877）进士，选翰林院庶吉士。官宜川知县、护理两江总督⑤等职。著有《五十麝斋词赓》三卷。⑥ 事迹具《国朝词综续编》卷二十一等。

---

① 魏红翎. 成都尊经书院史［M］. 成都：巴蜀书社，2016：123.
② 李翠平，寻霖. 历代湘潭著作述录（湘乡卷）［M］. 湘潭：湘潭大学出版社，2019：113.
③ 湖北省地方志编纂委员会. 湖北省志人物志稿第3卷［M］. 北京：光明日报出版社，1989：1444.
④ 陈元芳. 中国会计名家传略［M］. 上海：立信会计出版社，2013：401.
⑤ 孙爱霞.《北洋画报》诗词辑录［M］. 天津：天津古籍出版社，2018：93.
⑥ 陈良运. 中国历代词学论著选［M］. 南昌：百花洲文艺出版社，1998：659.

铅印本、石印本中，多为会计统计报告、簿册等文献。多由相关部司以及书局报馆编纂出版。其中，上海会文学社、上海时务报馆、北京顺天时报社出版了较多的会计类历史文献。

上海会文学社是晚清民国间创办于上海的民营书局，出版了大量的教科书、百科全书等著作。尤其是于晚清时期出版的《普通百科全书》一书，影响较大。

上海时务报馆也是晚清民国时期一家重要的出版机构，由罗振玉（1866—1940）主持，樊炳清（1877—1929）参与其事，主要印行有《教育丛书》等图书。

北京顺天时报社是晚清民国时期影响较大的出版机构，出版有《中国剧》等图书。

三、出版时间

有关会计的经济活动出现较早，并且在明代万历年间就出现了专题的会计类著作——《万历会计录》四十三卷，系时任户部尚书张学颜（？—1598）历经五年时间编制而成，既是对明代收支的分类汇总，也对清代的会计制度和标准产生了巨大影响。

迄至有清，现存至少 14 种会计类文献，出版时间主要集中在光绪、宣统年间，而尤以光绪年间为多。至于民国，则蔚为大观，至少有 93 种会计类文献。可见，我国的会计类文献自清末以降，始大量涌现。另外有 2 种抄本文献，目前暂未能确定其出版时间，阙疑待考，附于索引之末。

四、版本类别

在现存知见的 110 种会计类历史文献中，版本类别集中在铅印本、油印本、石印本三类，这也反映了当时的出版印刷状况和图书流通概况，即晚清民国间的主要出版方式。而作为传统文献的重要刷印出版方式——刻本，则并不多见于会计类历史文献中。

初步统计，铅印本有 71 种，油印本有 16 种，石印本有 11 种，而刻本仅有 2 种。值得注意的是，有 3 种是稿本，文献价值较高，其中的上海图书馆藏《浙中会计见闻录》六卷，之后亦无刻本或铅印本等其他类别的版本传世，洵为可贵。另外还有一种《万历会计录》四十三卷，系1935年晒印本，反映了当时历史条件下的影印出版技术。由于晒印本技术是晚清民国间重要的一种影印技术，影印、保存了大量具有重要学术价值的典籍文献，从中也可以看出该书的学术意义。

表1 版本类别分布表

序号	版本类别	版本数量（种）	比例（%）
1	铅印本	71	64.55
2	油印本	16	14.55
3	石印本	11	10.00
4	抄本	5	4.55
5	稿本	3	2.73
6	刻本	2	1.82
7	晒印本	1	0.91
8	档案	1	0.91
合计		110	100

五、馆藏地

现存的110种计186部会计类历史文献，主要集中在公共图书馆、高校图书馆等藏书机构（本文目前不对中国内地以外的公藏、私人收藏、拍卖会拍品进行统计分析）。

从收藏数量上看，尤以上海图书馆为最，有52部；国家图书馆次之，有36部；北京大学图书馆又次之，有32部。这三家图书馆所藏之会计类历史文献，共120部，占总量的65%。南京图书馆、复旦大学图书馆、中国人民大学图书馆等各有10部左右收藏，亦为可观。

从馆藏分布来看，会计类历史文献分布较广，传世较多，可知随着商业活动的日益活跃，以及近代化的发展，会计类文献日趋增多，不仅留存有大量的簿册、统计报告，而且有相关的讲义、法规、传世、流播、存藏于不同区域的图书馆中，也反映出会计类历史文献的出版、流传和分布情况。

表 2　馆藏分布表

序号	馆藏地	馆藏数量（部）	比例（%）
1	上图	52	27.96
2	国图	36	19.35
3	北大	32	17.20
4	南图	11	5.91
5	复旦	10	5.38
6	人大	9	4.84
7	吉大	7	3.76
8	川大	5	2.69
9	南大	5	2.69
10	中大	4	2.15
11	北师大	4	2.15
12	华师大	3	1.61
13	南开	2	1.08
14	清华	2	1.08
15	山大	2	1.08
16	内大	1	0.54
17	厦大	1	0.54
合计		186	100.00

六、会计类历史文献索引

本索引略以出版时间为序，对历代出版之会计类历史文献进行梳理。不同的版本，分作不同的条目。

另，本索引中，馆藏地以简称标记，"上图"系上海图书馆、"国图"系国家图书馆、"北大"系北京大学图书馆、"南图"系南京图书馆、"复旦"系复旦大学图书馆、"人大"系中国人民大学图书馆、"吉大"系吉林大学图书馆、"川大"系四川大学图书馆、"南大"系南京大学图书馆、"中大"系中山大学图书馆、"北师大"系北京师范大学图书馆、"华师大"系华东师范大学图书馆、"南开"系南开大学图书馆、"清华"系清华大学图书馆、"山大"系山东大学图书馆、"内大"系内蒙古大学图书馆、"厦大"系厦门大学图书馆之简称。

001　万历会计录四十三卷　（明）张学颜等撰　明万历十年［1582］刻本　国图、中大、北大

002　光绪七年户部岁计簿　（清）户部编　清光绪七年［1881］五十麝斋抄本　北大

003　光绪会计表四卷　（清）刘岳云编撰　清光绪二十年［1894］稿本　上图

004　日本会计录四卷补遗一卷　（清）姚文栋辑　清光绪二十年［1894］宝善书局石印本　南图、国图、上图、南大

005　光绪会计录三卷　（清）李希圣纂　清光绪二十二年［1896］京师刻本　国图、北大、人大

006　光绪会计录三卷　（清）李希圣纂　清光绪二十二年［1896］上海时务报馆石印本　国图、南图、北师大、复旦、内大、清华、吉大、上图、山大、人大

007　光绪会计录二卷　（清）李希圣纂　清光绪二十二年［1896］上海时务报馆石印本　南图、南大、北大

008　光绪会计表四卷　（清）刘岳云编撰　清光绪二十七年［1901］教育世界社石印本　国图、北师大、吉大、厦大、南大、北大、人大、山大、中大、上图

009　光绪会计录二卷　（清）李希圣纂　清光绪二十八年［1902］上海会文学社《财政丛书》本　国图、上图、南图、华师大、中大、吉大

010　江苏学务总会会计报告　（清）江苏学务总会编　清光绪三十二年［1906］铅印本　上图

011　学部会计司宣统二年分全年月报　（清）学部会计司编　清宣统二年［1910］档案　北大

012　会计学要论不分卷　（清）钱应清编　清宣统三年［1911］浙江官报印刷局铅印本　北师大、上图、复旦

013　浙江市立禁烟局附设习艺所会计总报告一卷　（清）浙江市立禁烟局附设习艺所编　清宣统间［1909—1911］铅印本　上图

014　会计见闻录　清［1644—1911］抄本　国图

015　日本会计检查院情形一卷　清［1644—1911］抄本　上图

016　财政部烟类专卖局暨所属分支机关会计制度　1912年油印本　国图

017　成本会计　章长卿撰　1912年油印本　国图

018　会计法令汇编　1912年抄本　北大

019　山东省办理中华民国第一会计年度拟征国家岁入岁出预算总分册　山东省都督府　1912年稿本　国图

020　资源委员会所属机关适用会计法规汇编　资源委员会辑　1912年油印本　国图

021　会计法［明治二十二年法律第四号］　1912—1923年北京法政专门学校《监狱学讲义》本　北大

022　会计规则［明治二十二年敕令第六十号］　1912—1923年北京法政专门学校《监狱学讲义》本　北大

023　日本会计法十一章　军学编辑局编　1912—1927年北京军学编辑局铅印本　北大

024　民国二年度国家预算交通部所管路邮电航四政特别会计　财政部编　1913年铅印本　国图

025　民国二年度国家预算交通部所管四政特别会计一卷　交通部编　1913年铅印本　上图、南图

026　民国二年度国家预算外交部所管清华学校暨游美学费特别会计一卷　1913年铅印本　南图

027　民国二年度国家预算造币厂铜元局印刷局特别会计表　1913年铅印本　上图

028　比较各国财务行政（原名《比较近世各国会计制度》）六编　杨汝梅编　1914年铅印本　国图

029　参政院议决审计法会计法　1914年铅印本　上图

030　会计法释义不分卷　杨汝梅诠释　1914年北京新学会社铅印本　人大

031　会计条例释义（附审计表册编制法撮要）　杨汝梅撰　1914年铅印本　上图

032　民国三年度路电邮航四政特别会计岁出现计书不分卷　1914年铅印

299

本　国图

033　民国三年度路电邮航四政特别会计岁入现计书不分卷　1914年铅印本　国图、北大

034　民国三年度岁入岁出现计书及路电邮航四政特别会计岁出现计书不分卷　财政部编　1914年铅印本　吉大

035　中国会计法规精义一卷　杨汝梅撰　1914年北京顺天时报社铅印本　上图、北师大

036　中国银行营业会计账表样本　1914年铅印本　上图

037　民国五年度财政部所管印刷局造币厂特别会计预算表　财政部编　1915年北京财政部印刷局铅印本　北大

038　民国五年度路电邮航四政特别会计岁出预计书　财政部编　1915年北京财政部印刷局铅印本　北大

039　民国五年度路电邮航四政特别会计预算案　财政部编　1915年北京财政部印刷局铅印本　北大、国图

040　民国五年度总预算案岁入岁出预计书及路电邮航四政特别会计岁入预计书不分卷　财政部编　1915年北京财政部印刷局铅印本　吉大

041　民国五年度外交部所管特别会计岁入岁出预算表　财政部编　1916年北京财政部印刷局铅印本　北大、上图

042　中华民国现行会计法　1916—1927年《地方财政学》本　北大

043　山东省议会议决山东省第六会计年度地方预算册　1917年石印本　国图

044　交通部铁路联运事务处规则汇编　交通部编　1919年铅印本　北大

045　民国八年度国家总预算审查报告　李国杰等编　1919年油印本　北大

046　东省特别区域法院会计暂行简章　1921年铅印本　国图

047　会计报告一览表一卷　严智怡编　1921年铅印《巴拿马赛会直隶观会丛编》本　人大、北大、国图

048　民国十年交通部国有铁路会计统计总报告不分卷　1921年铅印本　上图

049　国宪规定交通事权及专设会计问题意见书一卷　叶恭绰撰　1925年铅印本　上图

050　津浦铁路会计统计年鉴　1925年铅印本　上图

051　中华国有铁路会计统计总报告［民国十七年］　铁道部总务司统计科编　1928年铁道部铅印本　国图

052　会计学讲义八章　雷迅编译　1928—1933年北平大学俄文法政学院铅印本　北大

053　会计学讲义十六章　方宗鳌讲述　1929年北平大学法学院铅印本　北大

054　中华国有铁路会计统计总报告不分卷［民国十八年］　铁道部总务司统计科编　1929年铅印本　复旦、国图

055　统一铁道会计委员会案卷中英文对照五卷　1929—1930年铅印本　上图

056　中华国有铁路会计统计总报告不分卷［民国十九年］　铁道部总务司统计科编　1930年铁道部铅印本　上图、复旦、国图

057　中华国有铁路会计统计总报告［民国十八年至二十年］　铁道部总务司统计科编　1931年铁道部铅印本　上图

058　中华国有铁路会计统计总报告不分卷［民国二十年］　铁道部总务司统计科编　1931年南京美丰祥印书局铅印本　南开、国图、北大

059　中华民国十九年及二十年两会计年度财政报告　宋子文撰　1931年油印本　上图

060　公司会计十九章　1932年北平大学法学院铅印本　北大

061　中华国有铁路津浦线会计统计年报［民国二十一年］　1932年铅印本　上图

062　中央各机关及所属统一会计制度不分卷　主计处会计局编　1932年铅印本　复旦

063　浙江省杭江铁路会计统计年报［二十一年度］　浙江省杭江铁路会计课编　1933年铅印本　上图、国图

064　中华国有铁路南浔网民国二十二年度（下半期）会计统计年报　1933年铅印本　北大

065　政府会计纲要六章（附现行会计法令司法统计实务）　法行政部法官训练所编　1933—1941年司法行政部法官训练所铅印本　人大、复旦

066　平汉铁路会计统计年报［民国二十三年度］　1934年铅印本　上图

067　平绥路会计处处理账务程序概要　平绥路会计处编　1934年油印本　国图

068　浙赣铁路玉段会计统计年报［二十三年度］　浙赣铁路局编　1934年浙赣铁路局铅印本　上图

069　浙江省杭江铁路会计统计年报［民国二十二年七月至二十三年六月］　浙江省杭江铁路会计课编　1934年铅印本　上图

070　中和银行业务会计规则　1934年石印本　上图

071　中华国有铁路津浦线会计统计年报［民国二十三年］　1934年铅印本　上图

072　中华国有铁路南浔网民国二十三年度会计统计年报　1934年铅印本　北大

073　广西统计局广西工商局会计报告及工作概况［一九三二年七月一日至一九三三年二月二十八日］　杨绰庵编　1935年铅印本　北大、复旦、上图、国图

074　胶济铁路会计统计报告［民国二十四年度（第拾肆次）］　胶济铁路管理局会计处编　1935年胶济铁路管理局铅印本　北大、国图

075　山西省同蒲铁路管理局会计规则四编　谢霖编　1935年正则会计事务所油印本　北大、国图、上图、复旦、南大、川大

076　山西省同蒲铁路管理局运输会计票据、账簿、窗体格式不分卷　谢霖编　1935年正则会计事务所油印本　清华、川大、北大、复旦

077　万历会计录四十三卷　（明）张学颜等撰　1935年北平图书馆晒印本　国图

078　浙赣铁路会计统计年报不分卷［民国二十四年度］　浙赣铁路局编　1935年浙赣铁路局铅印本　国图、北大、吉大

079　浙赣铁路玉段会计统计年报［民国二十四年度］　浙赣铁路局编　1935年浙赣铁路局铅印本　上图

080　浙江省杭江铁路会计统计年报［民国二十二年度］　浙江省杭江铁路会计课编　1935年铅印本　国图、上图

081　中国政府会计论　1935年上海商务印书馆铅印《大学丛书》本　南图

082　中华国有铁路会计统计总报告［民国二十年至二十二年、二十四

年] 铁道部总务司统计科编 1935年铁道部铅印本 上图

083 中华国有铁路南浔网民国二十四年度会计统计年报 1935年铅印本 北大

084 湖南省地方二十五年度营业会计岁入岁出概算书 1936年铅印本 上图

085 江西公路处会计规程 谢霖编 1936年油印本 国图

086 钦定总管内务府现行则例会计司四卷 (清)内务府纂修 1937年故宫博物院文献馆《总管内务府现行则例》本 南图、上图、中大、北大、川大

087 教育部暨所属机关学校暂行会计规程不分卷 教育部定 1938年铅印本 川大

088 电政会计制度九章 1940年油印本 上图

089 川康公路改善工程处处理工程账目会计科目说明 川康公路改善工程处编印 1941年铅印本 华师大

090 经济部资源委员会重工业建设基金所属机关统一会计制度不分卷 经济部资源委员会重工业建设基金所编 1941年铅印本 人大、南大、华师大、国图、上图、川大

091 财政部花纱布管制局所属各运输机构会计处理办法 1943年油印本 国图

092 统一各省市会计统制记录及综合报告办法 国民政府主计处编 1945年国民政府主计处油印本 国图

093 贵州省各县地方预算编制原则[民国三十五年度] 1946年贵州省政府会计处石印本 南图

094 官厅会计实务六编 司法行政部法官训练所编 1912—1949年司法行政部法官训练所铅印本 南开、复旦

095 国民政府财政部会计则例不分卷 财政部编 1912—1949年铅印本 吉大、上图

096 国有铁路会计条例一卷 1912—1949年铅印本 上图

097 会计学 1912—1949年河南大学石印本 人大

098 会计主任章程及说明书办事细则考试章程考试细则 1912—1949年铅印本 国图、上图

099　江苏省国库会计暂行规则一卷　1912—1949年石印本　南图、上图

100　江苏省行政公署总务处办事会计公文函件收发细则　1912—1949年铅印本　上图

101　经济部资源委员会矿业会计科目一致规定草案　1912—1949年油印本　上图

102　民国大学校会计学讲义五章　杨汝梅讲述　1912—1949年铅印本　人大

103　商务印书馆新式会计草案　1912—1949年石印本　上图

104　统一铁路会计说帖一卷　1912—1949年铅印本　上图

105　现代交通会计讲义不分卷　张心澄　1912—1949年油印本　南图

106　中国荣叶公司会计制度　1912—1949年油印本　上图

107　中国通商银行会计规程草案　1912—1949年油印本　上图

108　中国银行会计科目　1912—1949年铅印本　上图

109　会计全书六集　佚名著　抄本　上图

110　浙中会计见闻录六卷　佚名著　稿本　上图

连心宜　女，上海对外经贸大学会计学院本科生。

Compilation and Analysison Index of Accounting Historical Literature

Lian Xinyi

Abstract: Since the late Qing dynasty, with the spreading of Western learning to the East, a large number of accounting documents had emerged, and accounting theories began to develop systematically. There were at least 110 kinds, and 186 historical documents. This paper reorganized and analyzed the existing accounting historical literature from the aspects of author, publisher, publishing time, edition and collection place, and indexed on the related literature in order to collate the accounting special literature and understand wholly the emergence, development and publication of accounting historical literature.

Keywords: Accounting; History Literature; Index

索 引

20 世纪中国人物传记资源整理与数据库建设研究　222
21 世纪以来中国索引理论与实践　52~61
　　关键词分析　56
　　机构分布　55
　　结果　53
　　结论　61
　　数据来源　53
　　讨论　53
　　研究方法　53
　　作者分布　53
2016 年中国索引学会年会暨学术研讨会　101
2017 年中国索引学会年会暨学术研讨会　102
2018 年中国索引学会年会　102
2019 年中国索引学会年会暨学术研讨会　103
2020 年中国索引学会年会暨学术研讨会　104

Attention 机制原理示意（图）　111
BERT-BiLSTM-CRF 命名实体识别模型　115、116
结构（图）　116
BERT 基本结构　109
BERT 语言模型　109、110
预训练语言模型（图）　110

BiLSTM 模型　112

CALIS 数字资源评估指标体系　66、67（图）

Cite Space　52

CNKI 学术期刊数据库收录的意识形态领域论文 206~211

　　表现形式一览（表）　207

　　非主流意识形态共词网络（图）　211

　　共词网络（图）　209

　　关键词一览（表）　206

　　主流意识形态共词网络（图）　210

E-metric 提供指标体系（表）　65

GB/T22466—2008《索引编制规则（总则）》　74

Global World Net Grid　197

IndexAI　143

　　处理流程　143、143（图）

LSTM 模型　112

　　处理流程　112

NER 模型训练语料格式示意（图）　120

《NISO Z39.7-200X—Information Service and Utility：Library Measure》　65

Omega Wiki　197

PDFMiner 解析器工作原理（图）　117

PDF 文件解析基本流程　117

Wiktionary　196

B

鲍国海　163、177

北京理工大学出版社书后索引编纂借鉴意义　255~257

　　出版社图书出版年度统计（图）　256

　　书后索引编纂情况调查统计　256

北京师范大学图书馆藏谢国桢《丛书子目类编》稿本述略　178~187

北京顺天时报社　295

《编纂〈丛书子目类编〉义例》 180

C

查询翻译 189
查询扩展 199
方案 199
查询优化方法 199
陈东辉 260、262
传统机器学习方法 123
词频 g 指数法 41
丛书发展史和整理现状梳理 183
丛书分类 184
《丛书刊刻源流考》 181
《丛书考》 185、186
《丛书书名简称表》 183
丛书索引编纂 178、183
丛书整理 183
《丛书子目类编》 179、182、183
编纂体例 183
出版预告 182
内容编纂和出版 179
《丛书子目类编》稿本 178、179

D

大开本、双栏排索引版式示例(图) 247
大开本索引版式 247
大众分类法 195、200
应用 195
单语言本体 196
电子打字机 4

电子资源评价指标体系 66
多头注意力 111
多维语义索引 127
多语词典构建 194
多语言本体 195~197
　构建 195~197
多语言大众分类系统创建 194

E

二十世纪中共一大代表传记资料述略 222~236
　出版社及其篇数统计一览（表） 225
　海内外学术界研究概况 223
　海外及中国港澳台学术界研究 231
　回忆文章 226
　回忆性文章篇目举要（表） 227
　纪念文章 227
　纪念性文章篇目举要（表） 228
　人物传记类文章篇目举要（表） 226
　日本、美国、俄罗斯（含苏联）毛泽东研究论著篇目举要（表） 231
　日本、美国、英国、俄罗斯（含苏联）与中国港澳台地区相关研究篇目数量一览（表） 231
　文献资料特点及学术价值 234
　问题 236
　一大代表对中国共产党贡献的文章篇目举要（表） 229
　展望 236
　中国学术界研究 223
　传记 225
　传主对中国共产党的贡献文章 228
　传主、篇数、作者和文献类别统计一览（表） 223
　传主人际交往 229

传主人际交往文章篇目举要（表）　230

　　作者及其篇数统计（表）　224

F ~ G

发展中的世界索引事业国际学术研讨会　102

樊增祥　294

冯鲸洁　33、51

傅德华　55、222、238

高频关键词 41、43

　　共现网络（图）　43

　　阈值界定　41

高校图书馆外文索引数据库评价指标体系　65、70、71（表）

高校图书馆外文索引数据库评价指标体系研究　64~70

　　国内外研究　65

　　评价体系拟定　70

　　评价指标选取原则　69

　　研究对象　69

　　研究方法　69

　　研究设计　69

古籍索引研究　45

顾颉刚　180

关键词方法　123

关键词与对应数列（表）　42

国际叙词表标准修订概况　150、151

　　国际标准 ISO 25964　151

　　美国叙词表标准 Z 39.19　151

　　英国标准 BS 8723　151

国家科技基础条件平台中心　24

国内主要数字资源评价体系概览（表）　68

国外数字资源评价研究　65

H

《海峡两岸中华古籍保护论著提要》简评　260～263

　　编排　261

　　附录　261

　　改进之处　262

　　收录范围　260

　　台湾发表论文篇目收录　261

　　特色　260

　　稀见论文篇目著录　261

　　优点　260

　　著录　261

含有图书内容索引的国内出版社一览（表）　164

合作化标签　194

侯汉清　54

J

基于BERT模型的学位论文专名索引自动编制研究　108～121

　　BERT语言模型概述　109

　　基于Python的专名索引自动编制实现　118

　　索引地址定位　116

　　专名标引模型构建　109

基于CiteSpace的《中国索引》稿件题录信息分析　52

《基于Python设计的索引智能标引与检索研究》　103

《基于人工智能的自动索引编制技术研究》　104

《基于人工智能的自动索引编制研究》　105

基于上海大学图书馆馆藏的中文图书内容索引质量抽查分析（1978—2020年）　163～177

　　抽查方法　164

　　抽查样本概述　164

结论　176

　　索引差错分析　174

　　索引准确率分析　164~172

　　讨论　176

基于深度学习的智能索引技术研究　139

基于维基百科构建领域本体流程　197

基于文献计量与可视化呈现的意识形态领域研究热点分析　204~221

　　词频分析　205

共词网络分析　209

　　数据收集　205

　　研究热点分析　205

　　研究热点选粹　211~220

基于知识图谱的索引知识库构建　130~138

机器翻译　190

《计算机辅助编制年鉴索引》　6

计算机辅助编纂索引　5~7、19

　　方法　6

　　技巧和经验介绍推广　6

　　技术　19

　　流程　6、7（图）

计算机图书索引生成系统　7

计算机自动赋词准确性研究　106

《建构2018年国际索引联盟峰会网站的思考》　102

蒋耘中　204、221

《近十年国内索引成果信息分析及技术热点研究》　102

《近十年我国融合数据库索引研究成果的知识图谱分析》　101

进一步加强学术著作出版规范的通知　252

军事文献大数据索引　122

军事文献语义大数据索引构建应用研究　105~129

　　关键问题分析　127

　　索引构建结构（图）　126

索引技术研究　123
　　文献语义索引及其构建　125
军事文献资源池　126
军事文献自动分类标签体系　127

K

科学数据　21～23
共享　23
共享平台　23
管理办法　23
数据中心　23
索引建设　21、23
科学数据共享与索引建设现状　22～24
　　国内外研究与实践对比　24
　　国外发展现状　22
　　我国发展现状　23
科学数据索引平台建设建议　31
　　大批量科学数据索引标准规范　31
　　商业模式　31
　　新型索引功能建议　31
　　运行机制　31
孔祥盛　64、73
跨语言信息检索　188～192
存在的问题（表）　190
发展　189
评测　188
研究　190、191
研究面临的问题　189
会计类历史文献　293～297
　　版本类别　295

版本类别分布（表）　296
　　出版时间　295
　　出版者　294
　　馆藏地　296
　　馆藏分布（表）　297
　　索引　297
索引编制与探析　293
　　著者　293

L

《李达同志是杰出的马克思主义理论家和教育家——纪念李达同志九十五周年诞》　227
《李达同志在建党时期对传播马克思主义的贡献》　229
李希圣　294
历史虚无主义　214
连心宜　293、304
《两粤纪游》　181
刘华梅　149、159
刘伟成　188、202
刘晓亮　122、128
刘岳云　293
刘子涵　74、89

M

马鸿雁　178、187
《毛泽东自述》　225
《孟继埙藏金石拓片闻见录》索引　267~292
　　人名索引　277
　　拓片题名索引　268
《面向阅读体验的电子文献索引编制研究》　104

民粹主义 216

民国时期丛书子目索引编纂体例 184

命名实体 198、199

命名实体识别 198、199

方法 198

研究 199

语义消歧 198

目录排版格式 243

N~R

女性主义 219

篇目索引款目著录填表式技术 9

平均准确率 MAP 201

普世价值 218

潜在语义分析 123

《全国报刊索引》篇名数据库信息制作系统款目编制界面（图） 9

全球词网网格 197

人工智能 131

任欣欣 267、292

S

商业类会计类文献 293

上海会文学社 295

上海时务报馆 295

社会化标签 194、200

系统 200

社会化媒体 190、191

分类 190

类型及其典型代表（表） 191

社会化媒体语料库与传统语料库之间的对比总结（表） 192

社会化媒体在跨语言信息检索中的应用 188~203
 应用效果（表）　201
 应用效果分析　201
 优势分析　190、191
社会主义核心价值观　213
深度神经网络　140
深度学习　139、141
深度学习技术　140、143
 应用　140
深度学习技术在智能索引领域研究方向　141、142
  多源异构数据处理　141
  索引词分析　142
  主题分析　141
《世纪人物索引》　236
手工编纂索引　4、5
 步骤　5
书后索引　75
 编排方式　75
 符号系统　75
书后索引编纂　252~255
 编纂情况调查　254、255（表）
书后索引编纂已成学术著作出版大趋势　252~258
书刊评介资料索引　37
数据库　21、64、98
 评价　64
 索引检索系统　98
数据库系统索引检索服务技术及其应用　98
数据库系统索引组织排序技术及其应用　94
数字化标引符号　12
数字资源评价　64、68
 评价体系概览（表）　68

双语平行语料库构建　192
四川省科学数据索引建设研究与实践内容　24～30
　　高级检索　28
　　高级检索结果页面（图）　28
　　平台首页面简单检索　27
　　首页简单检索结果页面（图）　28
　　首页简单检索页面（图）　27
　　数据集　29
　　数据集汇交与检索　27
　　数据集元数据主要元素（表）　24
　　数据库索引　25
　　数据浏览　29
　　数据目录学科分类浏览页面（图）　26
　　数据目录注册　29
　　数据注册　30
　　索引功能设计与开发　27
　　索引数据采集加工方法的研究与实践　29
　　索引数据规范研究　24
　　已发布的数据集展示（图）　30
　　已发布的数据浏览页面（图）　29
　　已提交的数据集展示页面（图）　30
　　元数据标准　24
四通电子打字机（图）　5
索引版式示例　245
索引本体构建　133
索引编排方式　88
索引编制　33
《索引编制规则（总则）》　74
索引编制研究　34～45、93
　　编制技术回顾与发展探索　93
　　编制理论与方法研究成果　34

高频关键词主题聚类图谱　45

关键词共现网络　42、43（图）

研究方案框架（图）　36

研究领域高产作者分布情况（表）　40

研究领域作者合作网络（图）　41

研究文献时间分布（图）　37

研究作者合作网络　39

索引编制研究发展阶段　35~39

 成熟期　39

 发展期　38

 繁荣期　38

 回升期　39

 萌芽期　36

索引编制研究热点与主题演化分析　33~41

 关键词共现分析　41

 数据获取与研究方案　35

 研究领域概况　35

索引编制研究战略坐标分析　46~50

成熟期（图）　49

 发展期（图）　47

 繁荣期（图）　48

 封闭的成熟主题　48

 回升期（图）　50

 冷僻的边缘主题　48

 萌芽期（图）　46

 潜在的分支主题　49

 重要的中心主题　47

索引编制研究主题聚类分析　44、45

 古籍索引研究　45

 索引思想及技术研究　44

 图书内容索引研究　45

主题检索语言研究　44
　　专题索引研究　44
索引编纂丛谈　241
索引编纂队伍　258
索引编纂技术　3～16
发展方向　16
发展展望　3、16
回顾　3、4
索引编纂与编排方式发展相互促进　88
索引表版式　248
示例（图）　248
索引差错分析　174、175
　　查不到词目　174
　　出处错误　174
　　索引词错误　175
　　遗漏出处　174
索引词聚类、排序、分类例子（图）　145
索引错误排版示例（图）　244
索引打印稿格式　245
《索引的计算机辅助编辑与制作》　7
索引地址　116
地址定位面临的问题　116
索引电子文件格式　245
索引方法和技术　126
索引符号使用　88
索引工作　93、105
　　现代化　93
　　效能　93、105
索引国民思维培育　88
索引技术推广普及　18
索引款目结构与符号系统的关系　75

索引理论与实践　52
索引内容　245
索引排版　243
索引软件　7~9、17
　　功能要求　8
　　开发与应用　7
　　升级换代　9
　　研发与完善方向　17
索引软件与辅助技术　8
索引书稿　243~245
　　基本版式　245
　　排版　243
　　排版前基本要求　244
　　要件　244
索引书稿排版技巧　243~250
　　长款目处理　250
　　多级款目特殊版式　249
　　多栏排版　249
　　索引编纂者署名　250
　　索引标题、使用说明排版　249
　　助检标识　249
　　字号选择　249
索引数据库评价体系拟定　70~72
　　数据库成本　72
　　数据库功能　72
　　数据库内容　71
　　数据库商服务　72
　　用户评价反馈　72
索引数据库评价指标选取原则　69、70
　　可操作性　70
　　可获取性　70

灵活性　70
　　全面性　70
　　针对性　69
索引数字化标引符号示意（表）　13
索引思想及技术研究　44
索引无纸化编纂　3
索引信息抽取和补充　135
索引学科准确率（表）　171
索引压缩检索系统设计　99、100
　　数据库设计　99
　　索引检索功能设计　100
系统特点和完善　100
　　压缩索引功能设计　99
索引压缩检索研究背景与功能　99
索引与数据库事业　161
索引语言研究　147
索引运动　34
索引之星2.0软件　8、9
版本升级　9
索引之星3.0　10
操作主界面（图）　10
索引知识标注　135
索引知识库　131、132、136
功能　131
研究　132
应用探析　136
索引知识库构建　106、130～133
步骤　133
技术路线（图）　133
研究　106、130

T

陶德麟　227

特殊内容索引版式　247、248

四栏排语词索引版式示例（图）　248

条件随机场（CRF）序列标注　113

通用索引数据排序系统　94~98

　　改进　98

　　功能　94

　　实现　97

　　索引组织设计　95

图、表、脚注和参考文献索引出处表示法举例（表）　175

图书馆绩效指标体系　65

图书内容索引　45、163

质量抽查分析　163

《图书索引软件的功能要求与编制难题》　8

W

外文索引数据库评价指标体系研究　64

王兰成　93、107、108、122、128、130、138、139、146

王丽华　267、292

王彦祥　3、19、79

王逸帆　52、62

网络民族主义　217

《网络资源索引质量评价及结构化数据索引研究》　101

维基词典　196

文本向量化输入表示（图）　144

文化保守主义　219

文献内容索引相关论文语义网络（图）　77

我国科学数据索引建设研究与实践　21

我国书后索引编纂情况调查汇总（表） 255
我国叙词表标准修订情况 152～157
 新标准内容 153
 新标准特点 157
 修订思路 152
我国叙词表及与其他词表的互操作标准修订：背景、思路与主要内容 149～159
 修订情况 152
 修订背景 149
 总结 158
我国叙词表新标准内容 153～156
 词表构建和管理规则 154
词表映射通用原则和方法 156
 概念术语 153
 属性标签 153
网络环境下词表应用规则 155
叙词表数据交换 155
 叙词表管理软件功能需求 154
 叙词表显示和布局方式 154
 应用指南 154
 与叙词表进行互操作的受控词表类型及建议方案 156
我国学术著作书后索引编纂现状 253
《我与索引——一名中国索引学会会员的索引服务经历》 5
吴东岳 21、31
无纸化快捷编纂索引 3、11～14
 标引示例（图） 14
 基本操作 12
 特点 14
 优势 14
无纸化快捷编纂索引技术 11～14
 创新与应用 12
 突破 13、14

无纸化快捷操作与索引软件融合　17

X

西方书后索引款目一般结构（图）　76
西方索引符号系统发展演变　80
西方索引结构　76
习近平　204
习近平新时代中国特色社会主义思想　212
《现代的索引就是数据库》　130
线性链条件随机场示意（图）　113
小开本、长款目索引版式　246
单栏排索引版式示例（图）　246
小开本、短款目索引版式　245
谢国桢　178～183
　对于丛书索引编纂的贡献　178、183
　学术成就研究现状　179
《谢国桢文献学活动述略》　179
谢霖　294
新时代智能索引技术研究成果与展望　101
《新世纪中国索引编纂与研究述评（下）》　7
新自由主义　215
徐灵嘉　222、238
许和旭　108、130、138
叙词表标准修订背景　149、150
　国际叙词表标准修订概况　150
　应用环境的变化　149
叙词表标准修订情况　152
叙词表概念层级（图）　134
叙词表构建管理业务流程（图）　155
叙词表及与其他词表的互操作标准修订：背景、思路与主要内容　149

323

叙词表应用环境变化 149、150

技术环境 149

信息环境 150

叙词表发展重心 150

用户群体 150

学术著作出版 252

规范 252

学术著作书后索引 252、253、258

编纂趋势 258

编纂现状 253

学位论文索引 108、136、137

编制 136

索引词选取 137

专名索引自动编制研究 108

Y

闫森 252、258

杨光辉 88

杨汝梅 294

意识形态工作 204

意识形态领域论文 206~211

表现形式一览（表） 207

非主流意识形态共词网络（图） 211

共词网络（图） 209

关键词一览（表） 206

主流意识形态共词网络（图） 210

意识形态领域研究热点分析 204~220

历史虚无主义研究热点网络（图） 214

民粹主义研究热点网络（图） 216

女性主义研究热点网络（图） 220

普世价值研究热点网络（图） 218

社会主义核心价值观研究热点网络（图） 213

网络民族主义研究热点网络（图） 217

习近平新时代中国特色社会主义思想研究热点网络（图） 212

宪政研究热点网络（图） 219

新自由主义研究热点网络（图） 215

尹璐 21、31

英汉对照小开本、短款目索引版式示例（图） 246

语言学资源构建 192、194

预训练模型 124、127

袁子晗 64、73

Z

《展读遗篇泪满襟——记李达和吕振羽的交往》 230

战略坐标分析法 46

张长秀 123

张华 267、292

张丽 243、250

张鹏飞 139、145

张琪玉 7、21、54、130

《张琪玉教授关于数据库索引的理论与实践创新之研究》 102

张思龙 108、130、138

张元济 181

赵呈刚 204、221

知识体系方法 123

知识图谱 128、130、131

志书书后索引指误功能 253

智能化手段 93、105

智能时代数据库索引技术回顾与发展探索 105

智能时代索引编制技术的回顾与发展探索 93

智能时代索引技术发展探索　91

智能索引 105、139、141

 编制　105

 分析技术　139

智能索引工具 IndexAI　143、144

 设计目标　143

  索引词分析模块　144

  文献导入模块　144

  主题分析模块　144

智能索引技术研究 101、106、139

 成果　101

 展望　101

中共一大代表传记资料述略　222、224、236、237

 挖掘　237

 相关出版物及年份数量的统计（表）　224

 学术价值　236

《中国丛书综录》　185、186

中文图书内容索引质量抽查分析（1978—2020年）　163

《中国法律年鉴 1987—1993 累积索引》编纂　5

《中国法律年鉴》卷后索引编纂　4

中国书后索引符号系统未来发展建议　88

《中国索引》　52~62

 发文机构　55

 发文作者研究主题　60

 稿件题录信息分析　52

 个人发文数量　61

 关键词　62

 机构发文情况　56（表）、62

 题录信息文献计量与可视化分析　62

 作者发文量统计（图）　55

 作者合作关系　62

作者合作网络图谱　54、54（图）
《中国索引》关键词分析　56~61
　　Burst 分析　60、61（图）
　共现图谱（图）　58
　　共现与聚类分析　57
　聚类图谱（图）　59
　频次统计（表）　58
　　时间演化分析　59
　时间演化图谱（图）　60
　中国索引编制符号（表）　79
　中国索引编纂技术　19
　中国索引符号系统　87、88
　独特性　88
　中国索引理论与实践　52
《中国索引软件的功能完善方向——接续张琪玉先生的思考》　17
　中国索引学会　3、101~104
　年会　101~104
　索引编纂技术回顾与展望　3
　学术研讨会　101~104
　中国索引已迈入无纸化快捷编纂时代　3
　中文书后索引符号系统　75、86
　特色化发展　86、87
　中文书后索引款目结构　75、76（图）
　中文索引编排中全角空格的使用　86
　中文索引编纂　18
　中文索引符号系统发展演变　78
　中文索引软件　7
　中西书后索引不同编制符号比较　84
　对比（表）　84
　中西书后索引符号系统的比较分析　74~87
　　建议　87

研究结论　87

研究现状　77

中西书后索引相同符号用法比较　80~83

　　逗号用法比较　80

对比（表）　80

　　分号用法比较　83

　　括号用法比较　82

　　冒号用法比较　81

中西索引符号系统　78、85

发展演变　78、85

连接号使用　85

主动运用智能化手段提升索引工作效能　93

主题检索语言研究　44

祝方林　130

专名标引　109、115、118、120

模型构建　109、115

标目提取结果示例（图）　120

自动编制步骤（表）　118

专题索引　44、265

自动标引试验研究　11

自动索引编制功能架构（图）　132

自注意力机制　110

作者合作网络　40

（毋栋　编制）

稿　约

《中国索引》集刊由原《中国索引》（季刊）改刊而来。集刊前十辑已正式出版，目前第十一辑及以后各辑的征稿工作已经开始。兹将有关征稿事项胪陈如下：

一、集刊宗旨

以促进我国索引和数据库研究和创新，推动索引和数据库事业发展，普及索引和数据库知识，加强索引和数据库领域的国内外交流为宗旨。

二、办刊方针

以文献、信息、数据和知识的检索为核心，全方位刊登索引与数据库研究领域的相关论文和资料，对传统索引与检索工具、文献数据库与计算机检索系统、网络信息检索工具（搜索引擎）的论文及资料，均所欢迎，尤其重视基于实践、善于总结、理论联系实际的来稿。

三、读者对象

以索引与数据库界学术共同体为主，包括但不限于：

（1）索引和数据库的研究、编制和教学工作者；

（2）图书情报档案工作的从业者；

（3）相关专业的研究生、本科生；

（4）索引和数据库的使用者。

四、主要栏目

（1）学术论坛；（2）索引与数据库事业；（3）索引语言研究与信息组织；（4）信息检索与利用；（5）索引史话与史料；（6）国外业界扫描；（7）专题索引。

每辑还根据学会战略目标，组织相应专题。

五、来稿要求

（1）来稿须为作者原创成果，内容翔实，数据准确，表达严谨，形式规范。

（2）来稿字数一般控制在1万字以内，重大理论问题、重要学术探索，可以超过此限。

（3）文结构要素分别为：中文题名，作者中文姓名，中文摘要，中文关键词，基金项目及编号；正文；参考文献和注释，作者简介及联系方式；英文题名，英文摘要，英文关键词。

（4）正文一、二、三级标题均单列。一级标题编号采用"一""二""三"等；二级标题编号采用"（一）""（二）""（三）"等，或"1""2""3"等；三级标题以下编号灵活掌握。

（5）集刊的参考文献著录格式与国家标准GB/17714-2015《信息与文献 参考文献著录规则》保持一致；文中引用的参考文献和注释，以"①""②""③"等标注，并以脚注形式按序排列。参考文献和注释每页重新编号。

（6）赐稿请注明论文所有作者的姓名、单位、职务、职称等信息。

（7）来稿请以电子稿形式发至《中国索引》集刊编辑部信箱：xuekan@fudan.edu.cn。（编辑部电话：021-65642733）

（8）赐稿一旦刊用，即致样刊。

热诚欢迎广大会员和专家学者踊跃赐稿。

《中国索引》集刊编辑部
2022年3月1日